日記で読む日本史19

倉本一宏 監修

「日記」と「随筆」

鈴木貞美 著

ジャンル概念の日本史

臨川書店

目次

（凡例）

○人名・作品名、引用中の漢字は、原則として現行漢字を用いる。また、書目名の振り仮名は、原則として現代仮名遣いを用いる。

○引用中の表記は、それぞれの底本に従う。古文、漢文のあとには、適宜、現代語訳、読み下し、大意を（　）などを用いて示す。漢文に訓点は付さず、読み下しも片仮名を用いない。振り仮名は適宜補い、引用者の注記を〔　〕で入れることがある。

○人名の生歿年、及び外国人名の原綴りは、索引に委ねる。

序章　なぜ、「日記」と「随筆」か

一　ジャンルは編みかえられる

現代における日記

「日記」と「随筆」、このふたつのそれぞれの語から、読者諸氏は、どのような作品を想いうかべるだろうか。「日記」の代表格は、前近代であれば、藤原道長の『御堂関白記』だろうか。あるいは紀貫之『土佐日記』、また『紫式部日記』、藤原道綱母『かげろふ日記』、菅原孝標女『更級日記』だろうか。藤原定家『明月記』かもしれない。「随筆」の方は、日本の三大随筆といわれる清少納言『枕草子』、鴨長明『方丈記』、兼好法師『徒然草』が圧倒的に上位を占めそうだ。

近現代では、どうだろうか。「日記」は、明治期では、国木田独歩の恋愛日記『欺かざるの記』（歿後一九一八刊行）や樋口一葉が苦闘の日々をつづった日記も知られる。大正期の阿部次郎『三太郎の日記』（一九一四初刊）は長く若い読者に必読書のようにして読まれた。昭和戦中期のものでは、暗い時代にリベラリズムを貫いたジャーナリスト、清沢洌の『暗黒日記』（一九五四）、戦後生まれの世代には、奇想天外とも破天荒ともいうべき作風で人気作家となった山田風太郎が敗戦の年につづった『戦中派不戦日記』（一九四五）、それ以前、戦時下に生活が日々、窮迫してゆく状況を伝える『戦中派虫けら日記』（一九七三）もよく読まれてきたと思う。戦後では、作家、武田泰淳と富士山麓で過ごした日々の一コマ一コマを一三年間にわたって天衣無縫ともいうべき文章でつづった武田百合子の『富士日記』（一九七七）がわたしは好きだ。今日では、『昭和天皇実録』が何かと注目されている。

職務の記録や学校の宿題は別にして、各自が日々の暮らしの細部や心情の変化などを書きつけるのは、離れて暮らす、ごく親しい人に近況報告をしたり、何らかのきっかけから自身の生活を振り返ってみたりする場合のほかには、まず考えられない。それらは多く、手紙や旅日記、また回想記になる。では、ふつうの人が、いわば変哲もない日常生活を日記につけはじめたのは、いつで、そして、なぜだったのか。

それを探ろうとしても、個人の秘め事や内面を吐露した「日記」は、ふつう公開されない。一部の政治家や思想家、あるいは作家など、彼ら彼女らの舞台裏に読者の関心が集まる場合に限られよう。その場合でも、遺族らの意向によって、他者に知られたくない記述は伏せられることが多い。はじめから公刊を予定して、社会風俗の移り変わりを克明に記しつづけた永井荷風『断腸亭日乗（にちじょう）』などは例外中の例外である。

ところが、今日のわれわれは、一部の庶民の日記を覗くことができる。のちに作家になった人が、作家になろうとは思ってもみなかった時期につけた「日記」が刊行されている。わたしは、短篇小説「檸檬（れもん）」（一九二五）でよく知られる作家、梶井基次郎（もとじろう）について長いあいだ研究したので、彼の日記やノートを隅から隅まで何度も目を通してきた。また、その友人で、マルセル・プルースト『失われた時を求めて』の本邦初訳に取り組んだフランス文学者、淀野隆三の若き日の「日記」から、梶井基次郎に関する記事をピック・アップして編んだこともある。

それらは一九二〇年代前半、彼らの高校、大学時代のもので、ふたりともエリート予備軍に属していた。とはいえ、中等教育がかなり普及した時期の新中間層、それぞれ、あまり豊かでない俸給生活者と小事業家の息子で、庶民に近い家庭に育った人たちである。

梶井基次郎の場合、中学を卒業するころ、夏目漱石に夢中になり、漱石が方眼紙の手帳を備忘録に用いていたのを真似て、日記をつけはじめた。高校生時代の日記には、同性愛の夢やオナニーの記事も見える。夢の記録は室町時代の僧、蓮如のものがよく知られている。古代から公家の日記には性の記録も見られる。のちに保元元年（一一五六）、保元の乱の首謀者となる宇治左大臣・藤原頼長（よりなが）の『台記（たいき）』（宇槐記、槐記とも）は、同性愛の記録があることでも知られる。夢がお告げのように考えられていた時代には、また、公と結びついた家の存続こそが大事だった人びと、あるいは主従の人脈がものをいう社会では、それらを記録にとどめておくことに意味があっただろう。

だが、大正期の高校生が性夢や自慰を書きとめることに、どれほどの意味があるとも思えない。歌人として名を遺した石川啄木が明治四〇年（一九〇七）に女郎買いのことを露骨に記した通称『ローマ字日記』が想い浮かびもするが、その刊行は、検閲基準が緩んだ第二次世界大戦後である。梶井基次郎が、そんな記録を残し、また悩みもしたのは、ジグムント・フロイトなどの心理学が流行し、また男性同性愛をアブ・ノーマルとする考えが次第にひろがっていた時期だったからである。これは、性の意識の大きな変遷を知る手がかりになるが、ここでは「日記」のかたち、書き方について考えようとしている。

淀野隆三は、高校時代、大学ノートを用いた日記の表紙に「修養日誌」、また「心の成長の記録」という意味のことを記している[1]。自分の心がどのように成長してきたか、あとでそれを振り返ってみるための備忘録である。だから、正直にその日その日の心を書いておかなければならない。それゆえ赤裸々な心の記録が書かれることになる。

一九二〇年代半ば、小学校の先生が上級クラスの生徒たちに、日記を書くよう指導をはじめる。それも、作文練習のためだけではなく、それに似た目的があったことがわかっている（『国文教育』一九二六年一一月号[2]）。

では、いつごろ、なぜ、自分の心の動きを記す日記のスタイル（様式）がはじまったのか。それを明らかにすることが課題のひとつとして浮びあがってくる。

「平安女流日記文学」のこと

いや、昔から、日本人は自分の内面の苦悶や歓びを日記に書いてきた、平安時代の「日記文学」があるではないか、と思う人が多いだろう。たしかに、「女流日記文学」の先駆けとされる藤原道綱母の『かげろふ日記』（蜻蛉日記、九七五ころ成立と推定）には、ほかの女のもとに通って、つれなくする夫との結婚生活に生じる不満や苦悩などが二一年間にわたって書かれている。とはいえ、『かげろふ日記』

は

かくありしときすぎて、よのなかにいとものはかなく、とにもかくにもつかで、よにふる人ありけり。[3]（このようにしてあった時が過ぎて、世の中にたいそうはかなく、どっちつかずのまま、齢を重ねる人がありました）

と中古物語の定型どおりにはじまっている。月ごとの記述が多く、第一巻の終わりに「なほものはかなきをおもへば、あるかなきかの心ちするかげろふのにき〔日記〕といふべし」とあるので、『かげろふ日記』と呼ばれてきた。世にもてはやされる作り物語には登場しない、つまらない女のはかない半生をつづれば、きっと珍しがられることでしょう、と皮肉まじりに、はじめから人に読ませるものを書こうとする意図もはっきり記されている。そして、このように書きつけるところまでは、一挙に回想して書かれたらしい。

そのなかに、明け方までのあいだ、待つ身のつらさを夫に訴えるうたは、「百人一首」にとられ、よく知られる。

歎きつゝひとりぬる夜のあくるまは　いかにひさしきものとかは知る

夫とのうたのやりとりも多く、全部で二六一首が挟まれている。これも中古物語の様式である。つまり、実体験の回想を物語の様式で、人に読ませるために記されたものだった。

その藤原道綱母が自分の母親の異母姉（伯母、ないし、その娘）にあたる菅原孝標女が書いた『更級日記』（一〇五九ころ成立と推定）は、『かげろふ日記』と類縁性が強い。『かげろふ日記』は、後半が石山寺詣でなど旅日記の様相をもつ。『更級日記』は、東国・上総の受領の任期を終えた父親の一行に混じって、京の都へ帰る旅の見聞からはじまり、四〇年にわたる、ほぼ生涯を通しての回想記である。連歌一を含む八八首が載せられている。

旅日記の印象が強いためだろう、江戸後期に、国学者の塙保己一が古本類の散逸を惜しんで集め、分類した『群書類従』の目録（続群書類従完成会本）では、「紀行」の部に分類されている。ここには『かげろふ日記』の記載はない。

ちなみに『群書類従』の目録の「日記」の部は、平安時代のものでは『和泉式部日記』、『紫式部日記』、『讃岐典侍日記』、鎌倉時代では『弁内侍日記』『中務内侍日記』と五篇をならべ、そのあとに、室町時代に二条派を率いた僧、尭孝の文安三年（一四四六）の日次記『尭孝法印日記』、安土桃山時代の薩摩藩の武将、黒斎玄与が京都に滞在した折の『玄与日記』（一五九七）、室町時代の連歌師、宗祇の弟子、宗長の最晩年の日常生活を記した『宗長手記』（一五二二～二七）の三篇、いずれも和歌や俳諧で知られるものがならぶ。「歌日記」の部類をあげているらしい。ところが、『土佐日記』や鎌倉時代、阿仏尼の『十六夜日記』は「紀行」の部に入れてある。この分類の仕方は、ちょっと不思議な気がする。

『紫式部日記』（一〇一〇）は、「紫日記」などの名でも呼ばれていた。日付をもつが、切れ切れに記され、宮廷内の出来事について断片的な記事や感想、うたの手控えなどがメモ書きふうにならぶ。一条天皇の中宮・彰子に仕えていた紫式部が、その第一子、敦成親王（のち、後一条天皇）の誕生をめぐって書きはじめたらしい。指示を受けたものと推測される。この記事は女房日記から多くの記事を引く『栄華（花）物語』〈はつはな〉に、文を整えて編入されている。宮廷の出来事の記録を残すための手控えだったと考えてよい。ただし、途中、親しい友人に宛てた書簡の体裁で、清少納言、和泉式部らの人柄を率直に評し、また自分の風評などにもふれた、内容・体裁ともに異質な部分が挟まれており、その部分の性格をめぐって議論されてきた。

『和泉式部日記』（成立不詳）は、主人公を「女」と呼び、和泉式部の恋愛経歴にそって、贈答歌をふんだんにとりいれ、九ヵ月ほどのあいだ、追憶と新たな恋が深まってゆく心情がつづられる。『和泉式部物語』とも呼ばれていたこともあり、本人が記したものかどうか、定説はない。これら『かげろふ日記』『紫式部日記』『和泉式部日記』の三つを比べても、歌人として知られた女房たちが多くのうたを挟みながら、和文でつづったものという以上の共通性を見出すのは難しい（その他については第一章でふれる）。

では、「平安女流日記文学」は、なぜ、そのように呼ばれ、ひとつのジャンルのように括られているのか。その謎を解こうと、丹念に読み比べ、いくら頭をひねっても、疑問は深まるばかりだろう。誰にも解けるはずはない。答えは、近現代の古典評価史のなかにある。

『国史大辞典』第一一巻（吉川弘文館、一九九〇）の「日記文学」の項には、その語が「大正末から昭和初めに用いられ始め」たとある。指標としては池田亀鑑（きかん）『宮廷女流日記文学』（一九二八）があがるだろう。特徴として「作者の心境の漂白」をあげている。

すでに、それを探った論考に、ニューヨークのコロンビア大学教授、鈴木登美の「ジャンル・ジェンダー・文学史記述」（一九九九）がある。「日記文学」という語の創始は英文学者、土居光知の『文学序説』（一九二二）所収の論考に見られることを指摘し、池田亀鑑が『宮廷女流日記文学』に先立ち、「自照文学の歴史的展開」（『国文教育』一九二六年一一月号）を発表していたことなどを明らかにした。[4]池田亀鑑はその論文で、特徴を「自己みずからの真実を、最も直接的に語ろうとする懺悔と告白と祈りの文学の一系列」とまとめ、「現在への陶酔と沈潜」である抒情詩に対して、「過去への思索と反省」、『郷愁』ともいうべき一種の寂寥が伴っている」と評している。[5]池田の二年ほど先輩にあたる久松潜一も、大正末年から平安日記文学を講義で取り上げ、女性の「内面生活のリズム」の描出、「表現としての文学」的価値を論じ、「心境小説」として位置づけていたという。[6]

いま、池田亀鑑の論文と著書、また久松潜一の見解のあいだの異同より、なぜ、彼らがそのような括り方を思いついたのかを尋ねてみたい。それには、池田亀鑑が先の論文のなかで、「自照文学の全盛時代」が「新しい眼で、国文学を解釈しようとする機運を導いた」と簡明に答えてくれている。つまり、「宮廷女流日記文学」は、宮廷に仕える女性たちが自らの内面を見つめるようにして書いた散文作品を束ねるジャンルないしはカテゴリーとして、このとき、新しく設定されたものだったのである。

新ジャンル誕生の背景

池田亀鑑のいう「自照文学の全盛時代」とは、一九二〇年前半、「私小説」が大いに盛んになった時代である。より精確には、一九二〇年代半ば、「大衆文学」と「プロレタリア文学」の勃興に圧されて、

「私小説」は勢いを弱め、むしろ様ざまな議論の対象になった時期である。それらに接しているうちに、池田は「自照文学」という括り方を思いついたにちがいない。その論議の発端は、作家、宇野浩二が小説「甘き世の話―新浦島太郎物語」（『中央公論』一九二〇年九月号）のなかで、次のように述べたことに求められてきた。

近頃の日本の小説界の一部には不思議な現象があることを賢明な諸君は知つて居らるゝであらう。それは無暗に「私」といふ訳の分からぬ人物が出て来て、（中略）妙な感想のやうなものばかりが綴られてあるのだ。気を付けて見ると、どうやらその小説を作つた作者自身が即ち「私」らしいのである。大抵さう定つてゐるのである。だから「私」の職業は小説家なのである。そして「私」と書いたらその小説の署名人を指すことになる、といふ不思議な現象を読者も作者も少しも怪しまない。[7]

宇野浩二はつづけて、それによって、登場人物のモデルになった人物に迷惑がかかるようになったとも述べている。そこに書かれていることがすべて実際のとおりと想われ、奇異な目で見られたり、非難のまなざしを受けたりするという意味だ。

宇野浩二は、そのころ、諏訪の温泉場で出会った美しい芸者を「夢子」と名づけ、彼女との恋愛を「私小説」に書きはじめていた。「甘き世の話」は、自身がその芸者に現（うつつ）を抜かし、甘い思いに浸って、いい気になっていることを饒舌に語る。が、その最近の傾向のせいで、「夢子」に多少迷惑がかかるようになったらしいと、自分が「私小説」を書いていることを棚に上げて述べている。最後の方では、自分は三〇歳だが、禿茶瓶などとも書いている。やや落語に近い。そのころの「私小説」に多い、自分を茶化すセルフ・パロディー（自己戯画化）である。

そして、そのころから、文芸雑誌『新潮』で、「私小説」などの語を用いながら、小説で「私」を用いるか、どうかなど、様ざまに取沙汰されていった。それやこれやで、宇野浩二が、そこで本当に問題にしたかった核心点がぼけてしまったところがある。その核心点とは、何か。のち、宇野浩二は『私小説』私見」（一九二五）で、それは白樺派の傾向だったと述べている。はっきり名指していないが、誰の作風かはわかる。

たとえば志賀直哉「城の崎にて」（一九一七年『白樺』五月号）を想い浮かべればよい。

山の手線の電車に跳飛（はね）ばされて怪我をした、其後（その）養生に、一人で但馬の城崎温泉へ出掛けた。[8]

とはじまる。誰が？「私」が、としかわからない。その「私」は何歳で、どんな背格好か、職業は何かも書かれていない。家の墓が青山の墓地にあるということくらいしかわからない。が、志賀直哉という著者が城崎温泉で、蜂の死骸、ネズミの死を目撃し、自分の投げた石にたまたまあたったイモリが死に、生と死が隣りあったものだということをしみじみ思ったということは了解される。その意味で、随筆や日記の一部と同じである。

宇野浩二が言いたかったことは、主人公の人物像をそれとして造型しないものなど、小説ではないということだった。筆者の感想だけを書きつける随筆スタイルのものは、中国でも西欧でも、それまでの日本でも、小説とはいわなかったからである。

その少し前、永井荷風が文壇でも評判の芸者、内田八重との仲をつづった『矢はずぐさ』（一九一六）より、冒頭近くを引いておく。

> そも〳〵小説家のおのれが身の上にかゝはる事ども其侭に書綴りて一篇の物語となすこと西洋にては十九世紀の始つ方より漸く世に行はれ、ロマンペルソネルなどと称へられて今にすたれず。即ちゲーテが作若きウェルテルの愁、シャトオブリヤンが作ルネエの類なり。わが国にては紅葉山人が青葡萄なぞをや其の権輿とすべきか。近き頃森田草平が煤煙小栗風葉が耽溺なぞ殊の外世に迎へられしより此の体を取れる名篇佳什漸く数ふるに遑なからんとす。わけても最近の文芸倶楽部（大正四年十一月号）に出でし江見水蔭が水さびと題せし一篇の如き我身には取分けて興深し。されば我今更となりて八重にかゝはる我身のことを種として長き一篇の小説を編み出さん事却てたやすき業ならず。小説を綴らんには是非にも篇中人物の性格を究め物語の筋道もあらかじめは定め置く要あり。かゝる苦心は近頃病多く気力乏しきわが身の堪ふる処ならねば、むしろ随筆の気儘なる体裁をかるに如かじとてかくは取留めもなく書出したり[9]。

荷風のいう「ロマンペルソネル」（roman personnel）はフランス語。ドイツ語で「イッヒ・ロマン」（Ich-Roman）という方が一般的だった。ドイツの文豪、ゲーテが、人間精神の自由の扉を開くシュトルム・ウント・ドランク（疾風怒涛）の時期、二五歳で『若きウェルテルの悩み』（*Die Leiden des jungen Werthers*, 1774）を出版し、新しい青年像を刻んで、ヨーロッパ中にその文名を轟かせたのが嚆矢とされる。恋に破れ、ウェルテルは自殺するが、ゲーテは生きて、自らの経験を小説に仕立てた。ごく単純な意味でフィクションである。[*]

*フランスでは、貴族出身のフランソワ=ルネ・ド・シャトーブリアンがフランス革命の嵐を逃れて北米に渡り、アメリカ・インディアンのなかで暮らしながら、パリの憂愁の日々を回想する『ルネ』（*René*, 1802）、エティエンヌ・ピヴェール・ド・セナンクールが青年の苦悩と彷徨を書簡体で書いた長編『オーベルマン』（*Obermann*, 1804）などがロマン主義期の傑作として知られる。自由主義の政治家として活躍したアンリ=バンジャマン・コンスタンが自らの体験をもとに、恋人との不毛な愛の心理の屈折をつづった『アドルフ』（*Adolphe*, 1805）は、心理分析小説の扉を拓いたといわれる。一九世紀のロシアの文豪、レフ・トルストイの小説のほとんどが体験をもとにした一人称視点で書かれている。二〇世紀前半、フランスのマルセル・プルースト、イギリスのジェイムズ・ジョイスや女性作家、ヴァージニア・ウルフ、アメリカのウィリアム・フォークナーやヘンリー・ミラーらによって、意識のあるがままを再現するかのような「意識の流れ」（狭義は「無意識の噴出」の擬似的再現）の様式が主流になってゆく。

なお、荷風『矢はずぐさ』中、尾崎紅葉『青葡萄』は明治三一年（一八九八）、森田草平『煤煙』は明治四三～大正二年（一九一〇～一三）、小栗風葉「耽溺」は明治四二年（一九〇九）の作。森鷗外『舞姫』（明治二三年、一八九〇）をあげていないのは、敬して避けたか。

内田八重は、文人たちに人気があった芸者で、明治四三年に荷風と結婚したものの、荷風の浮気に怒って一年足らずで離婚したが、半年くらいで縒（よ）りを戻した。『矢はずぐさ』はその間のことをつづっている。八重は、のち、藤蔭（ふじかげ）流の新舞踊を創始した。

そのウェルテルの気持が明るく弾んでいるときは辺（あた）りの自然も輝き、暗く沈みこめば、暗鬱に描かれる。一人称視点で風景の印象がつづられている。このような語り方は、日本では、二〇世紀のはじめ、一切の観念が吹っ飛んだ、瞬間瞬間の情念のほとばしりをぶつけるようにして書く作家、岩野泡鳴が「一元描写」と名づけて実践した。主人公＝語り手に固有名詞を用いようが、三人称を用いようが、ひとりの語り手の視点に徹底するもの。語り手が視点人物に次つぎに乗り移って語る田山花袋が『生』（一九〇八）で試みた「平面描写」とは区別される。

このころ、小説と随筆の形式の混同が起こっていたことは、外国文学者には長く常識だった。たとえば『新潮世界文学小辞典』（一九六六）の「エッセイ」の項を担当したイギリス文学者、福原麟太郎は「偶然、わが国の私小説のごときものがイギリスにおいてはエッセイに数えられている」と述べている。福原麟太郎が「イッヒ・ロマン」を知らないはずはない。「わが国の私小説のごときもの」とは、随筆スタイルを指していっているのは明らかである（「エッセイ」については後述）。

ところが、随筆形式の「小説」は、のちに「心境小説」と呼ばれるようになる。宇野浩二は、葛西善蔵が晩年に書いた随筆形式の「椎の若葉」「湖畔手記」（ともに一九二四）を読んで感動し、先にふれた「『私小説』私見」で、「心境小説」を極めて特殊なものだが、「私小説」の変種と認めた。日本人にフランスの文豪、バルザックのような小説を書くのは困難だが、芭蕉の真似なら出来るということばをそえながら。

このころの論議では、「私小説」と「心境小説」の区別は一応、ついていた。「心境小説」には、作家が自分の内面を「直接語る」ということばがよく用いられている。人物を造型し、語らせるのではなく、作家が直接に、という含意である。池田亀鑑「自照文学の歴史的展開」も、「自己みずからの真実を、最も直接的に語ろうとする」と述べていた。*

＊ところが、この随筆形式の「心境小説」について、中村武羅夫「本格小説と心境小説」（一九二四）がトルストイ『戦争と平和』（Война и мир, 1865〜69）など、西欧近代の「本格小説」と比較し、久米正雄が「私小説と心境小説」（一九二五）で、それに反論し、西欧の「本格小説」はむしろ通俗的だとして、「心境小説」と俳句との類縁を論じたりするうちに、そもそもの問題がどこにあったのか、わからなくなってしまった。これが長く「私小説」論議が混乱してきた原因である。それには、佐藤春夫『田園の憂鬱』（定本版一九一九）が文学青年たちのあいだにブームを呼び、「心境小説」の代表のように見られるようになったこともはたらいていよう。主人公＝語り手の心境が開陳されるが、彼の生活ぶりも、それなりに示されている。その定本版には芭蕉の俳諧を味わう場面もある。

ややのち、志賀直哉は「続創作余談」（一九二八）のなかで、「私では創作と随筆との境界が甚だ曖昧だ」[10]と語っている。そこに否定的なニュアンスはない。彼は出発期に随筆スタイルの「或る朝」（一九〇八）の草稿を書いていたころ、ノートに「非小説」とメモを残している。いわば確信犯だった。そして、雑誌『女性』（プラトン社）の一九二四年一月号の随想欄に掲載された「偶感」を、短篇小説集『雨蛙』（一九二五）に収録している。このようにして随筆と小説のけじめがつかない状態がつくられていった。

この問題には、もうひとつ、「日記」がかかわる。「心境小説」が取沙汰される以前、阿部次郎「内生活直写の文学」（一九一一）は、自分の考えや感情を率直に書く文章を新しい芸術として提案していた。

ドイツの哲学者、フレデリック・ニーチェが『悲劇の誕生』（『音楽の精神からの悲劇の誕生』、*Die Geburt der Tragödie aus dem Geiste der Musik*, 1872）にいう、アポローンの理性に対するディオニソースの情念のほとばしりを参照したものである。そして、それを実践に移したのが『三太郎の日記』（第一、一九一四、第二、一九一五、第三までの合本一九一八）だった。日次記ではないが、その時どきの、思念、情念のほとばしりのままであるかのように、あてどない彷徨の軌跡を示す。その意味では、ヨーロッパ語のエッセイの訳語、「随想」の名がふさわしい。が、そのほとんどのように過去を振り返るものではない。多くの青年たちに読まれ、「彷徨」は長く隠れた流行語となった。

「心境小説」にせよ、『三太郎の日記』にせよ、その方法の根幹には、二〇世紀への転換期から、日本の文芸でも、意識のあるがままを再現するかのような「意識のリアリズム」が主流になってゆく動きがある。絵画では、高村光太郎「緑色の太陽」（一九一〇）が「もし、本当に太陽が緑色に見えたら緑色に描いてよい」という意味のことを宣言した。ハウトゥーもの（『新文章作法』無署名、新潮社、一九一三）でも、先入観を排して、自分が五官で受け取った感覚や印象を書くことこそ、個性を発揮する方法と説かれるようになってゆく。

実景や実感を尊重する態度は、それこそ古代から、中国の詩でも日本の和歌でも連綿としてつづいていた。明治期には、政治家も軍人も企業家も漢詩をつくり、歴史上、最盛期を迎えた。これは日本漢詩の専門家のあいだでは定説である。その経験のあるがままに立つ伝統的リアリズムは、漢詩や長歌を「改良」し、近代の詩を目指す「新体詩」の基盤にもなった。その実感・実景の描写が、一人称視点で、五官の感覚がキャッチした「印象」や意識が移ろいゆくまま（のよう）に書く方法に焦点を絞ってゆく動きを考えればよい。

こうして一九一〇年代から、作者自身の感覚、感情の経験を一人称視点で語る「私小説」や随筆形式の「心境小説」、思索の彷徨の軌跡を示す随想的な作品が混在しつつ、文芸の最前線を形成していた。このジャーナリズムの状況こそ、池田亀鑑が「作者の心境の漂白」を指標に、散文芸術の古典ジャンルとして「宮廷女流日記文学」を着想する基盤だった。

もし、そうでなければ、回想形式の『かげろふ日記』と、日付をもつ宮廷生活の断片的記録である『紫式部日記』、また体験談か作り物語か判然としない『和泉式部日記』などを一括りにし、あたかも作り物語と並行して「日記文学」というジャンルがあったかのように扱う立場は築けなかったはずである（それ以前の国文学者の誰も、そのような発想に立てなかったことは第三章で確認する）。そして、その考えにそってこそ、日次記のかたちの『土佐日記』を「日記文学」の先駆けのように位置づけることも可能になったのである。

「自照文学の全盛時代」が「新しい眼で、国文学を解釈しようとする機運を導いた」と池田亀鑑が述べていたことの意味は、これで明確にしえたと思う。そして、それが国文学界に共有され、事典類や高等学校などの教科書類にも載せられ、今日では、平安時代に、まるで「日記文学」というジャンルがあったかのようにみなが思い込んでいる。

とりあえず、この問題は解決したことにしておく。「日記」と「随筆」とをセットにして考え、またそれらと作り物語や小説とのかかわりを探ること、古典評価についても、近現代の動向を踏まえることが不可欠ということも示しえたと思う。とりあえず、というのは、「郷愁」がこの時代のキイ・ワードだったことを鈴木登美が適確に指摘しているが、それは、日露戦争後に興った「元禄」回顧ブームの展開と「生命の根源」への「郷愁」とが入り混じったものだったという思想史上の重要なテーマが、そこに潜んでいるからだ。

まだ、ほかにもある。池田亀鑑『王朝女流日記文学』は、ふたつの方向の余波を呼び起こしていた。ひとつは国文学界内に、「日記文学」への関心を呼び起こし、玉井幸助の大著『日記文学概論』（一九四四）がまとめられた。もうひとつは文壇へのリアクションで、堀辰雄が王朝ものへの関心を深めたとき、なぜ、『かげろふ日記』を下敷きにした中編小説『かげろふの日記』（一九三七）に向かったのか、という疑問に答える手がかりになると想われる。実際、一九四〇年、中古文学への関心の高まりを受けて開かれた『文学界』八月号の座談会「国文学と現代文学」は、折口信夫を囲んで、青野季吉、舟橋聖一(せいいち)、堀辰雄が、古典を当代に活かす道や「国文学」研究について語りあっている。このように文壇と学界の動きは連動していた。当代の文芸ジャーリズムの動きが古典評価にはたらき、その古典評価が、当代の文芸にはねかえる相互作用を考えることも新たな文芸史への糸口になろう。

確認しておくが、池田亀鑑が「自照文学」に用いた指標は、いわゆるフィクションでないものだった。今日、『土佐日記』はフィクションが混じっているから「日記文学」などといわれもする。その考えでは、『紫式部日記』は「日記文学」とはいえない。もし、『紫式部日記』の「消息」の部分が実際に手紙やその下書きではなく、そのような体裁をとっているだけだということが証明しえたとしても、そこに紫式部が作り話を書いているわけではないのだから。* これは、「文学性」とは何か、という大きな問題にかかわろう。

＊付言すれば、虚構性は現実再現型の書き方にもつきまとう。現実そのものも、現実から受けた感覚や印象、意識も感情も、そっくりそのまま「再現」することなどできはしない。回想にも、記憶想起には無意識の選択や都合よく改作することなどがつきまとう。そしてそれらを再構成するには配列が不可避である。逆に、まるで架空の想像などもありえない。材料は意識の経験のなかからえるしかない。そのように虚構性の水準を分けて考えれば、種々の短絡や混同は起こらないはずだ。

二　随筆とエッセイ

今日の随筆・エッセイ

随筆は、前史は様ざまにあろうが、大正末に興隆したというのが通説である。その興隆の機運を受けて、菊池寛が主宰する『文藝春秋』は一九二三年一月に出発し、芥川龍之介のアフォリズム「侏儒の言葉」や直木三十五による文壇ゴシップなどで人気を博し、「巻頭随筆」を看板に、左右に跨るという意味での「中道」の編集方針をとって、新中間層、俸給生活者層の関心をよくつかみ、先発の『中央公論』『改造』を追い抜き、一九三〇年代には総合雑誌のトップに躍り出ていった。

その一九三〇年代には、作家、内田百閒（ひゃっけん）（のち、閒）の随筆が大ヒットした。最初の『百鬼園（ひゃくきえん）随筆』

（一九三三）は「短章二十二篇」「貧乏五色揚」「七草雑炊」の三部からなる。後の二部のタイトルは、それぞれ五篇、七篇を収めていることに由来する。巻頭に置かれた「琥珀」は、小学校で琥珀は松脂（まつやに）の化石と習い、松脂を煮た液体を土に埋めて試してみた幼い日の思い出。二つ目の「見送り」は、夏目漱石の息子の純一がヨーロッパに発つのを神戸港に見送りに行くはずが、東京で火事に見とれてしまい、汽車には遅れたが、なんとか翌日、見送りに間にあったという話。このようにとぼけたところのある体験談を読み進めてゆくと、次第に奇妙な感じが内身にせりあがってきて、内田百閒の世界としかいいようのないところに連れてゆかれる。

それから六年ほどして、一九三九年には『菊の雨』という随筆集が刊行される。その標題作は、新宿御苑に観菊会に行った日、その菊花の残像が夕立のなかに浮かび流れる幻想を書いた一種の芸術的散文で、百閒の短篇小説の世界と地続きである。実に多種多彩な内容と形式が入り混じる。その『百鬼園随筆』と『菊の雨』の二冊のあいだに、一一冊もの内田百閒随筆集が刊行され、しかも、それぞれかなり版を重ねていた。そして何と、これらの随筆を原作にした「随筆映画」を銘打つ『頬白先生』（東宝映画）がつくられ、同じ年、古川緑波（ろっぱ）の手で『百鬼園先生』と題して有楽座の舞台にのせられた。ひとり百閒に限らず、随筆の季節だったのである。いったいこんなことが海外で起こるだろうか。あらためて日本の「随筆」というジャンルについて考えてみたくなるだろう。

そして、第二次世界大戦後、一九五一年六月には、日本ペンクラブ内に、日本エッセイスト・クラブが発足し、今日まで毎年、実に多彩な作品に賞を授与してきた。戦後派作家たちもエッセイを盛んに書き、政治や思想、文学について深い洞察力を示し、そのあとには遠藤周作、北杜夫らのユーモア・エッセイが人気を博した。小田実の世界一周旅行の体験記『何でも見てやろう』（一九六一）はベスト・セラーになった。開高健の釣り随筆、植草甚一のジャズ・エッセイ、渋沢龍彦のエロティシズムをめぐるものなど、独特の持ち味のあるエッセイには事欠かなかった。文芸、映画、スポーツ、歴史もの、骨董、食べ物などなど、ありとあらゆる分野の随筆やエッセイが書かれた。時事問題にも、鋭い批評眼の光るものから皮肉を利かせたもの、やわらかなユーモアでくるんだものなど、魅力のある語り口があふれていた。

ここまで、「随筆」と「エッセイ」の使い分けをあまり考えずに書いてきた。が、別段、支障は感じなかった。今日の日本語では、ほとんど同義に用いられているようだ。批評や評論との関係は、どうだろうか。

かつて、といっても二〇世紀末のことだが、『石川淳全集』の編集に取り組んだとき、部立てを「評論・随筆」とした。石川淳の場合、批評性と上質の文の芸はないあわされており、どちらかに切り分けることができず、またそれに意味がないと判断したからだった。

ユーモアをたたえた評論も、鋭い批評眼の光る随筆もある。が、さりげなく書き流した体の、それでいて読み味の楽しめる、たとえば井伏鱒二の釣り随筆を評論とは呼びにくい。評論とエッセイ・随筆の関係は、批評性の多寡がグラデイションをつくると考えればよいだろう。では、古典では、どうだったのか。それも気になる。

エッセイとは？

英語では、批評性が表に出ている場合、クリティカル・エッセイということもある。が、科学エッセイや映画エッセイなど、それぞれのジャンルのエッセイは、日本でいう科学随筆、映画随筆などより、理知的、考察的な色合いが強いようだ。

『新潮世界文学小辞典』の「エッセイ」の項で、福原麟太郎は東西文化を見渡し、中国語の「随筆」の嚆矢は、南宋の洪邁（こうまい）の『容斎随筆』（一一八〇公刊）であること、日本で最初に「随筆」の語を冠した書物は、室町中期に一条兼良（かねよし）が編んだ説話集『東斎随筆』と前置きし、英語「エッセイ」は、フランス一六世紀のミシェル・ド・モンテーニュの『エセー』（*Les Essais*, 1580, 1588）を受けとめたイギリス一六世紀の哲学者、フランシス・ベーコンが、古代ローマ帝政期、後期ストア派の哲学者、小セネカの書簡まで含めて「エッセイ」の範囲としたため、理知も心情も含めて、自由な形式でつづるものに拡大され、「雑多な内容を含む、小品散文様式」になったと述べている。そして、ついでに、「偶然、わが国の私小説のごときものがイギリスにおいてはエッセイに数えられている」と述べていることは先に紹介した。

モンテーニュ『エセー』は、カトリックとプロテスタントの宗教戦争の現実を前に、自身の経験をふくめて、人間というもの、その社会風俗（モラル）への懐疑と反省を、当時ヨーロッパ知識人の共通語であったラテン語ではなく、フランス語で書いた書物である。キリスト教への批判を孕むため、のち、禁書にされた（一六七六年）。それを読んだベーコンがセネカの書簡を想起したのには理由があろう。セネカの書簡の一端だけ、覗いてみよう。

あなたが見るこのすべてのものは、神々の世界も人間の世界も含めて、一つである。われわれは大きな体の一部分である。自然はわれわれを血縁者として生んだ。なぜなら自然は同じ材料から同じ目的のために生んだのだからである。自然はわれわれの内に相互愛を吹き込み、社会的（ソキアービレース）たらしめた。自然は公平と正義をうちたてたのである。（『手紙』九五、五二、弓削達訳）

セネカは自分も浸っていた放埒な欲望追求を徹底的に反省し、道徳のおおもとを自然にしたがって生きることに求めた。この短いことばのうちに、彼の自然観、社会観、人間観が出そろっている。セネカは、また、こうも書いている。

われわれは共同で生きているのだ。……もしあなたが自分のために生きようと思うなら、他者のために生きなければならない。（『手紙』四八、二、同前）

この「われわれ」は、様ざまな階層、役職の奴隷をも含めた人間のこと。彼の人間観は「神々がわれわれを地上万物の長たらしめ給うた」こと、「われわれに神々につぐ第二の地位を保持させ給うたことに感謝」して生きる（『善行について』二、二九、三、六）というものだった。[11] むろん、帝政ローマ時代の多神教を背景にしている。セネカが、皇帝の差し向ける死の通達使が、いつ、ドアをノックしてもいいと覚悟を固め、日常の些細な事柄まで含めて、人間性への洞察、つまりは道徳の根本について、己れの考えを闊達に披歴した様ざまな文章は、西欧近代の人文学（the humanities）において参照されつづけた。

一九世紀のイギリスのエッセイは、シェイクスピアの戯曲のストーリーをまとめ、論評した『シェイクスピア物語』（*Tales from Shakespeare*, 1807）で知られるチャールズ・ラムの『エリア随筆』（*Essays of Elia*,

1823）が頂点といわれる。エリアという架空の語り手を設定し、当時の社会風俗を活写し、新しい傾向には鋭い皮肉を投げかける。その第三断章の冒頭では、ラム氏、すなわち著者自身の文章にふれ、エリアは、ラム氏は自分と同じ時期、オクスフォード大学の寮に暮らしていたと述べている。そのように人を食ったところがあるし、多くの典拠を踏まえた表現は、それほどの教養をもたない者には衒学的に映る。今日から見れば、もってまわった言いまわしも頻出し、そしてラム自身の自伝的な要素を多分に含む。福原麟太郎が「偶然、わが国の私小説のごときものがイギリスにおいてはエッセイ」云々と述べたのは、これを念頭においてだろう。

要するに、信仰の世界、神のことばの世界ではなく、人間性、主に倫理や社会風俗を考察する人文学の態度とその文章の妙味がヨーロッパのエッセイの根幹をなし、そこから、「言い得て妙」と評されるような、エピグラムに集約的に示される機知に富んだ発想や奇抜な表現を歓ぶ態度も育まれた。それが「エッセイ」の含意である。それが科学エッセイや映画エッセイなど、「雑多な内容を含む、小品散文様式」に拡大したのは、ジャーナリズムの発達と密接に関連しよう。

このような歴史的経緯を無視して、エッセイすなわち「雑多な内容を含む、小品散文様式」と規定し、それを中国や日本の古典の上にもかぶせるのは、いささか危ういように思われる。中国に洪邁『容斎随筆』があり、日本では一条兼良が編んだ説話集が『東斎随筆』と呼ばれているからといって、そのとき、中国や日本で「随筆」の語が「雑多な内容を含む、小品散文様式」と了解されていたかどうかは疑ってみる余地があろう。そのふたつの書物の性格を比較してみなくてはならないし、また『東斎随筆』が、今日、われわれのいう「説話集」にあたるかどうかも吟味してみなくてはならないだろう。

物語や小説、「随筆」類や批評にも、地域的に、それぞれそれなりの規範や価値観がはたらいてきた歴史がある。それゆえ、それぞれのジャンルを規定する概念相互の関係、すなわち概念体系ないし編制（conceptual systems）の歴史的変遷をたどってみなくてはならない。そのためには、のちに定着したジャンル概念――今日のわれわれの頭に刷り込まれているそれ――にあたる（相当する）ものが、それぞれの時代に、どのように扱われていたか、その実態を探ってみることが必要になる。が、それには困難がつきまとう。今日のわれわれの頭のなかには、もうひとつ、奇妙な「伝統」観念が棲みついているからだ。「私小説伝統」なるものも、その一つである。

「私小説伝統」の発明

「私小説」論議は、もう一度、一九三五年に文芸ジャーナリズムに再燃する。そのとき、東京帝大文学部国文科で池田亀鑑より三年ほど後輩で、藤村作（つくる）教授の薫陶を受けた舟橋聖一が「私小説とテーマ小説に就いて」*（『新潮』一九三五年一〇月号）で、「今日の私小説」は平安女流日記文学の「尾をひいてゐる」といい、「随筆文学」は『方丈記』が淵源と断じている。自分の見聞や回想を一人称視点で語る「私小説」の様式が、あたかも連綿として流れてきたかのように述べたのである。あるいは、その年、小林秀雄が「私小説論」（一九三五）で「私小説」も「心境小説」も作家の経験に立つ点では同じと論じたことが、引き金としてはたらいた可能性もあろう。舟橋は、そのころ、すでに作家として活躍していたが、谷崎潤一郎に傾倒し、日本文学の伝統を守る立場を鮮明にしていた。

＊「テーマ小説」は、総合雑誌『文藝春秋』を率いて文壇の大御所となった菊池寛がテーマのはっきりした作品をモットーに「主題小説」――主題は"what to say"、「作家のいいたいこと」――を主張していた（「戯曲研究」第五回、『文藝講座』第五号、一九二四、「主題小説論」第一回、『文藝創作講座』第八号、一九二九など）。ヨーロッパ語でテーマは、ふつう題材のことを指し、作家の主張のことではない。たとえば絵画で、同じ教会を題材にとっても、荘厳に描くか、歪んで描くか、その描き方によって、まったく異なるものになる。文章でも同じである。菊池寛がテーマをすなわち作家の主張と考えるようになったのは、演劇作家として活躍したこと（戯曲の意図や演出の意図を明確にしないと俳優たちが演技できない）、また江戸時代、漢詩について評論する「詩話」に活躍した菊池五山の末裔という意識も手伝い、魏の文帝の『典論』にいう「文章は経国の大業、不朽の盛事」に発する「文章経国」の伝統思想によるものだろう。(12)

そして、その「私小説伝統」という考えは、現行の文学事典にも浸透している。たとえば『スーパー・ニッポニカ』（小学館、二〇〇二）の「藤枝静雄」の項に、近代文学研究者、紅野敏郎が用いている。第二次世界大戦後には、「私小説的風土」とも言われた。

いわゆる「宮廷女流日記文学」は鎌倉時代で途切れ、室町以降、一四世紀中期から一九世記後半まで、五〇〇年以上の空白が無視されているということを誰も考えなかったらしい。自分の見聞をさして間をおかずに記録するものに、古くから様ざまな旅の見聞記、紀行文がある。また、鴨長明『方丈記』の前半は、よく知られるように都を襲う各種の災害の見聞をつぶさに記しており、その現場報告的な描写と文体は『平家物語』にも影を落とし、そして明暦三年（一六五七）一月、江戸の明暦の大火（ふりそで火事）の様子を語る『むさしあぶみ』（一六六一）にも受けつがれる。「仮名草子」を様ざまに開拓した浅井了意の作とされる。が、その体験談の語り手は、被害にあって出家した男に仮託されている。

半生以上にわたる体験談、すなわち自伝なら、明治維新期に江戸城の無血開城を行った勝海舟の父親で旗本の勝小吉が「べらんめえ調」（江戸の下町ことば）の口語体で語る『夢酔独言』（一八四三）などがある。が、紀行は紀行、自伝は自伝であり、一人称の体験談スタイルの作品がひとつのジャンルの系譜意識の上に記されていたわけではない。

他方、江戸時代には、若年向けの多種多彩な読物が挿絵入りで展開した。黒本・青本・赤本・黄表紙・洒落本・滑稽本・合巻・人情本・読本など、本の表紙の色や内容の傾向による通称で呼ばれ、浄瑠璃や歌舞伎と交錯し、英雄伝や軍記ものなどと、いわばクロス・ジャンル状態がつくられた。それらは、一人称の体験談スタイルはとらない。伝奇や志怪、稗史小説、白話小説などの伝統的なストーリー・テリングの作法がはたらくからである。

その系譜意識も歴然としていた。曲亭馬琴は、江戸中期から後期にかけてのこれら「物語り草紙の類」（「草紙」は冊子の意味）に浄瑠璃の丸本（台本）を加え、その作者について故事を交えて評論する『近世物之本江戸作者部類』を著している。その著述が天保四年（一八三三）の初冬から一年余りでなされたことは、彼が克明につけていた日記（いわば業務記録）からわかる。並行して、中国の伝奇、志怪小説の流れを編む計画をもっていたが、これは実現しなかった。ともに依頼主があっての仕事である。つまり、「日本の私小説」伝統なるものは、池田亀鑑『宮廷女流日記文学』がつくった新たなジャンル概念に連動して、このとき、舟橋聖一が初めて言い出したものである。

曲亭馬琴の業務日誌にふれたついでに述べておくと、その少し前、太田南畝（なんぽ）の享和三年（一八〇三）の日録、『細推物理』の正月一九日には、曲亭馬琴や山東京伝らが来訪、芸者を連れてきた者もいて三味線を弾かしむとある。連日のように好事家仲間と飲み食いし、遊んだ記録がつづく。ときに狂歌狂詩に耽る。

太田南畝は、下っ端の役人で、鋭い風刺の狂歌に活躍していたが、寛政六年（一七九四）、「学問吟味登科済」が創設されたのを機に受験し、甲科及第首席合格となり、二年後には支配勘定に任用され、一八〇一年には大坂銅座へ赴き、銅山の中国での呼び名「蜀山」にちなんで、蜀山人を名のり、狂歌を再開し、江戸に帰っていた。『細推物理』は文化元年（一八〇四）、長崎奉行所へ赴任するまでのあいだ、すなわち五五歳のときの日録である。ものものしい題の下に、もっぱら遊びを記録し、勤務については記さないことにしていたらしい。

戯作者として活躍していた山東京伝は、その一〇年ほど前、松平定信による風紀引き締めを受け、寛政三年（一七九一）の春、手鎖五〇日の刑に処されて以降、洒落本の筆をとらず、このころには、江戸時代の風俗の起源や変転を考証する随筆を手掛けていた。彼等は表向きの仕事はがらりと変えたが、仲間うちの遊びはつづいていたことが、よくわかる。

『枕草子』は随筆か？

そして、先の舟橋聖一「私小説とテーマ小説に就いて」が「随筆文学」は『方丈記』が淵源と断定していることに着目するなら、昭和戦前期東京帝国大学の国文科では、『枕草子』を「随筆」として扱っていなかったらしいと推察される。

明治中期、その「緒言」に「本書は実に本邦文学史の嚆矢なり[13]」とうたう三上参次・高津鍬三郎合著『日本文学史』（一八九〇）は、上巻「平安朝期の文学」第五章「草子。すなわち随筆の文」で、草子を「草案草稿の義」ないし「冊子」の転音とし、後世の「随筆」や「漫筆」と同義といい、『枕草子』を随筆の「鼻祖」のように位置づけている。では、そのときから『枕草子』は随筆として扱われてきたかというと、そうではない。

明治後期、簡便な、しかし、権威をもつ日本文学史の教科書として広く読まれた芳賀矢一『国文学史十講』（一八九九）は、中世の軍記類を新たに「歴史物語」「軍記物語」のように呼び、今日までつづく機運をつくった書物である。その序は、これまでの「日本文学史」は「学問全体を対象にしてきた」（実際は日本の人文学の範囲――引用者）が、自分は「作られた美術品を指して文学と云う」といい、「美文」と呼ぶ。「美術品」というのは、そのころまでに詩や小説、絵画、音楽、舞踊などを一括して「芸術」や「美術」と呼ぶようになっていたからだ。物語性や文体意識をすなわち芸術性と考える姿勢が、ここに登場した。

それにより、芳賀矢一は「純粋の日本文学[14]」という概念を立てる。和文中心主義である。その立場から第五講「中古文学の二」で、紫式部と清少納言の文章を対比し、『枕草子』の特徴として、批評性と文章の変化、奇警な所をあげている。が、「随筆」の語は用いず、『和泉式部日記』『かげろふ日記』など「女房の日記」と並列している。

その後の、広く読まれた「日本文学史」類、藤岡作太郎『国文学史講話』（一九〇八）や津田左右吉『文学に現はれたる我が国民思想の研究』（一九一六〜二一）でも、『方丈記』『徒然草』を、その形態の大きなちがいにもかかわらず、「随筆」と呼んでいるが、『枕草子』については、そう呼んでいない（第三章で述べる）。

では、『枕草子』を「随筆」と呼ぶ習慣は、いつ、どのようにして広く定着したのか。おそらく第二次世界大戦後のことで、「日本の三大随筆」なる呼称がひろがるのと同時だろう。

ある作品がつくられた時代に、文芸の諸分類（ジャンル）の概念（コンセプト）と規範（コード）が、どのように意識され、流通していたか、それらが、どのように組み換えられ、それにより個々の作品の評価が、どのように変化したか、その大枠をたどり、整理する作業は、少なくとも一九三〇年代、いや、戦後までの過程を追うことが必要になるらしい。

だが、そのようなジャンルの分類の変遷など、どうでもよいではないか、池田亀鑑の創見によって、「平安女流日記文学」に、宮廷に仕える女性たちや周辺の女性たちの内面を照らすものという目印がつけられたのは研究の前進ではないか、という意見もあるだろう。それについて、わかりやすい例を「日記」「随筆」から離れて考えてみたい。

三　古典評価の移り変わり

文学性とは何か？

たとえば、今日、「歴史物語」とされる『太平記』（一四世紀後半に編纂と推定）は、天皇家が南北に分かれて戦った中世の戦乱期を書いたもので、その朗読は「太平記読み」と呼ばれ、江戸時代にも広く民衆に親しまれていた。この人びとの前で「読まれた」（音読された）ものという特徴に着目する兵藤裕己『太平記「よみ」の可能性』（一九九五）が出、あらためて民衆の政治観にはたらいた役割に着目する研究もつづいている。

『太平記』は、南朝方についた楠正成（くすのきまさしげ）ら土豪を忠臣として書くところに作者たちの意図があり、昭和戦前期まで日本人の歴史観に大きな影を投げてきた。今日の歴史学では、一種の歴史叙述として扱っている。

明治四四年（一九一一）、南北朝のどちらが正統かをめぐって論争が起こされた（南北朝正閏論争）。東京帝国大学の国史科の教授たちが、とくに水戸藩の『大日本史』などに顕著だった『太平記』史観を否定し、南北朝並立論を唱え、学校の教科書にも、そのように記載されていた。が、日露戦争後、それが世の中の秩序を乱し、大逆事件などを惹き起こしたもと、とばかりにジャーナリズムが書きたてた。この論争は、明治天皇が南朝正統論を認めるかたちで結着がついた。が、北朝の系譜を引く天皇家は、北朝系の天皇の霊も祀りつづけた（なお、この年、もうひとつ天皇機関説がやり玉にあげられたが、こちらは、機関説が官僚や知識人層の支持を集め、大正デモクラシーの機運を呼び起こした）。

ところが、今日、日本文学を通史的に扱い、広く流通している唯一の事典である『新潮日本文学辞典』（一九八八、『新潮日本文学小辞典』一九六八を増補改訂）の『太平記』の項（釜田喜三郎）は「戦乱の悲劇を通して人間の道義を強調し、政権争奪に終始する政治に対決した民族の深い嘆きをこめた文学として空前の価値がある」と評している。この評価は「太平」を願う「民族の深い嘆き」、すなわち感情表現、すなわち「文学」の側面に力点を置いている。そして、この評言には、第二次世界大戦に日本が敗北した影が強く射してもいよう。

だが、『太平記』は、芳賀矢一のいう「美術」ないし「芸術」としてつくられたものではない。歴史叙述と感情表現とが未分化なまま綾なされている古典を、近代的な「芸術」観から読むことには決定的な無理がある、とわたしは思う。

古典を評価する際、しばしば「文学」性、ないし「芸術」性が問題にされる。ことばのワザの巧拙は、古今東西、絶えず評価の対象にされてきた。その評価基準は、しかし、地域や時代により、またジャンルにより、まちまちに変化する。どこの地域の価値観も、それぞれの「宗教」や道徳との関連を抜きにしては語れない。

ところが、ヨーロッパでは近代を通して、知的表現と感情表現とを分けて考えるようになり、詩・小説・戯曲を文字による芸術ジャンルとして独立させた。感情の表現、抒情性をもって「文学」性、すなわち芸術性として評価するのも、西欧近代的価値観によるものである。* この基準によると、記録性の強い作品は芸術的価値が低いとみなされることになる。

*ヨーロッパ近代にその規範がつくられたのは、キリスト教の神から万人が等しく授けられている（はずの）理性で判断する「真」や「善」と、感情で判断する「美」の領域とを切り分けることをドイツの哲学者、イマニュエル・カント『判断力批判』（*Kritik der Urteilskraft*, 1790）がその前半で述べたことに発している。そして、フランスにカント哲学を紹介したヴィクトール・クーザン『真美善について』（*Du vraie, du beau et du bien*, 1853）や、フランスの哲学者、イポリット・テーヌの講義をまとめた『芸術哲学』（*Philosophie de l'art*, 1882）などによってひろがった。ただし、それは、あくまで概念上の、言い換えるとタテマエとしての規範であり、実際に「美」だけを表現し、生活風俗などをそれとして書く、また描くことがなされなかったかどうかは、別問題である。

そして、社会の実際においては、教会や貴族のための仕事を引き受けていた職人層が産業社会の発展につれて、芸術家と工場労働者に別れた。近代において天才的芸術家とされるレオナルド・ダ・ヴィンチも、尊重されていたとはいえ、実態においては、貴族の注文を請け負う職人の一人だった。

この価値観を受けとった日本では、まず明治初期に官僚によって"fine art"の中義の訳語として「美術」という新語がつくられ、今日、われわれのいう「芸術」全般を指す語として次第にひろがっていった。文部省が一九一〇年に、絵画と彫刻に限定した「美術展」を開催し、狭義の「美術」の用法が定着したとみられる。(15)*

*"fine art"の広義は、ヨーロッパ中世の大学で、神学の下位におかれた「自由七科」に発する"liberal

art"、狭義はフランス・アカデミズムが絵画、彫刻に限定したことに由来する。

そして、狭義の「美術」と横並びの位置に、詩・小説・戯曲など感情表現を主とする「文学」概念が知識層に定着したとみてよい。芳賀矢一『国文学史十講』は、その動きを受けたもので、また近代の言語ナショナリズムにより、和文尊重の態度をとっていた。

その感情重視の価値観は、『古今和歌集』中の儀礼歌や『新古今和歌集』中の釈経歌の価値を低く見る態度を生む。たとえば『源氏物語』の、葵の上に取り憑いた六条御息所の生き霊を払うために、密教の加持祈祷僧が護摩を焚いて祈る場面をとりあげ、迷信が渦巻いていた時代のことなど読むに値しないとするのと、その限りでは変わりない。

ところが、英語で初めて『日本文学史』（*A history of Japanese literature*. London, 1898、初版確認）をまとめたウィリアム・ジョージ・アストンは、加持祈祷や読経の声が響きわたっていることを承知の上で、『源氏物語』を近代小説の祖にあたると絶賛した。イギリスでは教会で人びとが蝋燭を立て、祈りを捧げていたし、古い館に幽霊が出没するゴシック・ロマンスが流行していた。加持祈祷や線香の煙など、気にならなかったのだろう。

すでにふれたように、しばしば虚構性が文芸の価値判断の基準にされるが、それは想像力による創造性を重んじる西欧近代のロマン主義の価値観によるもの。だが、一九世紀後半の西欧では実証主義や自然神論が勢いをもち、それが文芸におよんで「自然主義」が提唱され、写実主義（リアリズム）の手法が勢いをもった。実際、イギリスでは鋭い政治風刺劇に活躍し、禁圧を受け、小説に転じて『捨て子、トム・ジョーンズの物語』（*The History of Tom Jones, a Foundling*, 1749）などで知られるヘンリー・フィールディングが「近代小説の父」とされる。アストンはその価値観から、『源氏物語』は作り物語でも、伝奇的要素の勝ったロマンス（romance）の部類ではなく、近代小説（novel）の祖と絶賛したのである。

リアリズムの方法を重んじても、想像性と創造性を近代的とするロマン主義の価値観では、作り物語でない「宮廷女流日記文学」も、「私小説」「心境小説」も評価は低くなる。第二次世界大戦後の日本では、「自然主義」を受けとったものの、日本の伝統的風土によって歪められ、「私小説」が盛んになったと批判的にいう風潮が強かった。

他方、二〇世紀前半の戦争と革命の時代には、「報告文学」（ルポルタージュ）やドキュメンタリー映画の価値が高まった。それを受けて、第二次世界大戦後の日本では「記録文学」が提唱された。個々人の経験に真実を求め、それを記録することに価値を置く考えである。そこでは、表現性の問題やその様式は二の次にされる。

このように、一九世紀後半から二〇世紀を通じて、国際的に多様な価値観が入り乱れ、揺れ動いてきた。日本ではそれらを受けとりながら、文芸作品が生み出され、古典もまた再評価されてきた。つまり、個々の作品を論じ、評価する際に用いる基準（モノサシ）や分析スキーム（図式）もまた、それぞれの時代思潮に左右されてきたのである。

「日本文学」の発明と変遷

日本近代の「文学」概念が、一九世紀後半に西欧の"literature"を受け取ってつくられたことは常識のようになっているが、それには大きな盲点があった。

英語"literature"と漢語「文学」が互いに翻訳語になったのは、一九世紀半ばの香港でのこと。中国では、伝統的に「文学」は、儒学を中心にした文による学問を意味していた。そして詩をつくることさえ、玩物喪志に陥ると警告した朱熹がまとめた朱子学による科挙が存続していた。想像力による創造性を重んじる詩・小説・戯曲を中心にする"literature"とは、あまりに価値観がちがう。では、なぜ、そのとき"literature"と「文学」は互いに翻訳語になりえたのか。

それ以前、ヨーロッパ諸国で、ヨーロッパ知識人が長く共通語としてきたラテン語ではなく、自国語で記された優れた著作（polite literature）を、その国の国民性を示す「文学史」として誇り、かつエリートや市民層が学習し、暗誦したりするために編むことが始まっていた。その範囲は、神のことばを扱うキリスト教神学に対して、人間のことばを扱う「人文学」（the humanities）だった。今日でも西洋各国の「文学史」は、その根本は変わっていない。これと、儒学を主とする「文章博学」及び「文献経典」を意味する中国語「文学」がちょうど釣り合ったので互いに翻訳語になったのである。*

＊英語"literature"の広義は、記述されたもの一般（writings）をいい、今日でもパーソナル・コンピュータの説明書におよぶ。中国語、日本語の「文学」に、この意味はない。中義は「人文学」、狭義は詩、小説、戯曲を主とする文字で書かれた言語芸術（literary art）である。その狭義の用法は、一七七〇年代の

イタリアからヨーロッパにひろがりはじめたが、たとえば一九世紀半ばのフランスには、それに異を唱える有力な知識人たちがおり、実際にひろがるのは、一九世紀後半を通してと見てよい。

それに対して、中国語の伝統的「文学」は、春秋戦国時代（西暦紀元前三世紀まで）の孔子の言行を書きとめた『論語』〈先進〉にいう「文学は子游、子夏」の「文学」に発し、徳行、言語、政事と横並びにされているが、「言語は宰我、子貢」に対するもので、少しのち、職工集団の思想を記した『墨子』にも「言談」に対して「文学」と出てくる。いずれも「文（書）の学」の意味で、「文章博学」の意とされ、また「文献経典」の意味でも用いる。

『漢書』〈王褒伝〉に「宣帝の時、武帝、故事、講論、六藝の群書を修め」とあり、これは当代の「文学」すなわち学問の内容を意味すると見てよい。「六藝」は『周礼』では宮廷に仕える「士」が身に着けるべきとする「礼（徳育）、楽（音楽）、射（弓矢）、御（馬術）、書（書写、識字、作文）、数（算術）」だが、ここでは、春秋時代以降の六経「詩（経）、書（経）、礼（記）、楽（記）、易（経）、春秋」を指すと見てよい。のち、「楽記」が落ちて、「五経」。そして、「文学」は、経書を管理し、儒を講じる教授の意味で「祭酒」とともに用いられ、以降、類似の官職名となった。日本では律令制の導入とともに親王に仕え、儒学を講じる役名に用いられ、また、江戸時代には藩校で儒学を講じる者を呼んだ。

ただし、『梁書』〈徐摛伝〉に「文学倶に長じ、兼ねて行有る者」を人材として求めたとある。これは「文（と）学」という意味の用法であり、「学」とは区別される「文」のワザに対する評価が相対的に高くなっていたことの反映と見られる。そののち、六朝時代宋の正史である『宋書』〈隠逸・雷次宗伝〉などに、文帝が「芸術」を好み、「儒学」のほかに「玄学」（老荘）「史学」「文学」をもって「四学」を並び立てたとあり、この「文学」は「文章の学」の意味でよいだろう。「藝術」は「藝」と「術」で技芸一般。士大夫層には囲碁や日本でいう盆栽も「藝術」として親しまれた。この用法は、中国では現在でも活きている。

文章と同じ意味で「文藝」の語が長く用いられるが、いわば理知に重心を置くときに「文学」が、「文」

のワザを含んで用いるときに「文藝」（しばしば「藝文」）と呼ばれる傾向が見られる。[16]

そのヨーロッパの人文学の範囲を指す「文学」概念を受け取り、日本でも「日本文学」の観念がつくられてゆく。最初にそれを正面から論じたのは『東京日日新聞』の主筆、福地桜痴（おうち）の「日本文学の不振を嘆ず」（『東京日日新聞』一八七五年四月二六日、初出タイトルなし）だった。最初に「日本文学史」を名のる書物が編まれたのは、帝国憲法公布、教育勅語が出されたのと同じ明治二三年（一八九〇）、三上参次、高津鍬三郎合著『日本文学史』上下二巻である。ともに「日本の人文学」を範囲とする。*

＊明治前期における「文学」には、諸科学全般を意味する用法が見えるが、中期には、その用法はほぼ消え、人文科学と自然科学とに二分される。また、福地桜痴は「文学」のうちに作文を入れているが、一八八〇年代を通じて作文は修辞学の範疇に入れられてゆく。これはヨーロッパ各国の動きを受けたものと見られる。アメリカでは、やや遅れて二〇世紀初頭まで作文を「人文学」の内に含めていた。そして、人文学は、二〇世紀への転換期から、文献を対象とする人文科学と社会事象を対象とする社会科学に二分されてゆく。

「日本の」と限定するのは、次の三つの特徴をもつゆえである。①ヨーロッパの文学史は、人文学の範囲を対象に発展してきたが、*「日本文学史」は神話や仏教書なども含む。今日のどんな「日本文学年表」も、『古事記』（皇室神話）、『日本書紀』（神話と歴史）、『風土記』（神話伝承を含む地誌）からはじまる。念のために言っておくと、明治期になるまで、「文学」は、中国の用法を受けて漢詩文を指して用いられていた。和歌や物語を誤って「文学」と呼んだ例も見つかっていない。では、それらには、どのような括り方がなされていたか。明治以前における文献の分類法に眼なざしを向けることになる。

＊ヨーロッパでは、「聖書」は多くの文芸の源泉になってきたが、それはその様ざまな要素が、であり、人文学は神学体系とは切り離されている。西欧諸国の文学史では、聖書が自国語に翻訳されたことや聖職者の演説など宗教関係の事項も扱われるが、それらは自国語の歴史上、大きな出来事、もしくは修辞学（レトリック）上の問題に限られている。

ヨーロッパでは、長く知識層が共通語としてきたラテン語の文献は除外し、自国語で記された、しかも自国の名作として誇りうる言語作品をあげる（その範囲は国情によってまちまちだが、探偵小説など、ポピュラー・リテラチャーがアカデミズムの研究対象になるのは第二次世界大戦後のこと）。それに対して、②日本では、外国語である中国語（漢文）の古典、また、③最初から、江戸時代の戯曲、読本、俳諧など民衆の文芸を含むものとされた。

ところが、先に見たように、二〇世紀への転換期に、「文学」は狭義の「美術」と並列関係に置かれ、文字に記された言語芸術を意味する狭義の意味も並行して定着していった。その動きを受けた芳賀矢一『国文学史十講』は「歴史物語」「軍記物語」のような新ジャンルをつくった。が、いわば「真・善・美」が未分化のまま展開していた時代の作品を「美術」の範囲に囲いこむことには無理があったといわざるをえない。

そして、先にふれたように、その後も日本では錯綜した事態がつづいた。それこそが、池田亀鑑が

「宮廷女流日記文学」という新たなジャンルを発明し、また舟橋聖一が「私小説伝統」なるものを発明する基盤をつくった正体である。その錯綜した事態に分け入るなら、「日記」の書き方が一九〇〇年代ころから大きく変化し、自己を内省するための「修養日記」と呼ばれていたこと、今日にまでつづくような日記の書き方の変化も、このころに興ったことが明らかになるだろう。

その理由は、明治期の日本に、古くからある「修養」の語に独自の意味がひろがったからであり、また二〇世紀への転換期に国際的に、芸術に対する考え方に大きな転換が起こり、それを日本でもほとんど同時期に受け止めたことがかかわっている。一言でいえば、芸術に至上の価値を認める芸術至上主義（「芸術のための芸術」が発展し、民族信仰なども取り込み、宗教に代わるような位置に置く立場）が登場し、それと並行して生活芸術という考え方がひろがり、日記を書くことがそのひとつとされたからである（第三章で述べる）。

実際のところ、昭和戦前期までは、「文学」を考える際に、広く日本の人文学の概念に立ちながら、そのうちの言語芸術作品を重んじる態度がかなり広く共有されていた。藤岡作太郎『国文学史講話』は、文化全体を見渡しながら、「純文学」という語を詩（詩・和歌・連歌・俳諧）、小説（物語・戯作）、戯曲（能狂言・歌舞伎・浄瑠璃の台本）に用いているし、津田左右吉『文学に現はれたる我が国民思想の研究』も、思想史の観点から、それらを「純粋な文学」と呼び、その独立した価値を尊重する立場に立っている。*

＊これらの「純文学」は、一九二〇年代半ばに成立する「大衆文学」と対立する概念ではない。経緯は省略するが、第二次世界大戦後、文芸雑誌は「純文学」「中間小説」「大衆文学」の三種に分かれていた。にもかかわらず、小説の分野に「純文学」対「大衆文学」のスキーム（図式）がつくられたのは、一九六〇年を前後する時期、とくに一九六一年の「純文学変質論争」を経てのことである。[＊17]

中村幸彦『近世儒者の文学観』（一九五八）が、江戸時代の「文学」観の変化を概説して、朱子学啓蒙期を「勧懲的」、元禄期を「人情的」、享保期を「風雅的」、文化文政期以降を「清新論的」と呼んだことは、今日まで指標にされているが、あくまでも儒者のそれを扱ったものであり、また全体に近代的「文学」概念への接近の過程を読もうとする一種の内在的近代化論の構えをとっている。さらに、文化文政期以降の動きを、雅俗に分断されていた文化秩序の意識が「純文学大衆文学などの近代的な区別に改組されてゆく」[18]と述べているところに明らかなように、一九六〇年を前後する時期の文壇に生じた小説の下位概念を二分する動きを「文学」全般に投影してしまっている。これも、それが記された当代の文芸界の動きが前近代の古典評価にはたらいた事例といえよう。[19]

本書の構成

ごく単純にいうなら、「日記」「随筆」ともに、近現代を通して今日のジャンル概念がつくられてきた。概念は、ことばの意味のことだが、他の語、及び同一語の他の意味との相互関係（体系ないし編制）によって決まる。同音意義語、異音同義語、類義語など錯綜するが、まず、その語が何に対して用いられているか、を考える。そして、その関係、上位、同位（並立）、下位の分類の体系（編制）を把握することが肝心である。また、概念は、その時代の知識層一般の共通観念になっていることが想定されるものをいい、個人やグループにおける概念は、その影響力とともに、それぞれにその差異の程度などを考えればよい。その時代の有力な個人やグループによる用語の定義も参考になるが、細部におよぶほど、一般通念や個人のあいだでズレが出てくるのがふつうである。

本書では、今日のわれわれが「日記」「随筆」「説話」「批評」などと用いている、それぞれにあたる領域は、古代、中世、近世を通じて、どのような状態にあり、かつどのように区分されていたのか、いなかったのか、について、また、それぞれの書き方、記述の様式が変化してきた様子をたどってゆく。

第一章では「日記」概念の古代からの変化と、今日の「日記」にあたるもの——職務日誌と日々の自分の考えや感慨を中心にする二種類——の実態の変化を追う。

第二章では、「随筆」概念とそれにあたるものについて、古代からの変化を追う。中国における「随筆」の原義を解明し、それと関連して、批評や民間伝承を筆記したものの編纂にもふれる。民間伝承については、今日の日本では「説話」の語が用いられているが、「説話文学」の概念をめぐっても、今日、専門家たちは様ざまに議論している。

第三章では、それら「随筆」や「説話」と「小説」とのけじめがつかなくなるような事態が現出した近現代の藪のなかに分け入ってみたい。その作業は、二〇世紀への転換期から一九三〇年代、そして戦後にかけて、古典評価を含む文学と芸術のシーンを読み直すことにつながるはずである。

それら近現代における概念の組み換えを知らなければ、古典の評価基準が今日まで、どのように変化してきたのか、一語でいえば、古典評価史がつかめない。評価史がつかめなければ、いまの自分の頭に刷り込まれた概念や評価基準、分析図式がどのようにしてつくられてきたのかもわからない。それがテクストの解釈や評価に密接にかかわることは、『太平記』の例からも明らかだろう。

つまりは、われわれが高校などの教育によって頭のなかに刷り込まれたジャンル概念や分析図式、価値観から自由になって、古典や近現代の言語作品について考える立場を築いてゆきたい。そんなことがはたして出来るか。これは、わたしにとっても読者にとっても、新たな研究への挑戦である。

第一章　古典における「日記」と紀行文

一　重層する「日記」の用法

古代中国の「日記」

古代中国で、最も早くに現れる「日記」の語としては、後漢の王充が『論衡』〈巻一三効力〉（一世紀後半）で、「文儒の力」は文章に示されることを論じるなかに、「上書日記」という語句が見え、「上書」に優れた者として、漢の成帝に仕えた谷子雲をあげ、「日記」に優れた者として孔子をあげているという。孔子が編んだとされる『春秋』なども「日記」と称されていたことになる。皇帝に差し出す上表文など公の文に対して、いわば私人が、あるいは皇帝や諸侯に仕える者でも、私人として、日々、記し、また文を撰し、論述する作業のすべてが「日記」と呼ばれていたのである。

第二次世界大戦前、東京高等師範学校で長く国文学の教授をつとめた玉井幸助（のち、昭和女子大学長）に、古代から二〇世紀中国の「日記体小説」までを見渡す大著『日記文学概論』（国書刊行会、一九四四）がある。第一篇第一章「概観」で、先の例をあげ、その後も一般に、この意味で流通していたとし、「日録」「日鈔」「日抄」「日疏」などを同義語と見ている。[1]これを古代における「日記」の第一の意味としよう。第一篇第三章では「日記」を「実記」と「創作」（近代の魯迅『狂人日記』のような日記体小説）とに大別し、「実記」のうちを「日付のあるもの」と、そうでない「随筆、家集類」とに二分、日付のあるもののうちを、家居、紀行、一事件に関する私記、官記・起居注の四種に分類している。

だが、官記や皇帝の起居注は、先の古代中国の「日記」概念から外れよう。「随筆」も前近代のうちにジャンル概念としては定着していなかった（第二章で述べる）。玉井は、ここで、当代の日本人の通例を勘案しつつ、包括的な「日記」概念とその下位分類の提案をしていることになる。

序章で述べたように、池田亀鑑によって「宮廷女流日記文学」の提案がなされ、古典の日記・紀行文への関心が高まっていたことも手伝い、このような労作が生まれ、かつ新たな提案を呼び起こしたとみられる。が、一時代における概念相互の関係、その概念体系（編制）の組み替えの変遷についての考察を旨とする本書は、時代を超えた分類法の提案を行うものではない。

玉井幸助は、たとえば第二篇「我が国の日記」第六章「鎌倉時代以降の日記」第二節で、毎日毎日の行いを記すものを「日日記」「日々記」などと呼び分けている例をあげ、日次記の類は「日記」の「本質」から外れるという。この「本質」が判然としないが、事件の記録を指しているらしい。江戸時代前期の俳諧師で幕府歌学方をつとめた北村季吟らが、紀貫之『土佐日記』について論じるなかで、「日記」に「日々の事を書き記す」という定義を与えながら、そうではない、平安前期の公卿で反骨の人として知られる小野篁（たかむら）の家集『篁日記』（成立年代不詳）などを同様に扱っていることに疑問を投げている。

だが、北村季吟は、かつては、広く「私記」の類を総称する「日記」という概念があったことを認識しながら、日次記をも「日記」と呼んでいると考えることもできる。

中世までの日本の史書のうちに登場する「日記」と題する書目のうち、記されたとされる時期の最も早いものは、卜部兼方による『釈日本紀』（一三世紀後期）に、壬申の乱（六七二）のとき、大海人皇子（のち天武天皇）のふたりの舎人の記した『安斗智徳日記』と『調連淡海日記』から、ごく一部が引用されているところだろう。日次記だが、『日本書紀』編纂のため、指示を受け、記されたものと倉本一宏氏は推測している。[2] 妥当な見解であろう。

ただ、これら個人の手記の類が七世紀のうちに「日記」と称されていたかどうかはわからない。『日本書紀』の七世紀の記事のうち、一部が編入されている個人の手記の書目には『高麗沙門道顕日本世記』（六六〇、六六一、六六九年の条）、『伊吉連博徳書』（六五四、六五九、六六一年条）、『難波吉士男人書』（六五九年条）がある。これらは「日記」とは呼ばれず、「記」ないしは「書」である。これらが「日記」と称されていたにもかかわらず、何らかの事情で、『日本書紀』の編者たちが、それを避けたとは考えにくい。

「記」は著述、編述一般に用いるが、記録の意味が強い。また、それなりに構えたものをいうことが多く、それに対して、この場合の「書」は、より軽い、いわば書きつけ類一般の意味で呼び分けていると推測される。「図」に対する「書」、もしくは書物を意味する「書」ではなく、書状、書簡類に用いる「書」の部類である。* むしろ、卜部兼方が、かつてであれば『安斗智徳書』、『調連淡海書』と記されたはずの手記の類を「日記」の名で呼んでいると考えた方が穏当だろう。つまり一三世紀後期までには、事件について私的に記した日次記を含む記録に「日記」という呼称を用いる習慣が一流の知識層にはあったと考えてよい。

＊中国・古代の「書」の意味は、文字による記録、書簡、書状の意に発し、書物におよぶ。『漢書』〈藝文志〉に、「書」に記されるものとして「言」（声による「話」「弁」「談」など）と「事」（出来事）とがあるとする。また、前漢末、揚雄の『法言』〈問神〉に付した晋の李軌の注には、「書」には「文」（形態）と「質」（意味）があり、「言」には「史」と「野」があるという。これは『論語』〈雍也〉にいう「文、其の質に勝りてば則ち史なり」（「文」の質が優れたものは「史」となる）を受けている。縄目によるシルシではなく、文字により、統治のもとに置くことが、すなわち「文化」、野蛮を「文」に化すことを含意する。
そして、「文」は、木簡、竹簡を延べて示すので、「述べる」とされ、一定のまとまりを指して「篇」などが用いられる。「章」は、もと「美」の意で、「文章」は「文」の美称だった。その他、「文」及び「弁」に対する概念として、「武」もある。これらは『辞源』などで容易に確認できる。[3]
なお、「史」について付言すれば、司馬遷『史記』や、のちの『隋書』は別にして、前代の史を教訓とするため、『漢書』以降は断代史のかたちをとる。それに対して、北宋の司馬光による『資治通鑑』などの通史が「歴代の史」の意味で「歴史」と呼ばれた。明代の『歴史大方通鑑補』などに用例が見える。
日本では、江戸時代に入るころから「歴史」の語が用いられたようだが、日本の「歴史」という場合には、「歴代」の意味が中国とは異なり、代々の天皇の御代を指すため、その意味での用法が見られるはずである。[4]

日本的変容か？

今日、われわれが「日記」と呼んでいるものの起源として、しばしば、中国の皇帝の行動を史官が記録する「起居注」があげられる。漢の武帝の「禁中起居注」があったことは、よく知られる。史官名には周代から「左史」「右史」があったが、晋朝から「起居令」「起居郎」「起居舍人」などの専門の官職が設けられ、その制度は清朝が滅ぶまでつづけられた。清代の『起居注冊』は、現在、台湾の国立故宮博物館に保存されている（蔣介石が第二次世界大戦後、共産党との内戦により、台湾に撤退した際に、中国・本土より持ち出したもの）。

現存する最古の「起居注」とされるのは、唐代の編年体の『大唐創業起居注』だが、以降、残されたものは少ない。唐代以降、皇帝逝去後に、「起居注」を中心に「実録」に編む制度が整えられたためだろう。唐の『順宗実録』と北宋の『太宗実録』（もと八〇巻、現存二〇巻）が現存する。

王朝が滅んだのち、次代に「正史」が編まれると、起居注は処分される習わしだったといわれる。だが、『日本書紀』（神功皇后摂政六六年）に『晋起居注』からの引用がある。隋代あるいは唐代まで、その習慣は確立していなかったか、それとも何らかの事情で流れ出たのかは分からない（これは、その引用の内容とはかかわりのないことである）。

中国の「史」が編年の「紀」と人物の「伝」（列伝）の二部から構成されるのに対し、日本では、王朝の交代はなく、編年体を基本に、人物の死亡記事のあとに「伝」を付すかたちの六つの正史が漢文で編まれ、六国史と呼ばれた。『日本書紀』三〇巻（神代から持統天皇まで。七二〇編纂）、『続日本紀』四〇巻（文武〜桓武天皇、七九七編纂）、『日本後紀』四〇巻（桓武〜淳和天皇、八四〇編纂）ののち、ふたつの一代記、『続日本後紀』二〇巻（仁明天皇代、八六九編纂）と『日本文徳天皇実録』一〇巻（八七九編纂）が編まれた。「紀」とつくのは編年体を意識した名づけであり、「実録」は一代記を意識したために名称が変更されたのだろう。そののち、『日本三代実録』五〇巻（清和・陽成・光孝天皇、九〇一）が編まれた。これは「実録」の語で「史」や「紀」に代用する意識が生じたためらしい。

玉井幸助『日記文学概論』第二篇「我が国の日記」は、現存する文献中、「日記」の語が初めて見えるのは、弘仁一二年（八二一）の宣に「自今以後、令載其外記於日記」（これ以降、それを外記に日記に載せるよう令した）とあるという。[5] 玉井は「日記す」「日記せしむ」と動詞に解しているが、「於」は前置詞的な置き字だろう。平安末期、保安二年（一一二一）ころに編まれた『類聚符宣抄』——天平九年（七三七）から寛治七年（一〇九三）までの太政官符、宣旨などを分類整理した法令集——中の記事による。この「日記」は官記と見なさざるをえない。日本では、「内記」が起居注にあたる御所記録を受け持ち、「外記（げき）」は、王権の宗教的権威を支える宮廷儀式を記録する少納言の下に置かれた史官、及び、それが受け持った記録を意味する（ただし、延暦一一年〔七九二〕、桓武天皇の勅令以降、公式には「がいき」のはず）。それら公式の記録に添えて、行事の式次第などを記したものも残され、「別記」と呼ばれている。そして、天皇の事務を扱う蔵人所（くろうどどころ）や違法を取り締まる検非違使（けびいし）庁でも、当番制で「日記」をつける習慣がつくられていった。これらは官吏の職務記録というべきもので、儀式書などにまとめられる。

起居注はもちろん、官記の類を「日記」と呼ぶ用法は、中国古代には見えないと、今日の中国の専門家はいう。これら日本流の「日記」の用法は、すでに中国流から逸脱していたか、中国でも行われてはいたが、前代の史官の記録類が処分されたために不明になった可能性もなくはないだろう。

漢字「日」と「記」の合成語は、いつでも日付をもつ記録一般を意味しうる。日本でも変わらない。『紫式部日記』の宮廷での出来事の記録は、あるいは指示があってのことと想われるが、日次ではなく、特定の日付のもとに記されている。『紫式部日記』の呼称は早くから見られ、別の呼称も生まれはしたが、日付をもつ記録という意味で「日記」を用いていると知れる。「私記」一般、官人による日記に次ぐ、いわば第三の意味である。

そして平安時代院政期、大江匡房の談話筆記録として知られる『江談抄』（一一一一前後か）第二「雑事」〈一六〉に、図書寮の紙工が「外記日記」等を盗み取る事件が起こったことを記した条に、「外記日次日記」という語が用いられ、「外記日記」と言い換えられている。[6]「日次日記」は、それが「日記」の一種として意識されていたゆえの呼び名と考えてよい。なお、『江談抄』は漢詩文・公事・音楽など多方面にわたって撰述した書物で、部立をしない古本系と、のち、中世に、部立した「類聚本」系が伝えられている。

また『今鏡』〈第六〉（一一七〇）「花散る庭の面」には、大徳寺（藤原）公能が蔵人頭のとき（一一三七春から翌年の秋まで）、「殿上の一寸物し、日記のからひつ（唐櫃）に、日ごとに日記かきていれなどして古きことを興さむとし給へとぞ聞こえ給ひし」[7]とある。「一寸物」は、一種ずつ肴を持ち寄っての酒宴。このころには、官人が日次記をつけることが廃れていたことがわかる。

その記事の一〇年後、藤原頼長の『台記』久安三年（一一四七）六月一七日条には、鳥羽上皇に外記日記を記すように要請され、「中古」（それほど遠くない昔）以来、絶えていたと答える記事が見える。この「中古」がいつか、ここからは確定できそうにないが、絶えていた理由は、史生（史官）に俸禄が払われなくなったためとある。例外として六位の者が記したことがあったと告げると、先例があるなら、それでもよいと上皇が答えたと記されている。蔵人の殿上日記も久しくつけられていなかったことも記されている。[8] なお、藤原頼長は、この記事を書いた一〇年後、保元の乱（一一五六）の首謀者になる。

それゆえ、というべきか、ところが、というべきか、室町時代には「御湯殿上日記」と呼ばれる天皇の起居注にあたるものが女官の手で記されることになる。禁裏（宮中）にある御湯殿の側に女官達の控えの間があり、そこに備え付けられ、当番制で記された。当然にも仮名文である。

だが、それも一六世紀中葉には見られなくなるという。江戸時代後期の湯浅常山『文会雑記』〈二 下〉に、この御湯殿上日記の写本を徳川光圀が借りて作り直したという記事が見える。宮中に保存されておらず、珍重されたという。*

*この記事は、明治政府が国家事業として編んだ『古事類苑』〈文学部四十 書籍 下〉中「日記」の見出し語の下に抜き書きされている。「書籍 下」は、そのあとの項に「随筆」「類書」などを立てている。

これらの例から見る限り、官人なり、官女なりによる日々の記録を指して「日記」と呼ぶ習慣がすでに定着していた。幕府歌学方をつとめた北村季吟は、それを知っていて、「日記」を日々の記録に限って用いるべきと述べたと考えてよい。

だが、「日記」の呼称が官記の意味で安定していたわけではない。『かげろふ日記』のような月ごとの記述の目立つ回想記も知られていた。今日、『紫式部日記』と通称されている日付をもつ書きつけにも、鎌倉中期には『紫式部日記絵巻』がつくられてはいたが、室町初期の『源氏物語』の注釈書『河海抄』には、「紫記」「紫式部が日記」「紫日記」「紫式部仮名記」など様ざまな名称が登場している。「書」ではなく、「記」と付されているのは、記録一般を「記」と呼ぶ習慣がひろまっていたゆえと推測される。

江戸時代には、制度が再確立し、殿中の日記は「御日記」と呼ばれ、寛永（一六二四～四五）から宝永（一七〇四～一七四〇）に至るあいだは、内外記が記している。が、途中、明暦（一六五五～六七）よりのちは、殿中御沙汰書の記録になっていると、江戸幕府の御書物奉行・近藤重蔵守重（もりしげ）（正斎）の書誌学研究書『好書故事』〈四上、御日記〉（一八二六）の条にある。

そこには「桜田御殿日記ハ、甲府藩邸ノ私記ナリ」とも見える。諸藩の公式記録も、幕府すなわち公権力から見れば「私記」だが、古代の用法は忘れられたらしい。

また「駿府政治録ハ、神祖ノ起居注ニシテ」ともある。徳川家康の駿府城における行動記録（一六一一～一六一六）は、天皇の起居注に匹敵する名称で呼ばれている。「神祖好テ東鑑ヲ読マセラル」とある。(9) 家康が武家・武士の制度整備に心を砕いていたことが知れる。が、徳川幕府が『東鑑（あづまかがみ）』を正史として扱ったわけでなく、三代将軍、徳川家光の命で、林羅山・鵞峰父子により、修史事業が営まれたことはよく知られる。

そして、江戸後期の久留米藩の故実家、松岡行義（ゆきまさ）の『後松日記』全二一巻中巻五には次のようにあるという。

> 凡日記といふは、一日二日と日をものして書べきを、こは日並もかゝねば、日記とはいひがたかるべけれど、文机のうへにおきて、日ごとにみしこと、いひやりし事など、忘れては名残なからんと書付るによりて、かくはいふなり、されば部を分かたず、筆のまに〳〵なり[10]、

江戸中期には、日次に書くことが「日記」の通念になっていた。そして、備忘録の類を部立もせずに「筆のまに〳〵」書きつけることが、それとして意識されていたこともわかる。故実家なればこそだろう。

それより以前、元禄一三年（一七〇〇）に尾張藩の御畳奉行となった朝日重章（文左衛門）が、それ以前の元禄四年から享保のはじめまで記した『鸚鵡籠中記』は、業務記録はいわばそっちのけで、自身の日々の雑事、飲食から心中・盗難・殺人・姦通など巷間の事件、藩主やその周辺の醜聞の類、中下級武士層に迫りくる生活の逼迫まで、記録魔と評されるほどの克明な記録である。題材の選択も、文体もところどころに漢文を用いており、のちの書入れもまた恣意にまかせている。毎日記すこと自体を自ら課したものではない。その意図が疑問視されてきたが、好き好んでだが、藩内の稗史とでもいうべきものを残す意識がはたらいていると思われる。貴重な記録と意識され、祐筆によって清書されたと思しいものが長く秘蔵されていたのも、それゆえだろう。

要するに、江戸時代後期まで、「日記」の語には、私記一般を意味する用法、日付をもつ記録を意味する用法、官記、私記を問わず、日次記を意味する用法の三つの意味が互いに捩れと重なりをもちながら、ひろまっていた。このように「日記」の意味が重層的なのは、語彙の意味においてだけではなく、

その記述が史書や有職故実との関係をもつからである。蔵人所における職務記録が儀式書に再編されることについては先に述べた。また、玉井幸助は、さきにあげた『後松日記』を随筆・家集にあげているが、「随筆」概念については第二章で論じる。

天皇・公卿の日記

日本では宮廷行事の記録として、古くから貴族や官吏によって私的な手控えが行われている。正倉院文書中、天平年間（七二九〜七四九）に、国司の業務記録とともに、具注暦の余白や紙背を用いたものが見られる。たまたまの例が遺ったわけではないだろう。宮廷行事の列席者がつけるべき装束も式次第もあまねく知らせられていなかったゆえだろう。

中国では、儀式の私的な手控えは、のちのちまで見られないという。[11] 祭事の典礼次第などは「礼部」で細かく規定していたから、不必要だったと想われる。日本と中国では、だいぶ事情が異なっていたようだ。ただし、礼式を変更しても、官人の外には知らされなかったらしい。古式の礼法が寺院に残っていることが宋代、沈括『夢渓筆談』〈補筆〉（後述）に見える。

具注暦は、吉兆判断や二十四節気・七十二候などを記した巻物で、一年を上下二巻とし、陰陽寮が作成にあたった。宮廷が地方行政組織に配布し、古代国家の時間を支配統制するためのものである。

だが、具注暦の作成、配布は新しく漉いた紙、漉き返した紙の不足などもはたらき、一〇世紀には崩れはじめていたことが、平安末期に『六国史』の後を継ぐ史書として、鳥羽上皇の命で編まれた外記日記『本朝世紀』にうかがえる。また、貴族や寺院は、具注暦の制作や書写を暦博士や暦生に依頼することが慣例になっていったといわれる。つまりは律令制における公文書管理体制の崩壊である。それに伴い、高級貴族が宮廷行事の有職故実の記録を代々伝えることがはじまり、意識的に古記録の収集も行われるようになる。これが有職故実に通じた「家」、『今鏡』などにいう「日記の家」を生むことになる。

天皇の自筆とされる日録としては、『宇多天皇御記』（寛平御記）が、最初のものとされ、その一部が写されたものが伝わる。これも中国では在りえないことだが、以下、『醍醐天皇御記』『村上天皇御記』の「三代御記」が知られ、皇族のものに醍醐天皇第四皇子、重明（しげあきら）親王の『吏部王記』などがある。

宇多天皇は、父親の光孝天皇の代までの史書、『日本三代実録』の編纂を藤原時平や菅原道真（みちざね）らに命じた人である。仁和三年（八八七）の即位後、いわば起居注ないし実録にあたるものを自ら遺そうとしたと考えてよい。一時、臣籍に降下し、光孝天皇の先代、陽成天皇に侍従として仕えていたので、実録に残されるものの控えに携わったか、少なくとも、身近に知っていた。先に引いた『江談抄』に撰述された記事から推測することが許されるなら、すでに史官を養う財政不足が伴っていたかもしれない。

上級貴族のものには、醍醐天皇（在位：八九七～九三〇）の下で官位をあげた藤原忠平の『貞信公記』（貞信公は漢風の諡（おくりな））以下、藤原実頼（さねより）の『清慎公記』があったこと、また藤原師輔（もろすけ）の『九暦』などが知られる。実頼自身は『清順公記』を「私記」と呼んでおり、「日記」すなわち「私記」の概念の存続が確認される。だが、玉井幸助『日記文学概論』は、高級貴族の「日記」には、公のことを明確に記すことを旨とし、私見を加えてごたごた書くものではないという通念があったこと、自身の思惑などを記す場合には、「私記也」とことわりを入れる例を『貞信公記』に指摘している。[12]「日記」の意味の重層化のはじまりである。

『貞信公記』には、具注暦に書き入れるのがよいとある（「暦記」と呼ばれる）。『貞信公記』は忠平の長男・実頼による抄本のみ残っているが、もとは具注暦に書き入れられていたものと考えられている。「抄」は、抜き書きし、コメントを付す撰述形式が一般的だが、『貞信公記抄』の場合は、全体を筆写し、実頼がコメント（私記）を付し、別記から挿入しているところもうかがえるという。[13]

藤原忠平は、平安時代中期、宇多天皇の親政を菅原道真とならんで補佐した藤原時平の三弟。時平が菅原道真との角逐ののち、逝去すると、藤原北家を継いで、朱雀天皇の摂政、関白をつとめ、村上天皇即位後も関白にとどまり、律令体制崩壊期に王朝国家体制への移行をはかった公卿である。また、宇多天皇の皇女・源順子を妻とし、別の母親とのあいだの娘を醍醐天皇の皇子に嫁がせている。つまり、忠平は律令体制の崩壊期に、宮廷儀礼の有職故実の掌握と天皇家と縁戚関係を結ぶことを同時に成しとげた。これが、藤原北家が江戸時代まで摂関家として存続する基礎になった。実頼は、その日録と別記とを再編して、残そうとしたのである。

その実頼の『清慎公記』は、行事記録などを部類抄（部立方式）として別にまとめてあったらしい。藤原師輔『九暦』も、日次記である具注暦をまとめなおした『九暦抄』と部立方式の『九条殿御記』（及び『九条殿記』）と二様のものが師輔によって編まれていたと推測されている。[14]師輔は、日々、起床後に行うべき事柄や忌むべきことなど、日常生活の作法、宮廷に出仕する際の心得など、公卿の生活全般にわたる「日中行事」について、細かい訓誡を家訓書『九条殿遺誡』にまとめたが、その要点を記した「遺誡」第一条の末に、具注暦のほか、重要な宮中行事については「別記」せよ、とある。ここに「日記の家」を形成する意識が明白である。具注暦に記した日次記は、史書の編纂、別記は有職故実のためと振り分けて考えることもできよう。

時平と角逐を起こした菅原道真は、すでに六国史の記事を切りだし、中国の類書にならった分類により、『類従国史』（八九二）を編んでいた。行事記録などは参照するのに、部立しておいた方が便利であることはいうまでもない。村上天皇期の有職故実を源高明がまとめた『西宮記』などについては、のちに述べる。

のち、藤原北家嫡流の小野宮流を継いだ藤原実資（さねすけ）は、道長に阿（おもね）らなかったことで知られるが、その一生を編年体で『小右記』に編んだ。自身で記した日次記と部立形式の行事等の記録とを養子の資平に統合させたものという[15]。藤原北家嫡流を意識し、史書類編纂の意志を示したものではなかったか。つまり、天皇及び公卿の日記は、史記と有職故実書の双方にかかわるものだった。

『御堂関白日記』

藤原道長の『御堂関白記』は具注暦に記され、様ざまな呼称で呼ばれてきたが、道長が関白に就かなかったにもかかわらず、その呼称が定着している（二〇一一年、ユネスコ記憶遺産〔世界の記憶〕に登録）。道長は、政権を獲得したときから日録をつけはじめたとされるが、その部分は残っていない。寛弘七年

（一〇一〇）上巻の褾（保護紙）に「件記等非可披露　早可破却者也」（件の記等、披露すべきに非ず。早く破却すべき者なり）とあるという。理由はともかく、自筆で密かに記した手控えの性格が明確である。

　公卿の日録は漢文で書く習慣であり、道長は、いわば長い雌伏の期間に仏教の経文に訓点をつける試験に及第しており、漢文のリテラシーはあった。が、書くのは苦手で、いわゆる変体漢文、それもカタカナを多用する書き下し体に近いところが目立つ。だが、長く記しているうちに次第に漢文らしさが備わっていったようだ。

　なお、道長は、一条天皇期に『続三代実録』の編纂を考えていた（『御堂関白記』一〇一〇年八月二九日条、藤原行成『権記』同年八月八日条など）。それは一条天皇の逝去で頓挫したが、その意志が正史たる「六国史」のあとをつぐかたちの『栄華物語』を生み、さらにいわゆる「四鏡」の編纂へと引き継がれたと推測してよいのではないだろうか。『紫式部日記』がそうであったように、女房たちにも種々の行事、出来事の手控えをさせていたふしがある。それらは『栄華物語』編述の原資料となった。

　そのような藤原摂関家の意志が継がれなければ、国家事業でもなく、また、すべてが政権担当者の意志によるものでもないにしろ、天皇家九六代にわたる一連の史書が編まれるわけはないだろう。『大鏡』（『世継』とも。文徳天皇即位から後一条天皇まで〔八五〇〜一〇二五〕。一二世紀への転換期に成立）、『今鏡』（『続世継』とも。その後、高倉天皇代まで〔〜一一七〇〕。一一七〇成立）、鎌倉初期に編まれたとされる『水鏡』（神武天皇から仁明天皇まで五七代〔不明〜八五〇〕の事跡を編年体で編む）、高倉天皇・安徳天皇二代の治世を扱った『弥世継』（亡失）を挟んで、『増鏡』（後鳥羽天皇の即位から後醍醐天皇が隠岐から都に戻るまで（一一八三〜一三三三）の南北朝期）に至る。それらは摂関家系の男性貴族の手になるものと推定されているが、問答形式（大鏡）や語り手を設定した作り物語の形式を採用しているのは、正則の漢文による天皇家の正史の形式はとれず、かつ『源氏物語』〈蛍〉に示されているように、物語の方が事細かに、また人の心が語れるという利点が貴族のあいだの共通認識になっていたことによるものだろう。漢文による「六国史」が細かい事情におよんでいないことは、平安前期、宮廷の祭祀を司る中臣、忌部両氏の争いに対して、平城天皇即位後、忌部氏側の記録の提出が認められ（『日本後紀』八〇六年八月）、斎部広成編『古語拾遺』が成ったことにより、いわば公認されていた。

だが、そこには、漢文でもその書き下し文でも、事細かくも、感情表現をもなしうることが考慮されていない。そして、『栄華物語』巻三一〈殿上の花見〉に顕著なように、道長を光源氏に比す行文が指摘されている。中国の史書に作り物語を意識したものなどありえない。自由度の高い物語の様式が、史実と歴史上の人物の感情の表出や史実に対する評価を加える歴史叙述を生み出し、それがのち、西欧近代の芸術概念の受容によって、「歴史物語」なる新しいカテゴリーを呼び起こすことになるのである。

有職故実書の編纂

朝廷儀礼の記録を撰述したものとしては、一〇世紀には、醍醐天皇の皇子で臣籍に降下したのち、左大臣となったものの、藤原氏との角逐から一時、大宰府に流されたこともある源高明による『西宮記（せいきゅうき／さいぐうきとも）』（もと一五巻か）がある。邸宅が右京側にあったことから、源高明が

「西宮左大臣」と呼ばれていたことに由来する。私的に編纂したもので、その意味では「日記」である。一〇世紀半ばの村上天皇のころの毎年の恒例行事を「恒例」として一月から一二月まで月ごとに配列し、「臨時」の儀式は分けて「本文」をつくり、多くの文献を引用して出典を示す「勘物」を付す。重宝がられ、とくに「勘物」に補填がなされた諸本が遺っている。

一一世紀のものとしては四条大納言・藤原公任が祖父の代からの「日記」や『西宮記』などから撰述した『北山抄』（二一巻、現存一九巻）が知られる。道長の要請でつくられたものと推測される二巻もあるが、全体は晩年、京都・北山に隠棲後にまとめられたと考えられている。そして平安後期には、大江匡房による『江家次第』（もと『江次第』、二一巻、現存一九巻）が知られる。のち、室町時代の公卿で当代随一の学者と称された一条兼良は、これに詳細な注を付した（『江次第抄』）。これら三書は「後世の亀鑑」と仰がれ、別格扱いされていた。大江匡房の談話筆記『江談抄』には先にふれた。

そののち、平安末期、勘解由長官や検非違使別当を歴任した藤原（広橋）兼光の五男で鎌倉前期の公卿、藤原頼資以降、経光（勘解由小路家初代）、兼仲、光業らが自筆日記を遺している。彼らは出仕した日の行事記録を日次記に遺し、それとは別に公私にわたる仔細な記事とを並行して記しているという[16]。武家政権による公式行事に、事細かに気遣う必要があったからではないだろうか。あるいは武家政権下に「日記の家」たらんとしたのかもしれない。

なお、鎌倉時代の公家で、歌人、書家として広く知られる藤原定家が早くから克明な日記を記していたのは、藤原氏の末流を「日記の家」として再興する意図ゆえともいわれる。定家については、存命中から毀誉褒貶おびただしいが、中世に定家崇拝が起こり、南北朝ころから、その日記は『明月記』と呼ばれはじめたとされる。定家は、和歌を書するに必要な仮名遣い規則をつくったことや王朝の『源氏物語』『枕草子』などの写本でも知られる。いわば文化官僚の筆頭家をつくる意志によるものだろう。

ここで藤原定家『明月記』の治承四年（一一八〇）九月条、「世上乱逆追討、雖満耳不注之。紅旗征戎非吾事」（世上乱逆追討耳ニ満ツト雖モ、之ヲ注セズ。紅旗征戎吾ガ事ニ非ズ）にふれておく。逆賊を撃つ朝廷の旗に与しない超然たる姿勢を見る解釈がひろがっているらしいが、白楽天の律詩「劉十九同宿　時准寇初破」の冒頭句、「紅旗破賊非吾事　黄紙除書無我名」（朝廷の旗に従い賊軍を破る武勲とは無縁の身、戦に臨む任官の命を受けたわけでもない）を踏まえたもので、後年の書入れとの推測もなされている（辻彦三郎『藤原定家明月記の研究』一九七七）。この白楽天の詩は、軍事とは無縁の態度を決めこみ、訪ねてきた劉青年と酒を呑み、碁を打っていたと嘯く。が、定家の場合は、それがいつの筆記になるにせよ、公家として和歌の道を歩むことで朝廷に仕える覚悟を述べたまで。中世の公家の歌道を政と切り離して考えるのは、近代の立場にほかならない。定家が後鳥羽院の御歌所に仕えたことも、鎌倉幕府にも応接し、源実朝に『近代秀歌』及び家蔵の『万葉集』を献じたことも、よく知られる。*

＊なお、定家のこの語句が広く知られるようになったのは、第二次世界大戦後の文学界に活躍した堀田善衛が『定家明月記私抄』（一九八八）で、戦時下に若くして、この条に出会い、それを「芸術至上」の姿勢のように感じ、愕然とした思い出を語ったことが大きい。堀田が戦時下に中世文学に関心を注いだのは、一九四二年ころから小林秀雄らが戦争に際しての日本人の態度を中世の戦乱期に探る動きを受けたもの。

小林秀雄らは他方で、大東亜文学者大会（第二回、東京、一九四三）の下工作のために「満洲国」に、また第三回（南京、一九四四）のために北京に赴くなどしていたが、堀田には戦争とも天皇とも距離をとる姿勢があり、それゆえ、定家の言葉にうたれたといえよう。二〇世紀への転換期に興った芸術を宗教と同等かそれ以上のものとする芸術至上主義の流れに立ち、和歌をその意味での芸術と考え、それを総覧する立場によって日本の王権が保たれていたかのように逆立ちした考えは、「日本浪曼派」を名のりながらも、その実、復古神道と象徴主義芸術論との統合をはかった保田与重郎の『後鳥羽院―日本文学の源流と伝統』（一九三九）に顕著である。

それをも含めて、敗戦後に記された中世文学論のほとんどが、一九三〇年代にアカデミズムで高まった「わび、さび」や「幽玄」を「日本的なるもの」と礼賛する動きに養われたものか、戦時下に戦乱の世を生きた日本人の姿への関心に発している[17]。

ごく簡単にまとめておく。東アジアの古代王権は、その宗教的権威を「礼」（儀礼）によって維持し、「政」（祭りごと）は、「詩歌」や「稗史」（巷説類）によって民意を汲みあげ、「文」（詔や律令）によって治める方式をとり、敵対する者には「武」で応じた。日本では律令制度の崩壊期に、摂関家が有職故実の記録を掌握することにより、その「礼」の管理権を握り、さらに天皇家と外戚関係を結んで「政」の実権を握っていった。やがて院政期に入り、「武」を司った武家が台頭し、鎌倉幕府が開かれるが、後鳥羽院は、これと対峙しつつ、王権の「文」を支える権威を「和歌」を総攬する立場に求め、それによって源実朝を取り込むことにも成功し、一時期、政権は安定した。その間、藤原定家は新たな文化官僚家の基礎を固めようとしたと見ることができる。

ところが、その後の政権の推移は、朝廷儀礼も和歌をも取りしきる官僚家を必要とせず、定家の目論見は成功しなかった。が、定家は中世の教養の中心的な媒介者となった連歌師たちの崇拝を集め、また、御子左家の流れのひとつは「古今伝授」の家になっていった。「古今伝授」については、のちにふれる機会もあろう。

二　様ざまな「日記」

遣唐使の日記

私的な記録としての「日記」に、個々人の行動、見聞の記録としての性格を求めるなら、その起源は、遣唐使の随行録に求める方がよい。その目的は任務の報告のための手控え、いわば職務の日録である。先にふれた『日本書紀』中に引かれた『伊吉連博徳書』が嚆矢とされる。九世紀に中国に渡航し、遣唐使の一行から外れて五代山、さらに長安へ旅した円仁の『入唐求法巡礼行記』も、その延長にある。

その遣唐使の日録について、「日記」と呼んだ例が『うつほ物語』中にある。平安中期の作り物語だが、用語や概念まで想像にまかせているわけではない。その〈蔵開(くらびらき) 上〉に、藤原仲忠が朱雀院に「家の古集のやうなもの」を披歴するセリフを引く。清原俊蔭(としかげ)は仲忠の祖父にあたる。

俊蔭の朝臣、もろこしに渡りける日より、父の朝臣の日記せし一つ、詩・和歌しるせし一つ。／その亡せ侍りける日まで、日づけしなどしておき侍りけるを、俊蔭帰りまうでける日まで、作れるこ

とも、その人の日記などなむ、そのなかに侍りし。(18)

俊蔭が遣唐使に行ってから（俊蔭の帰国を待って）、その父（清原の王）がつけていた「日記」がひとつと、詩歌の集がひとつ。これは彼が亡くなるまで日付をつけて記していたもので、俊蔭が帰国する日までにつくったものも、その人の「日記」ということになるでしょうが、そのなかにございます、というくらいの意味である。俊蔭の「父の朝臣」、清原の王が「日記」をつけていたのは、俊蔭が帰国したのち、留守中の出来事を報告するための記録であろう。「その人の日記などなむ」は、つくった日を控えてある詩歌や文章も、日記のうちに数えられるでしょう、というニュアンスだろう。「日記」は、このころには「日付のある私記」という意味でも用いられていたと推測される。

『うつほ物語』のこの用例に「日づけしなどして」とあることについて、玉井幸助は、『狭衣物語』にも「月日たしかに記しつつ日記して」とわざわざ記していることをあげ、「日記」という語に、元来、日次に記す含意はなかったと述べている。(19) 毎日書くことがそれとして意識されていないという意味で了解されよう。が、遣唐使には、日々の業務報告が義務づけられていただろう。目的によって記述のかたちが異なるのではないか。

のち、一四～一五世紀のものだが、伏見宮貞成（さだふさ）親王の『看聞御記』は、自らの和歌・連歌の書き付けの裏、万里小路（までのこうじ）時房の『建内記』は手紙や文書の裏に、関連する日録を記している。これは、和歌の詞書（ことばがき）のための手控え、また手紙の覚えとして、ふつうに行われていたと考えてよい。さかのぼれば『万葉集』巻一七など、編者の大伴家持（やかもち）が日付を付した詞書を記し、長歌や短歌を載せている。

なお、『うつほ物語』〈蔵開 中〉で、藤原仲忠が朱雀院にそれらを見せる条では、俊蔭の遺唐使の日記は「真名文に書けり」とあるのに対して、清原王のものは「草に書けり」とある。[20]「真名文」と対比しているので、「草」は草仮名とも読める。このあたりの記述はあいまいで、和歌だけを指しているのかもしれないが、そうでなければ仮名日記ということになる。

遣唐使に行っているあいだの俊蔭の「日記」が「真名文」であることは当然だが、平安中期には、一般に、途中に書き下しを交えた変体漢文であっても「真名文」と呼んだ可能性はある。だが、『うつほ物語』〈蔵開 上〉で、仲忠は朱雀院に、昨今の学問の廃れぶりを嘆き、高麗からの使いのことなども持ち出している。「家の古集のやうなもの」を披歴したのも、自身の学問（漢学）の才を朱雀院にアピールするためだった。朱雀院が仲忠に一度読ませたのち、訓点をうたせて読ませている（読み下しさせている）ところから見ても、この「真名文」は、ほぼ正則の漢文であったと考えてよい。

『土佐日記』

俊蔭の父の朝臣が日々の出来事の手控えを草仮名（和文体）でつけていた可能性もなくはない。すでに紀貫之『土佐（左）日記』（九三五）があった。よく知られるように、本来、男性官人が漢文で記す日々の記録（日次記）を、和文で書くために書き手を女に仮託したものである。和歌も五七首入っている。うたも含めて、記してある内容は、女であることを想わせるものではない。誰が読んでも設定だけの仮託であることはわかっただろう。

この種の仮託は、漢詩では早くから行われている。『文華秀麗集』（八一八）で巨勢識人が嵯峨天皇の「長門怨」に和した詩を、一人寝をかこつ女の身になってつくっている。和歌では、のち鎌倉初期、慈円『早率露胆百首』（一一八八）は詞書に、倶舎論などをよく読んでいる比叡山の若い稚児が詠んだものとしている。

なお、『土佐日記』冒頭の「男もすなる日記といふものを女もしてみむとて」は、「男が書くという日記を女のわたしもしてみる」くらいにとればよい。「女では、はじめてわたしが試みる」というような強い含意が読みとれるわけではあるまい。

室町時代初期、四辻善成による『源氏物語』の注釈書、『河海抄』に、醍醐天皇の后、（藤原）穏子の「日記」が引用されている。穏子は関白、藤原基経の娘で、入内してのちの記事はひらがな書き、息子の朱雀天皇が即位して皇太后となってからの記事は漢文である。ともに『土佐日記』が執筆された時期より早い[21]。穏子の場合、宮廷行事の手控えの必要があって自分でつけたのは、ひらがな書き、皇太后になったのちは、記録係が漢文で記したと推測されよう。穏子が漢文を読めたとしても、書けたとは考えにくい。

また『土佐日記』の以前、節会や祭礼の日の記録、日付を付した詩合、歌合の記録も残っている。たとえば、陽明文庫蔵『類聚歌合』巻一七の料紙に用いられた「和歌合抄目録」中、宇多天皇の譲位後、その御所で行われた「延喜一三年（九一三）三月一三日亭子院歌合」の項の下には「有伊勢日記」と書き入れがあり、尊経閣文庫蔵『歌合』巻一の、その日の歌会の記録は、宇多天皇に寵愛された伊勢の

「日記」からとられたものと見られている。[22] その「仮名日記」には、歌合の配役（頭、方人、歌詠、員指、奉人、講師、伶人）や飾り付ける洲浜、文台・人びとの装束、調度、奏状、薫物、管弦・賜禄の様子が書きこまれている。古今の秀歌を選び出し、左右に分けて優劣を競う撰歌合で、のちの歌合の規範をつくったとされる。この場合の「日記」は、その日の記録という意味で用いられていよう。

それから四七年後、村上天皇の天徳四年（九六〇）三月三〇日、清涼殿で行われた内裏歌合は史上最大規模のものと知られる。村上天皇の手になる御記、蔵人による殿上日記は、ともに漢文で記され、歌合本文と仮名日記とをあわせ、その日の記録は四部構成をとる。御記に「風騒の道」を興すという企図が記され、単に風雅を目指すのでなく、賑やかな歓楽を伴うことをよしとする行事であり、左右の二陣に分かれて和歌を競い合う人びとが装束にも意匠を凝らし、水辺をかたどる洲浜や調度などの贅を尽くした様子が知れる。それぞれの概容は同じだが、一〇巻本、二〇巻本、また類聚本と写本により異同が生じていることも知られる。個々人の記憶や記録の編纂につきまとう難題であろう。

「風騒の道」は、『法華経』八巻を一巻ずつ八回に分けて講義し、それを讃嘆する法華八講が終了した後の竟宴として行われたもので、男性官人だけによる詩合に対して、女官のためのものと位置づけられていたが、男性主導であったことなどが論じられてきた。そして歌合の「仮名日記」は、女官が記すとは限らない。のち、歌人、藤原隆房が後白河法皇五〇歳の祝賀の儀の様子を記した『安元御賀日記』もある。

このような日付をもつ行事記録の類では、かなりのちだが、香道にも、文明十年（一四七八）十一月十六日、足利義政の東山第（邸）における「香合」の記録「六種薫物合」、翌十一年五月十二日に行われた「六番香合」記録がともに仮名書きで、『五月雨日記』にまとめられている。

女手の「日記」

『土佐日記』にふれたついでに、のちに「日記文学」と称されるようになる作品について、やや立ち入っておきたい。『紫式部日記』には、道長と交わした会話がでてくる。道長が、一条天皇の妃（中宮）になった娘、彰子が道長の屋敷（土御門殿）で皇子・敦成親王（のち、後一条天皇）を出産した喜びを酔いにまかせて語るところである。

宮の御てこにてまろわろからず、まろがむすめにて宮わろくおはしまさず。母もまた幸ありと思ひて笑ひ給ふめり。よい男は持たりかしと思ひたんめり。[23]

（中宮の父親として私は不足ではない。私の娘として中宮もおとっていらっしゃらない。中宮の母も幸せに感じて笑っていなさるようだ。よい夫を持ったものと思っておいでだろう）。

敬語の使い方が今日のわれわれにはかなりややこしく感じられるが、宮は中宮、彰子のこと。道長は中宮の父親なので、自分にも「御」がつく。「まろ」は貴人の一人称。「母」は、中宮の母親で道長の正妻、（源）倫子。自分の妻だが、中宮の母だから、敬語を使っている。道長が、将来、自分が天皇の祖父になることに道がひらけた喜びを、酔いにまかせて、あまりに手放しに語ったので、書きとどめておいたと推測される。言われてきたように、紫式部は身分がそれほど高くない受領の家の出だから、距離を置いて身分の高い者たちの挙動を見ている。耳にして、すぐあとで、道長の口から出たことばのままに似せて、だが、かいつまんで書いたものだろう。日常会話を、まして酔いにまかせたことばをそのまま筆記したら、意味不明なものになりがちなのは、いつの世でも、どんな言語でも変わりない。

『紫式部日記』の地の文には、敬語助動詞「侍り」が多く出てくる。手控えゆえ、かなり話し言葉に近づいていると考えられる。ただし、序章でも述べたが、宮廷中の出来事についての覚書きは、のち、記録として提出する構えがあったことが想定され、観察が細かい。それにしても、手控えは一般に、第三者によくわかるように書く必要はなく、省略が多く、場面に依存した書き方になる。それゆえ、人間関係など現場の様子を知らない者には、注なしでは理解できないところも多い。書簡の場合は、作法の枠内で、直接、相手に語りかける言葉に近くなり、ふだん用いている敬語を用いることになる。

道綱母『かげろふ日記』の前半は、つれない夫に対する恨み辛みの数かずを回想したものだが、冒頭で、これを「日記」と呼んでいる。「人にもあらぬ身の上までかき日記して、めづらしきさまにもありなん」[24]。ある期間の出来事を私的に書きとどめたものという意味で、「日記」という語が流用されたのだろう。

安和二年（九六九）の条には、西の宮の左大臣について述べたのち、「身の上をのみする日きには入るまじき事なれど」[25]とある。「身の上をのみする」ことは「日記」の類には入らないが、という意味で、それゆえ極めて特殊なものと玉井幸助はいう。[26]そのとおりだが、そもそも女房らが私事に限って文章を書くなどということが稀だった。序章でも述べたが、『かげろふ日記』は、作り物語に、いわば対抗する意識の所産であろう。いわゆる「日記文学」のそれぞれの性格は、記録性や描写の技巧などについて、和歌や物語との距離を測ればよい。

序章で、あとまわしにした「宮廷女流日記文学」の類にふれておく。平安後期の『讃岐典侍日記』(一一〇二以降)は、堀河天皇に仕えた藤原長子(ながこ)が、天皇を最期まで看病した日々の出来事を記し、その歿後、今度は幼い鳥羽天皇に仕えて、養育にあたる日々の記事に堀河天皇の追憶が交錯する。うたは一〇首。鎌倉時代の『弁内侍日記』(一二五八ころか)は、藤原信実(のぶざね)の娘で、後深草天皇に幼少のときから弁内侍として仕えた六年ほどのあいだ、宮廷儀礼や出来事の記録とうたの控えなどがつづられる。『中務内侍日記』(一二九二以降)は、伏見天皇に東宮時代から中務内侍として一三年にわたって仕えた中務大輔(たいふ)、藤原永経の娘、経子(のち五辻姓)が、病を得て実家に下がってからまとめた回想記。長歌二首、連句四句を含む和歌一五四首をとどめ、宮廷行事、有職故実の記録としても詳しい。

今日では、もうひとつ、後深草院二条の『とはずがたり』(一三一三までと推定)が知られている。鎌倉後期から江戸前期にかけて写本はつくられていたものの、あまり人目にふれることがなかったらしい。昭和一五年(一九四〇)に宮内庁書陵部所蔵の桂宮家蔵書のなかに江戸前期の写本が発見、紹介され、第二次世界大戦後に広く知られるようになり、性愛観が開放的になるにつれて評価が高まった。

美貌の女房二条が後深草院に仕えた一四歳(一二七一)から四九歳(一三〇六)ころまでの恵まれた宮中生活と奔放ともいうべき恋愛遍歴の体験談である。尼になってからは、西行にならい、熱田神宮、鎌倉八幡宮、善光寺、浅草寺また伊勢参りなど全国各地をめぐる旅の見聞記になる。

『古今和歌集』から二二首、『源氏物語』から二一首、『新古今和歌集』から二八首が引かれ、そのこと自体、引きうたの多い『源氏物語』にならっているが、『伊勢物語』『源氏物語』『狭衣物語』などの場面をふまえた記述があふれていることも特徴と論じられている。実体験を語りながら、まるで和歌や物語の世界を生きているかのような二重写しの世界がつくられている。鎌倉時代の和歌の「幽玄体」、とりわけ藤原定家のそれなどとの共通性を考えてみてもよいかもしれない（第二章で述べる）。

三　中世紀行文のことなど

鎌倉時代

古典における「日記」類を見渡すとき、遣唐使の日記をはじめ、旅日記の要素が無視できない。『土佐日記』は任地から都へ帰る船旅の記録だった。公務としての旅の記録のほか、『かげろふ日記』『更級日記』のかなりの部分が旅の見聞記に割かれている。そして、鎌倉幕府が開かれ（一一八五）、京都との行き来が盛んになると、公務ではない旅の記録が盛んになる。『海道記』（一二二三ころ推定）、『東関紀行』（一二四二ころ推定）、阿仏尼『十六夜日記』（一二八三ころ推定）などが遺されている。序章で、江戸時代後期の『群書類聚』目録にふれたが、「日記」の項は歌日記の類に限られ、それとは別に「紀行」が切り出されていた。そのようにジャンル意識が進展したのである。

『海道記』は、対句を駆使する漢文の四六駢儷（べんれい）体の調子を取り入れた和漢混交文で、江戸時代には

『長明海道記』という名の版本も出ていた。が、記事の内容は長明歿後である。『東関紀行』も長明作とされていた時期がある。漢語を減らした和漢混淆文で、和歌を散りばめ、かつ和漢の故事をひきつつ展開し、漢文脈と和文脈の使い分けがある（第二章で述べる）。ともに作者未詳、日次記の体裁をとるものではない。阿仏尼『十六夜日記』は、藤原為家が所領争いの訴訟を起こし、側室の阿仏尼が鎌倉へ出向いた記録で、前半が京から鎌倉への紀行文、後半が鎌倉滞在記である。

『海道記』は、いわば身を「用無き者」と思いなした人の東下りで、『伊勢物語』を踏まえるところが多いことは、つとに指摘されてきた。が、新たな風を受けて禅宗への帰依が語られているからには、向かうのは、色好みの道ではない。お伴を引き連れた一行なら別だが、一人旅には、中国戦国時代に楚王から放逐された屈原が漁師に嘲られたような屈辱を受けることもあることや、家郷を懐かしむ思いが興ることなども欠かさずに記し、あたかも紀行文の定型を示すかのようである。

都人が旅中、普段は見ない地方の農民の営みに目をとめるのは自然だが、養蚕を生業とする農家に目をやり、子供が働いていることに感心もする。鳴海の浜では、蟹が隠れ場を求めて逃げまどい、かえって人馬に踏まれるさまに生き物の家への執着のあさましさを見る。江尻の海岸では、漁師と魚の命をめぐる営みに思いをいたし、樵（きこり）や商人の渡世もみな等しく命を保つために命をすり減らすことは同じだと思う。また根を離れた海松（みる）や海月（くらげ）が漂うさまが、無常の「浮世」に警告を発し、自分をいましめているかのように感じる。このように名所旧跡を離れて、何でもない生き物や人びとの営みを見て、仏道の道を歩む者の心懐がつづられてゆく。鎌倉の賑わいを見て帰路につくが、西方浄土ならぬ東への旅こそが仏道修行と説いて閉じているのは、逆説の趣向か、あるいは新しき世を開く鎌倉幕府へのおもねりだろうか。

『東関紀行』冒頭近くに「身は朝市に在りて心は隠遁にある謂(いはれ)あり」(27)という。白居易の『白氏文集』巻五〈効陶潜体詩其十一〉中の「早出向朝市　暮已帰下泉」（早くに出でて朝市に向かへるに、暮れには已に下泉に帰す）を踏まえたもので、いわば市中の隠者とでもいうべき態度の表明である。名所旧跡を訪ねるのは同じでも、それらが荒れて滅びゆくこと、鎌倉幕府の御家人、梶原景時(かげとき)の墓所さえ忘れ去られてゆくだろうことを嘆くような調子が前に出る傾きがある。また名所と知りつつ、そこを訪ねない態度も見える。

いそぐ心にのみさそはれて、大礒、絵島、もろこしが原など、聞ゆる所(ところ)〳〵を、見とゞむるひまもなくて打過ぬるこそ、心ならずおぼゆれ。(28)

早く鎌倉を訪れたい一心で、というのが理由だが、急ぐ旅ではない。『海道記』が大磯や絵島（江の島）の奇勝を存分に楽しんでいるのと対照的である。

ただし、『海道記』も「もろこしが原」（現・唐ケ原）に立ち寄っていない。高麗からの渡来民が祖先を祀った高麗寺という山寺があった。『更級日記』に、そこに大和撫子が咲くのを人びとが面白がるとあるのは、それゆえである。室町時代には廃寺に近かったといわれるが、鎌倉時代に、すでに寺は荒れていたのだろうか。江戸時代に再建され、それゆえ明治維新期の廃仏稀釈にあい、高麗神社だけ残して寺院などは取り潰された。名所旧跡は、のちのちまで歴史の波間に浮きつ沈みつする。

室町時代

室町時代（一三三六〜一五七三）には、臨済宗の歌僧、正徹の『なぐさめ草』（一四一八）の前半が美濃・尾張、また伊勢への旅の見聞記である。その弟子の僧、正広が文明五年（一四七三）に、大和から駿河へと富士山の姿を求めながら旅した記録は日付をもたない。それでも、『正広日記』と称されるのは、「日記」の語が私記を、また特定の期間についての記録を含意していたからだろう。

連歌師、宗祇の『白河紀行』（一四六八）、『筑紫道記』（一四八〇）はよく知られる。江戸城を築き、江戸を開拓した太田道灌が上洛した際の『平安紀行』（同前）、天台宗系修験道の総本山、聖護院の門跡、道興が東国のその末寺をめぐる『廻国雑記』（一四八七）なども記される。道興は、のち熊野三山などの検校を兼ね、大僧正から准后の地位に昇った人。室町時代は幕府の力が小さく、諸大名や寺社が領地を抱えて勢力をふるい、僧侶も系列の寺をめぐり、また連歌が盛んで、地下（民間）の連歌師も宗匠として諸国に招かれ、旅の見聞記を遺した。

和漢に通じた当代きっての学者で、摂政、関白など官位を昇りつめた一条兼良が、応仁の乱を奈良に避けて一〇年を過ごしたあいだの文明五年（一四七三）、数え七二歳で美濃に息子と息女を訪ねる旅の見聞記に『藤河の記』がある。しばらく岐阜・鏡島に留まり、連歌百韻を巻き、漢詩の批評をし、猿楽を楽しみ、付近を見物したりする。

江口の鵜飼について人の話を聞いて、うたを二首つくったのち、初めて江口で鵜飼を見たとある。兼良が七〇歳を超えるまで鵜飼を見たことがなかったのは意外な気もする。

鵜の魚を取る姿、鵜飼の手縄を扱ふ体など、今日初めて見侍れば、言の葉にも述べがたく、哀れとも覚え、又興を催すものなり。[29]

この「哀れ」は、呑みこんだ鮎を吐き出させられる鵜に覚えたものだろう。都人にとって鵜飼は、いわば野趣に興じる場だが、哀れがつきもの。その場で、かがり火にかけて篝焼にした鮎を食う。

とりあへぬ夜川の鮎の篝焼珍とも見つ哀とも見つ

このうただけが体験によるもの。こちらは、鮎のいわば姿焼きが珍しくも哀れをさそうというのだろう。能楽「鵜飼」で、鵜飼の亡霊は殺生をなりわいとする者の業を背負って登場し、法華経で救済される。が、兼良の思いは鵜匠の殺生に向かうことなく、いわば即物的な興趣と哀れにとどまっている。

文明一二年（一四八〇）六月、西国の雄、大内政弘の誘いを受けて山口に滞在した宗祇は、九月に九州に渡り、二〇日には大宰府跡を訪ね、付近の大堤など天智天皇の事跡に思いをめぐらした。『筑紫道記』に「すべて国家を守る人は、唯民の費を思ふべき事とぞ覚ゆ」とある。また「只常なるものは山川土石のみなり」の感を強くした。[30]夕刻に博多に着き、浄土宗、龍宮寺に宿を世話してもらい、翌日には志賀島に渡った。

寺に帰りて、此所たち給ふ住吉の御社に参てみれば、粗垣の廻り遥かにして、連なれる松の木立神さびたり。楼門半ばは破れて、社壇も全からず。いかにと問へば、此十とせ余りの世中の乱故と言へるも悲し。神前の祈り此道の外の事なし[31]

「此十とせ余りの世中の乱」とは、応仁・文明の乱が筑前におよんで、大内氏同士の争乱になったもの。「神前の祈り此道の外の事なし」の「此道」は和歌の道。争乱の世なればこそ、神代からつづく和歌の道を守りとおすこと。それが宗祇の伝統主義である。

宗祇は、藤原定家の流れをくむ「和歌の家」、東氏（のち二条家）の九代目当主、東常縁から、いわゆる古今伝授を受けたことでも知られる（一四七一）。その『両度聞書』仮名序に、大和歌の大和は「大いに和らぐ」こと、宇宙万物に和をおよぼすことを意味するという趣旨のことが記されている。[32] 宗祇の講義録『古今和歌集抄』（室町末期写本）には「やまとうたといふに大きに和ぐ義あり」「二神陰陽の和合に及ぼす義なり。尽く乾坤一切万物に及ぶ和なり。和歌これなり」とあるという。伊邪那岐・伊邪那美のミトノマグワイにおよんだのは、講義ゆえに付会（こじつけ）が拡大したのだろう。

宗祇は和歌の根本義として、これを説いたのだが、江戸中期に神道談義に活躍した増穂残口『艶道通鑑』〈神祇の恋〉（一七一五）は、さらに拡大解釈し、この二神を日本民族の祖先神のように唱え、儒学と仏教を激しく排撃する際の根拠にした。[33] 大正期には、作家、岩野泡鳴が、帝国大学法学部教授、筧克彦の国家神道論『続古神道大義』（一九一五）を国家主義と排撃する際にも、これを持ち出している。[34]

宗祇は筥崎では、付近のいわゆる千代の松原に分け入っている。

木のもとを見れば、五尺六尺一尺二尺、又は二葉の如く生るなど、春の野の若草のごとし。幾万代も絶ざらんと見ゆるは、たゞ神明の陰なればなり。[35]

松の末生に絶えざる生え変わりの実態を見、松原が姿を留めつづけていることを神の光の表れと述べている。そして、筑前の蓑莩の浜辺では、次の思いを記している。

風激しく浪高うして、心細きに、小さき魚のこゝろよげに飛を見るに、是も又、波の下には我よりも大きなる魚の恐るゝ多からむと、見るに羨ましからず。また貝の殻の浪に従ふを見れば、うち寄せたて海に離るゝも愁ひなし。引かれて海に帰るも喜びなし。すべて生を受くる類ほど悲しき物はなし。世はたゞ苦楽共に愁也[36]。

感情をもたない生物の営みを突き放して観察し、それを貫くものに「愁ひ」を感じること、それを「ことはり」と述べている。その「理」を知れば、「羨ましとはたゞ此貝の殻をや言ふべからん」といい、身を失った「空貝」のようになりたいものだというたを詠む。

そして、次の段を「はかなしごとに時移りて宗像に至りぬ」と書き起こす。何でもない海岸で何ほどのことでもない観察をし、達観めいたことを記し、意味のない、どうでもよいことと一括し、宗像神社を訪ねる記事に移ってゆく。

名所旧跡を訪ね、接待を受け、また神社を訪れる旅中に、片や千代の松原を留めつづける自然の営みを神の光の表れと思い、片や海岸の魚や貝の生の営みに愁いを覚える。宗祇は地下の出で、若くして相国寺の禅僧となったひと、めでたい生の営みには神の光を見るが、その底には、生を愁い、その苦を離れることが望まれているのだろう。

いわゆる中世の日記及び紀行文には、歌枕や名所旧跡を訪ね、和歌の伝統に連なろうとする態度を示すものが多い。富士山はいうにおよばず、宇津の山は、『伊勢物語』に「もの心細く」なる心地が述べられたのち、「修行者にあひたり」と記されて以来、『海道記』では実際に修行者と出会い、『東関紀行』

も業平が修行者に出会った一節を踏まえ、『十六夜日記』は、山伏に出会ったことを、まるで業平の昔の再現のように歓んでいる[37]。

だが、名所旧跡を外れた、宗祇のいう「はかなしごと」を記しているところには、庶民の生活の営みや生物の営みにふれ、いわば風俗や自然を即物的に観察する態度が垣間見え、それらは自然や生活への深い「洞察」などと語られてきたが、それぞれのしかたで中世的観念と結ばれている。その結ばれ方の歴史性に分け入ることこそが勘所ではないか。

かつて「文学」の発生を神話や祝詞に探った折口信夫「国文学の発生」第一稿（一九二四）は、「文学」が「文学」として成立するのは神事から切れたときと考え、「神事としての堕落は、同時に、芸術としての解放のはじめ[38]」と述べていた。折口は宗教性からの解放を芸術の自立とする近代的な考えに立ち、『新古今和歌集』あたりにそれを見ている。その情趣を重んじる言外の余情、すなわち「幽玄体」は、たしかに「幽玄」の原義、ものの根源として想定される精神性を離れがちだった（第二章で述べる）。折口は神道系思想を縦糸として見ているので、禅宗の浸透についても、「神事としての堕落」と見るきらいがあろう。だが、宗祇の連歌の道は、むしろ神の光に連なろうとするものだった。和歌の「神事としての堕落」への反動が連歌師に起こったといえるかもしれない。

近世へ

今日、歴史学では織田信長の「天下統一」からを近世と呼ぶことが定着している。安土桃山期（一五七三〜一六〇三）には、豊臣秀吉に仕えた大名で、歌人としても新境地をひらいた木下勝俊（長嘯子）に九州の陣に向かう旅を記した『九州道之記』（一五八一）があり、彼の歌道の師匠で、近世大名肥後細川氏の祖にあたり、近世歌学を大成した細川幽斎（藤孝）が、豊臣秀吉の九州征伐に武将として加わった際の『九州道の記』（一五八七）もある。戦国武将の紀行には、豊臣秀吉の「朝鮮征伐」の従軍記録もいくつか遺され、キリシタン大名のひとり、蒲生氏郷の『蒲生氏郷紀行』（一五八一）もある。

戦乱の世の到来によって公務以外の旅の機会はますます増えた。人により素養により、記録本位のもの、思想を開陳するもの、詩や和歌を書きとどめるものなど、様ざまな形態が選ばれ、文体もまちまちだが、旅の見聞記が独立し、「紀行」ないし「道記」「道の記」の語も定着していった。*

＊『群書類従』の紀行部が、筆頭に『土左日記』をあげていることは序章で述べたが、同じ三二七巻に、平安時代の僧、増基の私家集で、巻頭に熊野詣、巻末に遠江への紀行の歌日記をもつ『いほぬし』（庵主の意味で増基の号）を載せ、以下、治承四年（一一八〇）、高倉上皇の厳島詣でに随行した土御門通親の『高倉院厳島御幸記』、建仁二年（一二〇二）、藤原定家が後鳥羽院の熊野行幸に随行した紀行文、『後鳥羽院熊野御幸記』、『海道記』、平安初期の高野山の阿闍梨、道範が火災の責任を取らされ、讃岐に七年間、配流を受けたときの日次記である『南海流浪記』、阿仏尼の若いころの失恋の顛末を回想した日記で、やはり東下りの紀行文をもつ『うたゝねの記』（一二四〇ころか）、また、南北朝時代の歌人、今井宗久の紀行文、『都のつと』（つとは土産）、南北朝時代、南朝方に追われ、美濃の国、小島に難を逃れた北朝の後光厳天皇に仕えるために病身をおして駆けつけた関白、二条良基の仮名日記、『小島のくちすさみ』（一三五三）などなど、三二七巻〜三四〇巻まで計一四巻に、エピソード豊かな種種雑多の三四本がならぶ。その間に、すでにふれた『さらしな日記』『東関紀行』『いさよひの日記』『九州道之記』『九州道の記』など

も挟まれている。

地下の連歌師の活躍は、民間にことばあそびの要素の強い俳諧連歌を流行させ、貞門、談林を経て、元禄期の蕉門俳諧へ展開する。その芭蕉の旅は、多数の俳枕を生み、俳諧紀行文『おくの細道』（一七〇二）はよく知られる。

芭蕉の旅日記『笈の小文』（一六八七）冒頭近くにいう「つゐ（ひ）に無能無芸にして此一筋に繋る[39]」には、すぐあとに宗祇の名がある。宗祇のいわゆる「この道の外の事なし」が響いていよう。宗祇の前にあげられる西行については、芭蕉俳文中「伊勢参宮」に「光」の語が見え、そして西行が伊勢、二見浦で詠んだとされる

　何事のおはしますをば知らぬどもかたじけなさに涙こぼるゝ　（西行法師家集）

のうたに、次の句をつけていることを想えばよい。

　何の木の花とはしらず匂哉[40]

服部土芳によって『三冊子』にまとめられた芭蕉のことばのうち、「物の見えたるひかりいまだ心に消えざる中にいひとむべし[41]」にも、宗祇のいう「神の光」が届いていよう。それらの距離、強弱の判断は評者によって異なろうが、その意味では、賀茂真淵、本居宣長ら、明治期に「国学」と呼ばれることになる神道系思想家の紀行文も同類といえる。

だが、日本の俳諧は、和歌や物語の「雅」の世界に対し、「俗」の世間に流行するものに題材を求め、

典拠を踏まえながら、規範をズラすことによって生じる滑稽を歓ぶ庶民の遊びの芸である。芭蕉が好んだ歌仙（三六句の俳諧連歌）も、俳諧の本義から外れるものではない。たとえ禅宗の教えを踏まえても、うたの本歌どりと同じく、転換があろう。世を辞すにあたって俳諧を残せば、己れの一生を洒落のめすことになる。元禄期には、まだそこまで放胆なことを思いつく人はいなかったらしく、芭蕉にも辞世の句はない。病中吟、

旅に病で夢は枯野を駆け廻る(42)

も、旅に病めば誰しもが家郷を想うのに、夢のなかでさえ己れは、しかも枯野を、と呆れはてて見せる体だろう。

江戸後期の儒者、津阪東陽は芭蕉俳諧集に序文を寄せ、また晩年、漢詩の啓蒙書というべき『夜航余話』の下巻では、俳諧は「卑賤卑俗ノ翫(43)」としながら、漢詩や和歌を踏まえるところもあるゆえに、芭蕉は別格扱いし、漢詩や和歌と比較して論じた。『夜航余話』は、明治期の漢詩隆盛のなかで翻刻され、かなり読まれたらしい。*

*そののち、正岡子規が近代文芸の規範にかなうものへと俳諧の変革を唱え、世論喚起に大きな役割をはたした博文館の総合雑誌『太陽』の「俳諧」欄を「俳句」欄に代えるほどの勢いを見せ、日本で初めて象徴詩を実現したとされる蒲原有明『春鳥集』（一九〇五）が、その自序で「元禄期には芭蕉出でて、隻句に玄致を寓せ、凡を錬りて霊を得たり。わが文学中最も象徴的なるもの」（ほんの一句に宇宙の根源をことよせ、平凡なことを錬りあげて神妙の境地を獲得したというほどの意味）と述べ、平易なことばで精神の深みを示す日本の象徴文芸の手本として芭蕉俳諧をあげたことに端を発し、新傾向俳句の荻原井泉水や

象徴詩人の三木露風らによる芭蕉礼賛がつづき、佐藤春夫「『風流』論」（一九二四）、萩原朔太郎「象徴の本質」（一九二六）などによって、文壇、芸術界に、この風潮がひろがってゆく（第三章で述べる）。同時に、芭蕉俳諧から滑稽感が締め出されていった。

他方、一九一〇年代には、たとえば島崎藤村の新体詩「千曲川旅情の歌（二）」が中学生用の教材、芳賀矢一編『帝国読本』（冨山房、一九一七）におさめられ、「千曲川旅情の歌（一）」（『自選藤村詩抄』一九二七）が一九二〇年代に作曲されなどする。こうして「旅愁」や「旅情」が流行語のようになっていった[44]。その流れのなかに、学生と旅芸人の一座の踊子という身分ちがいの者同士の淡い交感を書く川端康成『伊豆の踊子』（一九二六）も生まれる。

このような展開の上に、中世紀行文も芭蕉の旅日記も、大方は、その「情」の表現を「文学性」として取り上げ、その多寡や完成度などが鑑賞されるようになってゆく。本章で、宗祇らの紀行文について、観察的態度と中世的観念との結ぼれに意を注いだのは、近現代の価値基準で古典を評価する態度をいささかなりとも改めたいがためである。

江戸中期に戻る。医師、橘南谿（たちばななんけい）が諸国を廻った旅の見聞録に『東西遊記』がある。「遊記」の語は、中国では旅の見聞録一般を意味する。が、名山名水などへの遊行の見聞をもとに文芸の一ジャンルとして確立したのち、明代の『西遊記』など伝奇小説にも用いられるようになった。日本の「紀行文」とは、いささか経緯が異なろう。

その『東西遊記』に、『近世畸人伝』で知られる伴蒿蹊（ばんこうけい）が寄せた序は、暇と旅費のほか、心身が壮健でかつ学問がないとすぐれた紀行文は残せないと述べたのち、古記録はあっても古すぎて無きに等しく、中世の僧侶で旅をして多くのうたを詠んだ西行や能因については「紀行こまやかならず」といい、「後には宗祇法師あれど、是も名だたる所ばかりをあらあらにしるされたれば、其けしき明らかならず。まして土風、人情をや。わずかに熊野山中の小児が米をしらず、越後の雪に妖怪のあらはれしなどいへるたぐいのみぞ、僻境のおもむきをしるのよしにはありける」と言い置いて、本文の紹介に入っている。(45)『東西遊記』は、旅程にしたがった日次記ではなく、各地の案内記の体裁をとり、当初は『諸国奇談東遊記』などの名で、挿し絵入りで板行され、人気を博した。読者の紀行文に求めるものが大きく様変わりしたことが知れる。

なお、橘南谿と関係の深かった百井塘雨は、諸国巡遊記を同じかたちにまとめ、『笈埃随筆』と題して遺している。どうやら、紀行文と随筆とのけじめがつかなくなってゆくらしい。

第二章　前近代における「随筆」

一　中国の用法

随筆の嚆矢

「随筆」の語は、南宋の洪邁の『容斎随筆』が嚆矢とされることは序章でふれた。一一八〇年に公刊され、以下『容斎続筆』～『容斎五筆』とつづき、『五筆』の途中で終わった。自序に「意(おも)う所に随いて即ち記録す」とある。当時、韻文を「文」と呼び、「筆」は多く散文一般に用いていたので、「随筆」は、まずは随意の散文を意味しよう。どれも、経史をはじめ、諸子百家、詩文、方術の数かず、仏教、民間信仰などまで議論の対象に、雑多な小論を束ねた書物である。

洪邁は、南宋の風潮に従い、儒・仏・道の「三教一致」を唱え、晩年には仏教に傾いた白居易の詩及び歌を高く評価、『容斎随筆』中には、仏教用語を解説するところもある。が、地方官吏を経て、翰林学士にまで昇った人、思想はあくまで儒である。全体として「史」の記載の審議、典拠の考察など、考証の鋭さで知られ、最初の『容斎随筆』は、南宋第二代皇帝、孝宗(こうそう)から賞賛を受けた。

多くの書物を扱ってきた経験から、俗間の「浅妄」を笑う態度を露わにしている。そして、たとえば

『容斎続筆』巻一六〈周礼非周公書〉では、周王朝の官制について周公旦が論じたとされる『周礼』は、前漢の皇帝の座を簒奪し、新を建国した王莽（おうもう）が学者、劉歆（りゅうきん）に命じてつくらせたものと論じ、後世に大きな手がかりを与えた。*

＊劉歆は前漢の宮廷の図書から最初の目録とされる『七略』、また天体の運行と関連させた暦の基礎などをつくり、度量衡の改定も行うなどした。今文（隷書）による学者に対して、古文による経書を重んじ、王莽に重用され、各所に学校をひろめるなどしたが、王莽に息子を殺害され、謀叛を企てて失敗、自殺した。なお、洪邁が「周礼非周公書」で説いた内容は、清末の政治家、康有為が、古文による経書をすべて劉歆による偽書とし、今文による孔子の教えをもって政治改革の精神と見なす議論を生んだ。日本では、江戸中期に中国明代に詩文の復古を唱えた古文辞派の考えを『論語』など経典にもおよぼし、独自の古文字を立てた荻生徂徠が『容斎随筆』を必読書と掲げている（『示木公達書目』一八二五）。幸田露伴は、劉歆か、その学統が『春秋左氏伝』を『史記』の注釈書のように偽ったのではないかと疑っている（「春秋左氏伝の称の非」一九四七）。

のち、清朝の乾隆帝の命で編まれた『四庫全書総目提要』（一八七二年成立。以下『四庫提要』）は、『容斎随筆』を「南宋の説部の首」とし、「議官」出身の「雑家者流」と評している。『四庫提要』は、春秋戦国時代より清朝初期に至る文献を網羅し、『隋書』（六三六）〈経籍志〉以降、継承されてきた「経・史・子・集」の四部分類を踏襲、そのうちを四五類に分け、個々の文献の提要（解題）をまとめたものだが、後漢末（二世紀末）から東晋末（五世紀初）の戦乱や叛乱相つぐ激動期に活躍した著名人の逸話を集めた『世説新語』を「説部」の先駆とする。『世説新語』は、後漢末に貴族社会で人物評論（月旦評）が盛んになり、それが魏・晋に受けつがれたもので、五世紀半ば、南朝の宋の初代皇帝・劉裕（武帝）の従子（甥）にあたる臨川の王、劉義慶のもとでまとめられたもの。「新語」と「語」がつくが、実際には書物からの引用が多く、『隋書』〈経籍志〉（六五六）では『世説』と呼ばれ、南宋・梁の劉孝標が異文を集めて注を付した。『宋史』〈芸文志〉（一三四五）で『世説新語』の名が与えられたという。つまり『四庫提要』は、過去の文書から抜き書きし、批評、論説する、撰述形式の文書をもって「説部」を構成している。

『四庫提要』のいう「雑学者流」は、『容斎随筆』の批評の題材の範囲が「経・史・子・集」を超えて、仏教批判、人物評や地誌などにもおよぶためだが、稗官出の「小説家」ではないという含意もある。

雑文と小説

諸子百家は、もとは思想内容から「儒家、道家、陰陽家、法家、名家、墨家」の六家に分けられていたが、後漢の班固『漢書』〈芸文志〉が、諸国のあいだを往き来する策士をいう「縦横家」、どこにも分類できない者を入れる器として「雑家」、さらに「農家」を加え、九流に分類した。「雑家」は戦国時代、『呂氏春秋』を著した秦の呂不韋に代表され、しばしば百科全書派にたとえられる。そして「子」部は、その九流の下に「小説家」を置く。『四庫提要』では、さらに四類を加え、「子」部を一四類とし、「小説」の最古のものとしては、古くから神話伝承類の収載を重ねてきた『山海経』をあげている。一一世紀、北宋中期には、民間伝承の記録、すなわち志怪小説集が数多く編纂され、呉曽『能改斎漫録』などもまとまる。「漫録」は気ままに記録したものという意味だろう。

それと同じころ、特筆すべきものとして、沈括『夢渓筆談』（正篇二六、続編一、補篇三巻）がある。政治経済制度をはじめ、民間の異事伝承などとともに、土木、音楽、薬学とりわけ本草、また暦法、算学、化学など多方面について記したもので、中国の科学技術史上、見るべき記事が多いといわれる。古典の疏（注釈書）の異同や儀礼の変化などへの言及をも散見する。沈括は長く地方官吏を務めたのち、皇帝・神宗に抜擢された王安石の政治改革（一一世紀半ば）に加わったが、王安石を放逐した神宗に重用され、一気に翰林学士に就き、天文台長も務めた。西域に興ったタングート族の王国、西夏に送った軍が敗れた責任をとらされて失脚、隠棲後に、『筆談』をまとめた。意味は、筆で話す、であろう。分類は「故事」「弁証」「楽律」「象数」「人事」など、随意による。補巻も記した。[1]『容斎随筆』とは扱う範囲がかなり異なるが、ほぼ同種の書物と見てよい。それゆえ、今日、中国でも日本でも「随筆」として扱われている。これらが編まれた背景には、民間に出版物が盛んになり、経書、史書類の疏が大いに出まわるようになったことがあろう。

洪邁は、だが、民間の異事奇談を集載した小説集『夷堅志（いけんし）』をまとめたことでも知られる。一一九二年の成立。南宋が対峙した金にも伝わり、元好問（遺山）が『続夷堅志』を編みもした。*

＊岡本綺堂『支那怪奇小説集』（サイレン社、一九三五）は、中国古典の志怪小説を一五人の男女が順番に担当して語る、「百物語」の形式をとり、『夷堅志』より一九篇を「第八の男」、『続夷堅志』を「第十の男」に担当させている。

文章規範と随意の意味

遡れば、六朝時代の南朝、梁の昭明太子が隋・唐以前を代表する詩文八百余篇を集め、三七種に分類し、序文を付した『文選』の編纂自体、駢儷体（四六文）が盛んになり、文飾に流れる傾向のなかで行われたものだった。鍾嶸『詩評』（のち『詩品』）が詩の根本義を明確にしようとしたのもそれゆえのこと。劉勰『文心雕龍』は、対句やより大きな対偶表現を駆使した華麗な駢儷体で記されているが、その原道篇は、「文之為徳也大矣」（文が徳をなすことはたいそう偉大である）とはじまる。孔子の精神に帰って詩文の根本精神を立てなおそうとしたものである。

『文心雕龍』〈総術〉は、その技術論のまとめにあたり、いま、韻文の意味で「文」、散文の意味で「筆」がよく用いられているが、これは「近代」になってのことであり、理の上からいって、韻文の『詩経』も散文の『書経』も「文」であるといい、口に発するのが「言」、筆を用いるのが「筆」、常道を唱えるのが「経」、「経」について述べたのが「伝」、「言」は筆を用いて記すものであると正している。この「近代」は、ふつう六朝時代を指すと見られている。*

＊日本では、近い世を意味する「近代」は、八一一年六月、空海が嵯峨天皇に懇請され、中国の詩集及び詩論書、『劉希夷集』四巻、『王昌齢詩格』一巻、『貞元英傑六言詩』三巻、『飛白書』一巻を筆写し、献上する際の上表文「雑書籍を奉献する状」に「古詩格等。雖有数家。近代才子。切愛此格」（古詩の格等、数家有りと雖も、近代の才子、切に此の格を愛す）と登場する（『遍照発揮性霊集』巻四）(2)。が、これがどの程度参照されたか、『生霊集』巻八～一〇の散逸の事情とともに浅学のわたしには定かでない。が、一〇世紀後期の慶滋保胤『池亭記』（九八二ころ）にも見られ、日本漢詩文のアンソロジー、藤原明衡撰

『本朝文粋』（一一世紀中期）に収録されている。以降、鴨長明の歌論書『無名抄』七一「近代の歌体」などへひろがり、一三世紀初頭、藤原定家が源実朝に献じた歌論書『近代秀歌』もある。ただし、中国の「代」は一王朝の存続期間を指し、日本では一天皇の治世を指していう（途中で改元することも）ので、期間が相当に異なることは第一章でも述べた。

「理の上から」というのは、中国語の「文」の語が紋様の意味に発するからである。『易経』〈繋辞伝下〉に、古の帝王、伏羲が天に「象」を、地に「法」と、鳥獣の「文」と地の「宣」とを読むなどして八卦をつくったとある。この「文」は鳥獣の足跡だが、和語「ふみ」の語源説（踏み）も、この文字起源の伝説にならったものだろう。要するに、天地の様子を見て占いを行い、世を治めたという意味で、卜の紋様を意味する「文」にはじまり、『易経』〈説卦伝〉に宇宙の「天文」「地文」「人文」の三才（はたらき）が示されている。ここから模様（彩、あや）や様子に転じ、派生的に「画」「図」を含み、「文彩」「文飾」などに用いる。この意味の「文」の対立概念は「質」で、模様の飾りに対して、それが付された生地、ないし飾り気のない質朴さを指す。

『文心雕龍』〈総術〉は、つづけて「みな思いを凝らして文を造り、それぞれ新麗を競い、多くのひとは辞を練ろうとするが、術をみがいていない」と警告を発している。文章に新奇や秀麗を競うことが盛んになっているのは、本来の文藝（文章術）から外れることとし、孔子の道に帰って正そうとしたのである。*

*古代の「文」の概念を確認しておく。天地と三才をなす人は『礼記』〈礼運〉にいう「天地の心」であり、

「五行の端」ないし「秀」とする儒学の考えでは、聖人の心は「易」における「彖」と「爻」の二様の「辞」に現れるとされ、『易経』〈繋辞伝 下〉には「聖人の情、辞に見わる」とある。心の表れとして声と字の双方にまたがって「辞」を用い、「詞」も同様。和語「ことのは」「ことば」もその意味だろう。「辞」の声によるものが「言」（ないし「話」「弁」「談」など）、文字によるものが「文」ないし「書」（記録、書簡、書状の意に発し、書物におよぶ）とする。「書」については第一章補注で述べた（50頁）。

白話への動き

南北朝時代ののち、隋による統一を経て、唐代中期には、格式を外れた文を歓ぶ態度が識字層にひろがっていた。白居易（楽天）『白氏文集』にまとめた詩文が平易を心がけ、詩にも俗語を交えていることはよく知られる。そして、北宋の釈恵洪『冷斎詩話』は、白居易は詩をつくるたびに、文字の読めない老女に読んで聞かせ、理解できなかったところは平易な表現に改めたという伝説を記している。宋代には禅宗の公案（問答）の筆記、『碧巌録』（一一二六）が編まれた。問答のままを口語体で記した最初の書物とされる。* はじめから応えられないような問いに、どう答えるかを問うもので、日常の思考を外れる訓練として、古代インドではじまったものが、禅宗にとりいれられた。

＊一例をあげると、宋代の口語の指示代名詞に「どのような」や「このような」など多義的に用いる「恁麼」という語がある。ややのちのことだが、南宋で禅宗の修行をつみ、鎌倉初期、一二二八年に日本に帰った道元は『正法眼蔵』中に、これを盛んに用い、章題にもしている。

唐中期には、韓愈や柳宗元によって、儒学を、理を明らかにする方向に整えるべきという主張がなされた。唐（六一八～九〇七）の没落とともに貴族層が崩壊し、また仏教や民間道教がひろがる一方だったことも大いに関与し、五代十国時代（～九六〇）を経て、北宋（～一一二七）、南宋（～一二七九）へと時代が下るにつれて、各方面で、文がますます規範を外れる方向へと展開していった。

それに対して、北宋期には、欧陽脩（おうようしゅう）（欧陽修）が蘇軾らと文飾を排する古文運動を興した。欧陽脩が安徽省の滁州の自然や人びとの生活を描いた『酔翁亭記』は、紀行文の名著として知られる。

そののち、明代に興った詩文の古典復帰運動、古文辞派の動きのなかで、「唐宋八大家」の名が定着する。つまり、中国の文章は、駢儷体の文飾を排する方向で「復古」が繰り返された。が、それは、規範を外れ、口語体に近づく動きも進行していたゆえ、と見てよい。その動きのなかで、「随意の文章」が様ざまなかたちで展開することになる。が、それには別の規範、すなわち分類の問題がからむ。

最近の高橋文治「〈肆筆〉の文学―陸亀蒙の散文をめぐって」（二〇一四）第二節「中晩唐期の散文と『文苑英華』」は、「随筆」は特定のジャンルを指すものではなく、韻文であれ、散文であれ、あらゆるジャンルのあらゆる文体においてありうる姿勢を指す語とし、散文では撰述の態度をいうとも述べている。晩唐の談成式が編んだ志怪小説集『酉陽雑俎（ゆうようざっそ）』（正続、八六〇ころ推定）の序文を引用し、それが「易」の図を論じた文は「怪」に近く、『詩経』には「戯」もあると言いおいて、宮廷の儀礼のための衣服の裁縫や料理に携わる者を引きあいに出し、それに類する者の「肆筆（しひつ）の余（はて）」が志怪におよんでも儒を犯すものではないと、いわば弁解していることを紹介し、この「肆筆」を「筆まかせ」の意味にとり、すなわち「随筆」と同義と論じている。[3] なお、『酉陽雑俎』は、唐代で一、二を争う志怪小説集で、現代では魯迅が愛読したことでも知られる。

高橋文治氏はまた、宋の太宗が命じて梁末から唐末にいたる詩文を集め、文体によって分類した『文苑英華』（九八二～九八七）に、新たに「記」「伝」などとならんで「雑文」という項目が設けられていること、さらに細目が立てられ、唐代に記されたものには句読点を打つことにも困難を感じるような恣意的で放埓な文が多いことを示している。『酉陽雑俎』の序文からしてそうだという。『文選』が掲げる由緒正しく格式の整った文章の規範から外れた、その意味で恣意的な書き方がされているのである。宋代には発音や文法にも変化が起こったことや、『文苑英華』は短期間にかなり杜撰な編集がなされ、誤記等が多いとされるが、民間伝承を筆記するものに民間の口語が映ることも考えてよい。

「雑文」という器を用意しなくてはならないほど、恣意性の強い「筆まかせ」の「肆筆」がひろがっていたのはたしかである。「肆」は、しばしば「ほしいまま」と訓読されるが、店の意味で用いられるように「ならべる」の意味が強く、ひろげる程度がはなはだしいというニュアンスだろう。たとえば「肆談」は、大勢の人が延々としゃべりあうことをいい、みなが時間を恣（ほしいまま）にするという意味で、中身が恣意的なことをいうわけではない。「肆筆」も、長ながと文を連ねるという意味でとってよいと思う。談成式は、格式を外れて「文を連ねること」の価値を、宮廷の祭礼に付随的にではあるが、不可欠な裁縫や料理にたとえて、もって志怪小説の価値の弁明に代えているのだろう。

また「雑文」の語は、初唐につくられた代表的な類書、欧陽詢（おうようじゅん）編『藝文類聚』（六二四）が、全体を四六部に分けたうちに見える（後述）。前漢時代、民間の歌謡を収集する楽府が設けられ、集められた歌謡の集成も「楽府（がふ）」と呼ばれたが、そのうち、句の長短が不揃いのものを「雑言詩」と呼ぶ。要するに「雑」は、規格から外れ、どこにも分類できないものをまとめる器である。沈括は『筆談』に書き落としたことを『補筆談』に記したが、正篇のどこに収めるべきか、判断のつかないものを「雑誌」の項に入れている。* つまり、価値の高低ではなく、専ら分類の問題である。

＊空海『遍照発揮性霊集』巻四「献雑文表」（雑文を献ずる上表文）も同じく、様ざまな書籍をとりまぜて、という意味で用いている。

そして、宋代に仏教に対抗する姿勢を強めた宋学（新儒学）が興り、北方の騎馬民族・女真族の金に圧され、淮河以南につくられた南宋に、王安石の政治改革が行われたのち、儒・仏・道が鼎立して皇帝を支え、競合や習合するなかで、武力による「覇」に対して、「徳」による王道を唱え、朱熹が宋学を集大成した。『容斎随筆』の著者、洪邁の生涯は、朱熹のそれと時期がほぼ重なる。そして朱熹歿後、朱子学は一三世紀中葉の南宋を支配した元の理宗に奉じられ、国教化した。周知のように、儒学による官吏登用制度、科挙は、七世紀、隋の文帝によってはじめられて以来、種々の改革が重ねられ、元代には一旦、途絶えていたが、元末には武挙も復活し、明代以降、清末まで、朱子学の支配するところになった。

要するに、宋代を通じて『文選』の文体規範を外れた「雑文」があふれた。北宋の『文苑英華』は、

『文選』にならい、文体によって詩文を分類するもので、新たに「伝」や「記」の分類を立て、高橋文治氏がいうように、それらに随意の文をおさめもした。が、おさめきれないものが多く、「雑文」と一括した。伝承奇譚を意味する「小説」は、それ以前、『太平広記』（九七七～九七八）に編まれていた。百科全書的な構成の『太平御覧』（九七七～九八三）、詔や勅、上表文など公の文を重んじる『冊府元亀』（一〇〇六～一三）とあわせ、北宋の四大類書といわれる。つまり、四種の類書が次つぎに着手され、編集されたのであり、その項目は、それぞれの目的と方法によって分類されている。これらは、漢初に成ったとされる語義を説き類義語をあげる辞典『爾雅』とは目的を異にすることはいうまでもない。

それより時代が下った南宋の洪邁においても、『容斎随筆』と『夷堅志』とは明確に区別が意識されていることは、言を待たない。沈括『夢渓筆談』が随意の部立をするのに比して、洪邁は「随筆」の語を、部立てをせずに次つぎに項目をならべてゆく態度の意味で用いたと推測されよう。

そして洪邁は、『容斎随筆』から数えて四番目の『四筆』のなかで、齢を重ねるにつれて、巷の出来事や伝承を扱う『夷堅志』を編む気楽な方に心が傾いていることを隠していない。幼な児が毎日やってきて、双方を進めると誓ったではないかと催促するので、『随筆』の方も進めなくてはならないと述べている。[4] 初心忘れるべからずと自身に言い聞かせているかのようである。『容斎随筆』のシリーズは、典籍や語彙について論じることを文の「本道」とする態度を努めて保つことにより書きつがれたと見てよい。

随筆の誕生

経典や詩文について論じる文章の本道に立つのでも、世間の出来事や噂話の類を拾い集めて小説をつづるのでもなく、コトやモノについて随意に論じる文章、すなわち西欧近代に成立したエッセイに相当するものが、中国でそれとして自立するのは、明代を待たなくてはならないだろう。袁宏道（中郎）が、自身、よく通じた華道の『瓶史』を記したのが嚆矢ではないか。中国では、各ジャンルの「史」は、正史のなかで編まれるのが習慣だが、華道史は例外だったのだろう。袁宏道は楽しい酒の飲み方を指南する『觴政』（觴はさかづき）、料理法を説く『随園食単』なども著した。みな、文章体である。

彼は、兄・袁宗道、弟・袁中道とともに擬古的な詩風に飽き足らず、清新な詩風を開拓した。兄弟の出身地から「公安」派と呼ばれた。ただ格式を外れるのではなく、格式の規範を変革する態度をとりえたのは、彼が若くして弟とともにいわば無垢の「童心」を本源に置いて、欲望解放から聖人に至る道を指し示した李贄（卓吾）に師事し、精神を自由に発揮する姿勢を身に着けていたからだろう。*

＊李卓吾は、朱子学が科挙の試験勉強のためのようなものに堕していると非難し、またその「性即理」を、朱熹に敗れた陸象山が唱えていた「心即理」に置き換え、したがって「情」をも含めたものとし、かつ「知行合一」をもって儒学を改革しようとした王陽明に学び、さらに王陽明が、万人が「心」の底にそなえているはずとする「良知」の根源、その無垢な状態を「童心」に見て、欲情を抑えるのではなく、万人がそれを解放することによって聖人に向かうべきだと説いた。伎女を学舎に招き入れ、詩文を教えるなどしたため、朱子学派から疎んじられ、その学風が一世を風靡すると捕えられ、獄中で、剃刀で自死した。齢、数え七六。その学統はのち、一九三〇年代に高く評価され、陽明学左派と呼ばれ、近代思想の祖のよ

うに見なされたが、その精神は、あくまで儒学の根本精神にそって聖人に至る道を説くものであり、その努力は死後にもつづけられるべきものとも説いた。王陽明が禅宗から多くを学んだように、李卓吾も禅寺で長く過ごし、異端をもって自認した。回族（ムスリム）の家系の出で、絶対的超越神の観念を知っていたと想われる。中国を放浪していたマテオ・リッチが李卓吾と会談した際、彼がキリスト教を即座に理解したと述べているのも故なしとしない(5)。

公安派の姿勢は、清代には袁枚(えんばい)らに受けつがれ、当代語による感情の自由な発露を説く「性霊派」の詩風を生みだした。李卓吾にならって婦女文学を提唱、『随園女弟子詩選』を公刊するなどしたため、朱子学派からは疎んじられた。袁枚は、志怪小説集『子不語』でも知られる。

また明末には、洪自誠（洪応明、還初道人）が儒・仏・道の教えを渾然と取り混ぜて、民間に人との交際の仕方や自然と親しみ、閑居を楽しむ方法など日常の心がけを説く短い章句（前集二二二条、後集一三五条）を分類なしに展開する『菜根譚』（『処世修養篇』とも）を編んだ。文章体にところどころ白話が混じる。日本では加賀藩儒者、林蓀坡(はやしそんぱ)によって文化五年（一八二二）に訓点付で刊行され、かなり愛読されたといわれる。今日では、中国でも典型的な「随筆」のように扱われている。清代には事物の由来などに対する考証が盛んになるなど、「雑文」類は連綿とつづく。

だが、その動きは前近代のうちには、ついに特定のジャンル概念を生みださなかった。なぜなら、「経・詩・子・集」の大分類が先に立っているからである。先にもふれた『四庫提要』の「説部」は、経論、詩論とは別の「子」部一四類の一にすぎない。

説話の原義？

これまで述べてきた「文」は、『碧巌録』など口語体のものを除けば、随意の恣意性の強いものを含め、みな「文言」ないし「文語」（文章体）が基本である。ただし、『論語』の弟子の問いかけのことば、「師、曰く」のあとの孔子のことばは、会話を筆記した古い口語体と考えてよい（助字などは省略され、春秋時代の知識人の口語そのままではないだろう）。それゆえ、『朱子語類』は問答形式の白話で編まれる。

その文語体と口語体の中間には、衆生の救済を唱える大乗仏教が民間への布教のために、経文、また唱導のようなリズムをもつ韻文と口語をとりまぜて語る「変文」と呼ばれるものを筆記したものがあった。釈迦が前世に積んできたとされる善行を語る「本生譚」や民間の伝承に託して仏の教えを説くインドで生じたジャータカ説話を絵解きするものを「変」と呼び、それを用いて、漢文訳された経文や唱導などの韻文と民衆の口語とが入り混った文を「変文」と呼ぶ。唐代には、寺院で行われるこの種の話芸を指して「説話」と呼ばれていたとされる。教説の話、ないしは教説と話の意味で用いられた可能性はある。道教系の祭文を交えた口語の話芸も、そう呼ばれたかもしれない。が、「説」は話しことばの意味でも用いるから、「説（と／の）話」は、熟語として定着したとは限らない。それらは、経文や祭文は別にして、その場、その場で即興的に行われるものであり、本来、書きとどめられるはずのないもの、また台本のように記されたものがあったとしても、保存されるはずもないものである。

だが、二〇世紀前期、大英帝国とロシアが対峙する国際関係は、北極と南極を除いて地誌上の唯一の空白地帯、中央アジアの調査を促し、ヨーロッパ各国の探検家たちが活躍、敦煌の遺跡からは、各種宗教の伝播の記録を残す言語学上も貴重な大量の文書が発掘された。これらは、宗教の伝播の記録を遺そうとする意志によって集められ、かつ、長く洞窟に封じられていたという条件が重なり、いわば奇跡的に「保存」されていたものである。そのなかには、「変文」体で筆記した仏教物語群が含まれていた。発見されたのち、タングート系で、西夏文字と呼ばれる文字をつくり、仏教を奉じる王国、西夏との戦乱に備えて、漢民族、ないし漢民族に帰順した一族が埋めたという説が立てられた。よく知られる井上靖の小説『敦煌』（一九六〇）も、その説によって書かれている。

　だが、その説は、今日では覆されている。莫高窟遺跡全体の調査が進み、文書群が隠されていた洞窟の前の床が西夏期に張り替えられたものであることが判明した。先に『夢渓筆談』にふれた折に、その著者、沈括の率いた南宋軍が西夏軍に敗北した責任をとらされ、彼が失脚したことにふれたが、西夏が何らかの危機に瀕したときに洞窟が閉ざされたと考えてよい。わたしは西夏が、仏教の布教のために用いられた「変文」などの収集、保存に尽くしたと推測している。

　日本でも、奈良時代には官許を得ない私度僧たち、あるいは平安時代には比叡山の僧たちが民間に布教する際に、絵解き（変）を用い、またリズムのある経文などと口語とを取りまぜて仏の教えを説いていたにちがいない。それらを書き、またそれを残そうとする意志がはたらけば、日本流の「変文」の記録がつくられたはずである。だが、それに類するものは残存していない。

　平安中期に仏教入門書として『三宝絵詞』三巻が知られる。諸仏と法と僧を三宝と呼び、その功徳を示す絵（変）と仏教説話とを組みあわせたものだったが、絵は失われ、三巻中、上巻は釈迦が前世に積んだ善行を説く「本生譚」、中巻は日本の高僧についての伝で、そこには『日本霊異記』と重なるものが一七篇混じる。内親王が仏門に入るに際してつくられたもので、文章は整えられ、変体漢文のもの、漢字カタカナの書き下し体、また平仮名書きの三種が遺されている。便利に用いられたのだろう。

そして、朱熹の歿後、その門弟たちと交わした問答や講義の筆記録を集め、「理気」「鬼神」「性理」「学」「大学」「中庸」など二六門に分類した『朱子語類』の編纂が重ねられ、新しい儒学を民間にひろめるのに役だった。講義録や談話の筆記は、調子に硬軟はあっても、みな白話である。

そのほか、明代には、『三国志演義』『水滸伝』など、一回ごとのはじまりと終わりが定式化された長篇章回小説や、短い「笑話」が巷にあふれた。これらは正則の漢語と異なり、助字が多用されるなど、中国語の口語をしゃべらない日本人には精確な理解はむつかしい。だが、大意はつかめるし、白話で書かれた気軽な読物であることは了解できたはずである。

そして、日本でも、たとえば山鹿素行の弟子たちによって、山鹿素行の談話、問答の筆記録『山鹿語類』（一六六三～六五）が平易な漢文で編まれた。「笑話」の類も翻案的に和訳され、日本語の口語体の読物を盛んにするようにはたらいたと考えてよい。江戸中期の上田秋成が初期に「わやく太郎」を名のり、浮世草子『諸道聴耳世間猿』（一七六六）の類を刊行したのは、中国の笑話の類を「和訳」する稼業と上方方言で浮かれ調子をいう語「わやく」を掛けた地口である。

次に日本における、このような記述文体の大きな変化のなかにおいて、「随筆」の語義とともに、「随意の撰述」「随意の文章」にあたるものが、どのように展開したか、概略を探ってみたい。

二　日本の場合

『東斎随筆』

日本で最初に「随筆」の語を冠した書物とされるのは、一五世紀に政治家、学者として活躍した公卿、一条兼良による『東斎随筆』である。先行の文献から七八話を選び、抄録して編んだもので、その中身を「音楽・草木・鳥獣・人事・詩歌・政道・仏法・神道・礼儀・好色・興遊」の一一部に分類する。

この「随筆」は、随意の撰文という意味でとってよいだろう。中国唐代以降の「雑文」類には、『容斎随筆』のように、詩文や人物についての批評とともに民間の異事伝承を拾い集めて撰述したものが多いことは先に述べた。『東斎随筆』の場合、前代、院政期から鎌倉時代にかけて編まれた『古事談』『十訓抄』『大鏡』などから逸話や伝承の抜き書きがほとんどで、自らの評は付さない。が、その部立（分類）とその順は他に類を見ない。それゆえ、その性格に理解が届いていないのではないか。

今日、『東斎随筆』について「随筆とついているが、実は説話」などと説明されている。「随筆」も「説話」も当代と今日とでは、意味がまったくズレてしまった。

「説話」の語について、今日、『日本国語大辞典』（第二版、二〇〇〇～〇二）は、中国、宋代には盛り場の演芸場で行われる語り芸に用いられたが、それ以前、唐代に寺院の説教の場で行う語り芸を指して用いられていたと考えられると述べ、日本では中古から「話すこと」一般を意味する用法が見られるという。が、先に述べたように、どこまで熟語化していたかは定かでない。『東斎随筆』も、談話類を意味する「説話」を筆記したものを随意に編んだという意味で「随筆」と名づけられたと考えられる。

その種本のひとつ、有職故実に通じた源顕兼（あきかね）の編になる『古事談』は、建暦二年（一二一二）から建保三年（一二一五）のあいだに成立したとされる。主に談話筆記類を集めたという意味で、「談」とついているのだろう。漢文を基調に読み下しの助字などにカタカナを書き入れる、いわゆる変体漢文で記されている。公卿・藤原実資の日記、『小右記』（九八二～一〇三二の部分が現存）、一二世紀末に比叡山功徳院の僧・皇円が仏教を中心に、神武から堀河天皇期にいたる国史を編年体で簡潔に編纂した『扶桑略記（ふそうりゃくき）』、院政期の関白・藤原忠実（ただざね）の談話を大外記・中原師元（もろもと）が筆録した『中外抄（ちゅうがいしょう）』、同じく藤原忠実が保元の乱に連座し、幽閉されていた時期に、その談話を高階仲行（たかしなのなかゆき）が筆記した『富家語（ふけご）』などから、奈良から平安中期までの皇族・貴族・僧の珍談・秘話、醜聞に類する逸話を抜き書きし、「王道后宮・臣節・僧行・勇士・神社仏寺・亭宅諸道」の六巻にまとめたもの。『中外抄』や『富家語』は、公卿に昇った大江匡房が朝儀公事の故事や詩文にまつわる逸話を語った談話を進士蔵人・藤原実兼が筆記した『江談抄』にならったものだろう（53頁参照）。

談話筆記を、話すこと一般をいう「説話」の語で説明できないことはないが、今日の「説話」の用法は、『今昔物語集』や『宇治拾遺物語』などにおさめられた小話のひとつひとつを指していい、内容は怪異譚や奇譚に属するもの、公家や僧侶の醜聞に属するもの、民話の類におよぶ。私度僧が民間に布教する際に用いた話を集めたと思しい『日本現報善悪霊異記』（八二二ころ推定）と重なるものも多いが、世間話の類や滑稽譚が格段に多くなっている。そのため、「仏教説話」と「世俗説話」に二分したり、あるいはうたの由来を説く「和歌説話」を分けたりする。だが、仏教に関連しないことを「世俗」というのは仏教の側のものいいである。しかも、『今昔物語集』中、たとえば、よく知られた「児のかひもちするに」など、寺院のなかの話でも、仏の教えとは無縁である。そして、一条兼良『東斎随筆』が選んでいるのは、主に宮廷行事や公家社会の逸話である。神道や宮廷の祭祀儀礼にまつわる逸話の類を「世俗説話」と呼ぶことにはためらいを覚える。

一条兼良が『東斎随筆』に抜き書きした『古事談』のあとには、建保七年（一二一九、承久に改元前）、編者不詳の『続古事談』が編まれた。これには中国の古典から引用した「漢朝」部も立てられている。貴族層に没落の予感がひろがり、古代王朝復古の夢が呼び返されたのだろうか。同時に、治承年間（一一八〇年前後）に、後白河院が当代の民間歌謡、「今様」を集成し、『梁塵秘抄（りょうじんひしょう）』を編纂するなど、民間への関心も育っていた。鎌倉中期に編まれた『十訓抄（じっきんしょう）』（編者不詳、一二五二）の「十訓」は、十ヵ条の教誡を意味し、年少者のために和漢の教訓的な話を編んだもので、教訓書の先駆とされる。

『古今著聞集』の分類

鎌倉時代に編まれた橘成季（なりすえ）編『古今著聞集』（一二五四、のち増補）は、その序文（漢文）に、『宇治大納言物語』の「巧語之遺類」、『江談抄』の「清談之余波」にならうと述べている。前者は、天竺（インド）や大唐（中国）の話もおさめるとしており、仏教系の、今日いわゆる説話を集めたものと見てよい。

さらに増補されたが、散逸。そこに漏れたものを拾い集めたのが『宇治拾遺物語』（一二一三〜一二二一ころ）の由来だったことはよく知られる。つまり『古今著聞集』は、民間と公家の双方の逸話の集大成を企図したものだった。

その序文はまた、「実録」を補うためという。「六国史」が途絶えたのち、平安中期から鎌倉初期までの逸話を集めるものだが、その半ばは多く民間に、半ばは貴族のあいだに行われた話である。いわば「稗史」を材料に「実録」編纂の助けにするという中国ではとうていありえないことが企図されたのは、価値規範の混乱期のゆえだろうか。その分類は「神祇・釈教・政道忠臣・公事・文学・和歌・管絃歌舞・能書・術道・孝行恩愛・好色・武勇・弓箭・馬藝・相撲強力・書圖・蹴鞠・博奕・偸盗・祝言・哀傷・遊覧・宿執・闘諍・興言利口・恠異・變化・飲食・草木・魚虫禽獣」の三〇編の構成をとる。明らかに中国の類書にならっている。公家政権が一応は保持してきた中国式規範のうちのひとつをかたちの上で模したものだが、逸脱するところもある。

いま、中国の類書の典型例として、初唐に作られた、欧陽詢編『藝文類聚』（六二四）を参照する。巻頭に「天」二巻、「歳時」三巻を置き、「地」、「州」各一巻、「山」二巻、「水」二巻。ここまでが「天文」「地文」にあたり、以下「人文」となる。帝王が天命を受けたことに関する「符命」一巻、「帝王」四巻、「后妃」一巻、「儲宮」一巻、「人」二〇巻、「礼」三巻、「楽」四巻、「職官」五巻、「封爵」一巻、「治政」二巻、「雑文」三巻、「武」一巻、「軍器」一巻、「居処」四巻、「産業」二巻、「衣冠」一巻などがつづく。その他、「鳥」「獣」「鱗介」（魚貝）などを付し、「霊異」なども入れ、そして最後に「災異」

を置いて四六部七二七子目を連ねる。徐堅撰『初学記』（七二七）は、二三部三一三子目で、『藝文類聚』を小規模にしたようなもので、基本構成は変わらないが、撰文はより詳しい。これら題材別による分類方式をとる類書は、作文用の文典として用いられ、あるいは百科事典のような役割も果たした。

日本では、奈良、平安時代を通じて、詩文の規範、文体による分類書『文選』が官人や僧侶ら識字層の必読書だったことは、つとに指摘されてきた。平安時代には、宮廷に仕える女性たちもまた頼りにしていたことは、清少納言『枕草子』に『白氏文集』とともに書きとめてある。とくに平安前期、嵯峨天皇による治世の安定と漢詩文の隆盛期には、『文選』の詩文の語彙の出典と語義を明らかにする『李善注』（六五六）や、『藝文類聚』も大いに用いられたにちがいない。

『藝文類聚』を参照して編纂したものとしては、菅原道真による『類聚国史』が知られる。六国史の記事を抜き書きして「神祇、帝王、後宮、人、歳時、音楽、賞宴、奉献、政理、刑法、職官、文、田地、祥瑞、災異、仏道、風俗、殊俗」の一八の項目に分類したもので、寛平四年（八九二）の完成とされる。道真の失脚、大宰府配流がかかわり、欠損が論議されているが、撰文の範囲を六国史に限ったのではないか。「天・地・人」の構成はとらず、「神祇」を巻頭に立て、「仏道」を設けるのは日本流である。「文」は漢詩文。その後、平安中期、日本の漢詩文を撰録した藤原明衡（あきひら）撰『本朝文粋（もんずい）』（一〇五八〜六四推定）は、仏教の願文なども含み、朝廷に仕える者たちに便宜をはかるためのもの。しばしば日本の『文選』にたとえられるが、宋代四大類書のうち、詔、勅、上奏文を多く収める『冊府元亀』を念頭においていたのではないか。

橘成季編『古今著聞集』の本文は、漢語交じりの和文体で記されており、類書の分類を借りてはいるが、「天・地・人」の大分類が失せ、「神祇」が先頭に来ている。『類聚国史』と同じである。『本朝文粋』が材料の範囲を六国史以降に限るのは、『類聚国史』の後を継ぐつもりだったと推測されよう。ただ、「神祇」の次に「釈教」を置いている。仏教諸派が乱立し、競いあう時代が背景にある。道真が『類聚国史』で「仏道」を後に置いたのは、京都に都を移した桓武天皇による儒学復興の機運を映していよう。『古今著聞集』の「文学」は漢詩文を指し、「和歌」の項目が立ち、「孝行恩愛」「好色」「博奕」「偸盗」以下、人事の様ざまに関心を向け、細かく分類されていることも見逃せない。

ここで、一条兼良『東斎随筆』に戻る。二系統の写本が遺されているという。先ず、主に『古事談』『大鏡』『十訓抄』などから抜き書きした手控えが写本として流布し、それが江戸後期に塙保己一によって編まれた『群書類聚』に収められたものの祖本になった。ところが、それとは別に、兼良が主に『十訓抄』から抜き書きし、補筆していった手控えも写本として遺された、と久保田淳氏が手堅く推定している。(6)つまり、全体を一条兼良が一書に編むまでにはいたらないうちに写本がつくられ、その後の補筆部分を含めた、もうひとつの系統の写本がつくられたのである。

すると、「群書類聚本」の祖本も、本来であれば、日本の類書にならって、たとえば「神祇」「仏法」「礼儀」「政道」「好色」「遊興」の順にならべ直すことが計画されていたと考えられる。兼良はそのあいだに挿入すべく、「音楽」「人事」「詩歌」「草木」「鳥獣」の各類を補筆していった。ところが、それらが重ねて置かれたままの順に写され、配列が他に類を見ないようになったと推測されよう。また、のちの補筆に『十訓抄』からの抜き書きが多いことを考えると、一条兼良は、初学者向けの日本の類書を編む意図をもっていたと想像することもできるだろう。

ふたつの「仏教説話集」

ここで、仏教者による談話巷説類の記述、その編纂に目を転じる。『今昔物語集』には、一一世紀後半に起こった前九年の役、後三年の役についての説話をおさめようとした跡が見られ、保元の乱以降にはその意図がおよんでいない。それゆえ、一二世紀前半に編まれたと見られているが、『古今著聞集』序文が編纂意図を「実録」を補うと述べていたのと類似の意図があったと想われる。事件の起こった年月日を特定しようとする意図が空欄で遺され、収録すべき話を目録として残している。多くの談話筆記がそうであるように漢文書き下し体で記されていることも、「記」の形式にならう意図によろう。

だが、仏教の布教の際に用いる話の類を中心にし、途中で放棄され、戦乱を逃れるために隠されたまま、とくに江戸時代になって知られるようになったもの。天竺（インド）、震旦（中国）、本朝（日本）の三部で構成されているが、その分類が当初からのものかどうかは分からない。

他方、『宇治拾遺物語』（一三世紀前半とされる）序文には、天竺や大唐の三国を舞台とし、「あはれ」な話、「をかし」な話、「恐ろしき」話などを集めた『宇治大納言物語』（一一世紀の公卿、源隆国の編纂とされる）が拾い残した話を集めるという意図と追補が重ねられたことが記されている。これが当初からの意図を語っているものかどうかはともかく、集録された話の内容に『今昔物語集』と重なるものが多いことから、その収集途中の話群から切り出され、独自に追補がはかられたものではないか、という推測もなされている。源顕兼編『古事談』にみられるような貴族、僧侶の醜聞の類などを含め、多彩な巷説の類を集めることが企図されているが、分類意識はない。その文体の例として、「大太郎、盗人になること」の一節を引く。〔　〕は引用者が補った。

> そのつとめて〔翌朝〕、その家の傍（かたはら）に、大太郎が知りたりける者のありける家に行きたれば、〔主が〕見つけて、いみじく饗応して、「いつ〔京へ〕上り給へるぞ。おぼつかなく待つる」など言へば、「ただ今まうで来つるままに、まうで来つるなり」と言へば、「土器（かはらけ）参らせん」とて、酒沸かして、黒き土器の、大きなるを盃（さかずき）にして、土器取りて、大太郎にさして、家あるじ飲みて、土器渡しつ。[7]

～して、～して、～言へば、～言へば、と重ねてゆくのは、意識的に口語の語りのままに近づけていると推測される。縁語、掛詞など駆使し、修辞に技巧をこらす物語の和文体からも遠い。

このように『今昔物語集』と『宇治拾遺物語』では、目的も構成、文体も異なる。素材の共通性から、一括して「説話文学」と呼ぶ習慣がひろがったのは、実のところ、第二次世界大戦後である。その習慣に対する疑問は、すでに一九八〇年代に民俗学者、大島建彦氏によって提起されていた。[8]

『守武随筆』

『東斎随筆』のややのち、室町後期に、伊勢の内宮出身の連歌師、荒木田守武（あらきだもりたけ）の自筆をまとめたものに『守武随筆』と題箋が貼られたものが遺っている。自詠の歌など七八首を覚書きした部と、恋の古歌二五首を覚書きした部とのあいだに、「心ならさ（ざ）る世中の聞き書き」と題して恋にまつわる世間話に属する笑話二三編が挟んであるという。[9]「心ならさる世中の聞き書き」の冒頭に置かれているのは、ある女がたいそう大事にしている針に、自分もなりたいという男の思いを語るもの。

＊荒木田守武は、山崎宗鑑とともに俳諧の祖といわれ、「落花枝にかへるとみれば胡蝶哉」の句が国際的に知られていた。桜の花が散っているのを見ているうちに、又枝に帰るかのような花びらが見えたが、チョウがひらひら舞っていたのだったというくらいの意味で、見立て遊びの一種だが、お雇い外国人教師として来日し、帝国大学などに勤め、日本についての事典やアイヌ語辞典などの編纂で知られるバジル・ホール・チェンバレンが、この句を俳諧の代表作としてイギリスに伝えた。それにより、一九世紀後半には、俳句は、エピグラム（警句）の一種のようなものという理解が国際的にひろがった。それにもうひとつ、日本の俳句は芭蕉に代表され、平易なことばで精神性の深い境地をよむものという考えが加わる。二〇世紀への転換期に英語圏に象徴詩人としてデビューした野口米次郎が、一九一〇年代にロンドンで詩人たちを前に講演したものである。日本の象徴主義として芭蕉俳諧を了解する流れをつくったのは蒲原有明『春鳥集』（一九〇五）序文だが、日露戦争期にアメリカの新聞の特派員となって帰国した野口米次郎は蒲原有明と親交があり、芭蕉俳諧すなわち象徴主義の考えは、ふたりの合作だったかもしれない。[10]

『守武随筆』は、後人の名づけであろうが、それがいつのことか、全体を指してか、「心ならさる世中の聞き書き」を指してのことか、判然としない。全体を指してなら、「随筆」は雑録集の意味であろうし、「心ならさる世中の聞き書き」の部だけを指してなら、部立なしの笑話集の意味になろう。その場合、「世俗説話」と呼ばれそうなものだが、第二次世界大戦後に『守武随筆』の所在を明らかにし、活字化した横山重氏は「守武随筆解題」で、そうは呼んでいない。いわゆる仏教説話と距離がありすぎるからか。朝倉治彦編『日本随筆辞典』（朝倉書店、一九八六）は、「随筆」の範囲を漢文にもひろげることを提唱するが、逆にくだけた『守武随筆』をあげていない。拾い漏らしたか、「随筆」とは認め難かったのか。

公家の有職故実にかかわる談話筆記をまとめた『東斎随筆』と、世間話の類をまとめた『守武随筆』とを考えあわせると、広範囲の談話類を集めること自体を「随筆」と呼ぶ意識が生じていた可能性もないわけではない。そうだとすれば、『今昔』も『宇治拾遺』も、その類である。

とくに室町期には「抄物」と呼ばれる漢籍、仏書について撰述する講義録が盛んになる。それらと区別するために、『東斎随筆』は随意の部立、『守武随筆』は随意の撰という意味で、ともに「随筆」とつけたという推測もなしうるかもしれない。総じていえば、平安時代の文化秩序の崩壊過程、大きな過渡期の混乱に伴う現象ということになろう。ただ、それは政権や社会の動揺だけに求めるわけにはいかない。

平安中期、寛平六年（八九四）に菅原道真の建議により遣唐使が停止されたのは、今日、わざわざ朝廷が遣いを立てなくとも、中国から物品の流入が盛んになっていたからとされている。唐が滅び、五代十国時代に入ってから貿易は衰えたものの、北宋時代には薬を中心にした輸入、南宋時代には、日本からの木材の積み出しも行われた。室町幕府は、明との貿易を管理しようとしたが、強大な権力ではなく、いわゆる密貿易も盛んに行われた。禅僧の往来とともに書籍の流入が絶えたことはなかった。だが、私的貿易や密貿易、禅僧が運んだものは、舶載品のリストには載らない。その間に、中国で筆記全般を随意に集録したものをいう「随筆」や「漫録」「漫筆」の類もかなり流れ込んだだろう。そして、のちに見るように、江戸前期には、それらを題名に付す、題材も形式も文体も種々雑多な書物がかなりの数にのぼる。

三　日本の「随筆」考

古代の文章規範

日本では、格式から外れて、中国・南宋の『容斎随筆』のように撰文し、批評する撰述、あるいは明代の袁宏道の『瓶史』のような随意の散文に相当する、自分の考えを随意に述べる文章は、いつころから生まれていたのか、少し考えてみたい。そのためには、日本古代の文章規範、また分類基準、その変化の概略を問いなおしてみなくてはならないだろう。

古代日本における公式の文書は漢文で記された。「正則」から外れたものも見られるが、この規範が崩れたわけではない。ただし、天皇が口頭で宣る命令、また神社の神主が天に向かって口頭で願い、祈りを捧げる「祝詞（のりと）」は、体言や用言の語幹などは漢字の意味を当てて大きく書き、助詞・助動詞・用言の活用語尾などは、そのあいだに漢字の字音を用いて（万葉仮名方式）、小さく書き入れる方式で記された。宣命体と呼ばれる、神事に限った特殊な日本語の表記法である。

平安時代に入ると、公的文書のほとんどが漢文で記され、漢文の祝詞も増える傾向が見られるという（『延喜式』には一篇を収載）。貴族のあいだでは漢詩文が盛んになり、私記（日記）の類も漢文で記されるようになる。紙の普及を考慮しなくてはならないが、書き手の漢文記述の能力により、また談話筆記の便宜のために、崩れた漢文や書き下し（訓述）を交えた変体漢文で記されることも多かったにちがいない。漢語のあいだに助詞、助動詞をカタカナで書き入れる方式で、どこまで「訓述」するかは、書き手の自由だが、のち、文章博士などの世襲制が強まれば、いわゆるお家流が固定する。公的文書でない限り、それらが書写され、流布する度合、また遺されるかどうかにも、ときどきの条件がはたらく。

それとは別に、和歌の表記は、次第に万葉仮名方式で、日本語で書く様式が定着していった。いま、書と絡んだ字体の問題は論外に置く。『万葉集』は巻が進むにつれて、万葉仮名方式が増える傾向が顕著である。これは、中国で歌謡がその土地柄（風）を伝えるものは、その土地のことばで書くという習慣を受けたものと考えてよい。楚の国の歌謡や詩を集めた『楚辞』は、もとは楚の言葉で記されていたからこそ、その名が残る。また、朝鮮半島で一三世紀末に僧侶が編んだ『三国遺事』中の「郷歌（きょうか）」（ヒャンガ）一四首は、漢字音を用いて記されている。

その和歌の万葉仮名方式の記述が漢字平仮名交じりの和文体のもとになり、うたの詞書（ことばがき）の部分をストーリーに展開し、和歌を挟む物語の様式が展開した。たとえば『源氏物語』〈夕顔〉で、夕顔が物の怪に祟られて亡くなったのち、光源氏が朝の道を帰る場面に次の一文がある。

　道いと露けきに、いとど朝霧に、何処（いづこ）ともなくまどふここちしたまふ。[11]

主語は省かれているが、落胆してさまよう気持になっているのが光源氏であることは、はっきりしている。現代語に訳せば、「露がしとどにおりた道に、さらに深い朝霧が立ちこめ、光源氏の君は、どこへともなくさまよってゆくようなお気持になられた」というほどの意味。朝の濡れに濡れた「景」に光源氏の涙にくれる「情」が重ねられている。「長雨」と「長雨を眺めて物思いにふける」とをかける縁語としくみは同じで、うたのレトリックが散文の物語の地の文に用いられている。宮廷に仕える女性の話し言葉からも離れた特殊な記述の文体である。『紫式部日記』中の出来事の記録、すなわち手控えの文体と比べてみれば、差は歴然としている。今日の日本語でも、「露がしとどにおりた道に、さらに深い朝霧が立ちこめ（それはまるで光源氏の君の心の様子さながらだったが）、そのなかを行く源氏の君は、どこへともなくさまよってゆくようなお気持になられた」と、（　）の部分を補って翻訳するしかない。

つまり、平安時代の書き言葉（記述言語）の文の種類としては、いわゆる韻文に漢詩と和歌、散文に漢文の公用文と私記の意味での「日記」の四種が数えられるが、散文の規範としては、正規の漢文、和歌とその修辞を混ぜ込んだ物語の和文体の二種があり、談話筆記などに、漢文で記すべき文の一部を書き下す変体漢文が便宜的に用いられていた。話し言葉では、男性官人の普段の会話に、女房たちの理解の届かないところが多いと『源氏物語』に記されている。漢語と漢語的言いまわしが随所に現れるためだろう。では、民間伝承類の記述、また随意の撰述や批評は、いつころから、どのように記されたのか。

神話、奇譚の記述

神話や民間伝承類の記述が、かなり古くから行われていたことは、それらが『古事記』『日本書紀』のなかに取り込まれていることから知れる。各『風土記』にも民間伝承の類が散在する。中国の神話伝承の類は、史書のなかに散在し、また『山海経』に集められ、唐代の伝奇小説集、また宋代には志怪小説集が盛んにつくられたことは、すでに見てきた。ヨーロッパでは多くの神話が並列し、交差する関係にある。だが、『古事記』にせよ、『日本書紀』にせよ、天孫系の神話が時系列で展開するのが著しい特徴である。が、そのなかに氏文や寺社縁起などから、伝承の類が組みこまれていることは、『日本書紀』に「一書に曰く」として多くの異なる伝承が挟みこまれていることが知られている。

『古事記』『日本書紀』の神話の全体が、ともに天孫系による治めなおしの物語として時系列に編まれているのは、皇統の統治の正当性をいうためだが、それだけなら服属神話を並列して編んでもよいはずである。おそらくは、出来事をひとつの時系列に編むという規範を中国の書物から学んだのだろう。孔子の書とされる『春秋』が年表ふうに記されていたことが注釈書『左氏伝』などによって知れる。また司馬遷『史記』〈殷本紀〉（紀元前一世紀）も、殷王朝の神々に系譜を与え、時系列にそって展開する。根本に、気のはたらきが生成展開する過程を示すのが「史」であるという考えがあるのだろう。

各『風土記』は、律令制の確立期に、中国の『書経（尚書）』〈禹貢〉の地誌を祖型として編まれたものと推察されるが、各地の国庁の書記官の漢文記述の習熟度によって崩れ具合が異なる。たとえば、『常陸国風土記』〈白壁郡〉には筑波山の神がうたったといううたがのせられている。

愛乎我胤魏哉神宮　天地鼓齊　日月共同　人民集賀　飲食富豊　代代無絶　日日彌榮　千秋萬歳
遊樂春窮[12]

めでたい語句を連ねて整然と四字句に整えられているのは、中国・古代の民間歌謡を集めた『詩経』の詩形にそっており、はたして本当に地元でうたわれていた歌謡を筆記したものかどうか疑わしくなる。が、その前には、駿河の富士山（福慈岳）の神が「生涯之極、冬夏雪霜、冷寒重襲、人民不登、飲食勿奠者」（生き物は絶え、冬にも夏にも雪や霜に覆われ、寒冷に襲われるので、人は登ることができず、飲みもの食べものもなく）と嘆き、筑波山の豊かさと比べているので、郷土（くに）誉めの態度は明らかである。

その富士についての民間伝承を、平安前期の官人で少内記から文章博士に昇った都良香（みやこのよしか）が「富士山記」に遺している。良香には、農民の夫婦のあいだに雷の申し子として生まれ、寺の童子になって鬼退治をし、その鬼の髪が元興寺に遺る道場法師の話をまとめた「道場法師伝」もある。ともに平安中期、藤原明衡の撰による『本朝文粋』に収められている。その漢文は、四字句、対句表現を用いてはいるが、平明でよく整えられている。「道場法師伝」は、仏教の高僧伝のかたちに、民間伝承を鋳こんだようなもので、中国の志怪小説類とは異なる。そのほか、役行者（えんのぎょうじゃ）（役小角（えんのおづの））の伝説をまとめた「吉野山記」が平安後期、大江匡房撰『本朝神仙伝』に掲載されている。役行者は実在した人物で、新羅―出雲系との縁も伝えられ、また修験道の始祖ともされる。

都良香は『日本文徳天皇実録』の編纂事業の主要な役割を担っていたと推測されているが、完成前に数え四六歳で亡くなった。それらの民間伝承の記述も一書にまとめられたわけではない。

道場法師や役行者の伝説は、平安初期の『日本現報善悪霊異記』（以下『霊異記』）にも見える。『霊異記』は、中国で民間伝承を稗官が記述し、編んだ伝奇ないし志怪小説集にあたるものを仏教者が編んだかたちだが、全体に相当に崩れた漢文で記されている。話芸のかたちをとどめようとする意識によるものではない。仏教の民間布教を行う私度僧だった景戒（けいかい）が、薬師寺の僧（官僧）になってからまとめたものと推定されている。朝廷の禁じる民間布教を行い、また溜池をつくり、橋をかけるなどの種々の事業を行い、たびたび処罰を受けた行基の集団とのかかわりも推測されている。行基は、やがて仏教を篤く信仰する聖武天皇により大僧正の位を授かった。

私度僧たちは布教の折に、その土地その土地の神（地祇）への信仰とぶつかることが多かったにちがいない。インドの仏が神になって現れるという本地垂迹の考え（権現思想）は、ヴェーダ信仰のクリシュナ神の呼び名が各地で異なることに発し、中国では、北魏で廃仏ののち、五世紀後半の仏教再興のなかで道教の神に定着し、日本では、皇室が祖先の霊を祭るのに仏教を取り入れたときから便法になった。が、民間の神は別だった。『霊異記』には、その角逐の跡を留める話も含まれている。

上巻二八〈孔雀王の呪法を修持し不思議な威力を得て現に仙人となりて天に飛ぶ縁〉は、役行者と一言（ひとこと）神（ぬし）とが争う話である。一言神は、その名から言葉の呪力をもつ地祇を代表する神と考えてよい。奈良県御所市にある葛城（かつらぎ）一言主神社（ひとことぬしじんじゃ）を総本社とする。『記』『紀』ともに雄略天皇条、『出雲国風土記』にも「言代主（ことしろぬし）」として登場し、大物主と類縁が深く、しばしば「事代主」と同じ神とされる。『霊異記』では、一言神は、役行者に縛られ、使役されるが、朝廷に訴え、役行者を排除して終る。この話では役行者は、空を飛んで富士山頂に降りている。飛天の術と鬼神を繰る呪法をそなえていたわけで、道教ないし陰陽道系の神と考えられる。

その話を私度僧が書きとどめる際に、優婆塞（在家信者）の出身で、孔雀明王を奉じる密教の呪法を会得した者としたのではないか。孔雀明王は孔雀が蛇を食らうところから、インドで発想された魔除けの力をもつ菩薩である。あるいは山岳信仰と仏教が結びついて修験道がつくられたことを語る伝承や、日本の朝廷が大宝律令（七一〇）などで律令体制をかため、内務省（唐では中書省）の下に陰陽寮を形成する際、道教系の道士を排除したことにまつわる伝承が、仏教者によって説話に取り入れられる際に変形したのかもしれない。

都良香「道場法師伝」には、『霊異記』の伝承から、かなり脱落したところがあり、異伝によるものとされる。『霊異記』では、道場法師は鬼退治ののち、優婆塞になっていたが、豪族が水路をふさいだことから寺とその周辺の人びとを守り、僧侶として認められたという話になっている。その条など、都良香「道場法師伝」には現れない。伝のかたちに整える際に、朝廷とつながりのある氏族に対する寺の反抗の跡を消したということも考えられよう。

都良香「吉野山記」は、役行者にまつわる話を「伝」のかたちにまとめたものだが、「富士山記」でも役行者が富士山頂に登った者として登場し、荒々しい噴火口の様子を記している。富士山の噴火ののち、山頂に登った修験者からの伝聞によるものだろう。つまり、「道場法師伝」のほかは、仏教伝説から外れる。

大江匡房撰『本朝神仙伝』には、都良香が日本の仙人の一人として登場する。自分が出題した試験を受け、及第させた菅原道真が自分より昇進したことに怒って、良香は官職を辞し、大峯山に入って消息を絶ったが、百年ほど後、まるで壮年のような相貌で洞窟に暮らしているのを見た人がいるという話である。そこには、朱雀門（『江談抄』では羅生門）の鬼が、都良香の漢詩を聞いて感心したという話も記してある。大江匡房『江談抄』は、都良香が弁才天からインスピレーションを与えられて漢詩を書いたという逸話も遺している。それやこれやで都良香は神仙信仰との関係が深いと考えられている。

神仙信仰は「浦島子」伝説が『日本書紀』や『万葉集』に見え、また河の源流に仙境を想定する「遊仙窟」や「柘枝（つみのえ）」伝説も『万葉集』などに見える。民間に漂っていたものだろう。「浦島子」は、のちに仏教の影響を受けて亀の恩返しという動物報恩譚の要素が加わる。

都良香は「道場法師伝」にしろ、「富士山記」にしろ、あくまで日本の伝承を「記」として遺そうとしたのではないか。「富士山記」の最後は、山腹に小山が生じたことを述べ、富士山にまつわる奇事のすべてを神の仕業のようにまとめている。いわば地祇ないし神社神道系の「記」というべきだろう。都良香は、日本の雑家者流と呼ぶべきではないだろうか。

批評のかたち

次に平安時代の散文で、貴族のあいだのものにせよ、民間のものにせよ、逸話や伝承をひとまとまりにならべるかたちに着目するなら、まず『伊勢物語』が浮かびあがるだろう。在原業平のうたにまつわる話を集め、それ以外の伝承も大幅に付け加え、それでも全体は、「色好み」の貴公子の一代記としてまとめている。平安前期の成立とされてきたが、今日、紀貫之やその周辺の作という見解も見られる。

漢詩文に覆われた感のある平安前期の宮廷文化に対して、醍醐天皇の勅命で最初の勅撰和歌集『古今和歌集』（九〇五。のち改編）が編まれ、和歌の「復権」がなされ、中国にならいつつも日本文化の独自性を志向する動きが盛んになってゆく。宇多天皇が寛平三年（八九一）に親政を行った時期から、藤原北家の政権から疎外された官人たちが新たな文化官僚の道に活路を見出そうとする動きのなかで活発化し、皇后を中心にする後宮文化の開花とも結びついていた。文化史の上では、もって中期とすべきであろう。

同じく「色好み」の貴公子、平安中期の歌人、平貞文（たいらのさだふみ）を主人公とする『平中物語』（成立年代不詳）では、趣向が変えられ、恋の駆け引きが書かれる。贈答歌で話をつくるものが多くなり、その分、一話一話も長くなっている。それに対して『大和物語』（九五一ころまでに成立）は、実在した皇族、貴族、僧侶ら人物の歌の由来譚のかたちをとるものが多く、前半は当代の人、後半は古歌についてのものとなり、「生田川」「葦刈」「龍田山」「姨捨」などの伝説が呼び集められている。

『万葉集』にも、中大兄皇子（のち天智天皇）のうたとされる「香具山は畝火（うねび）雄々〔を愛〕しと耳梨（みみなし）と相争ひき」のように、神話伝承を下敷きにしたものはかなり見られ、二人の男から求婚された娘が自ら命を絶ち、男たちが後を追って死んだので、三つの塚が遺された、と三つ塚の由来を語る菟原処女（うないおとめ）の伝説を高橋虫麻呂が詠んだ長歌と反歌もおさめている（見菟原處女墓歌一首并短歌）。

『大和物語』中の「生田川」は、この舞台を生田川に移している。女が身投げするとき、「生田の川は名のみなりけり」と「生く」と「生田」とを掛けるうたの技巧のためである。また、娘の親が男たちに難題を出し、三人の死後に墓をつくる事をめぐって争いが起きるようにストーリーが複雑になったのも、身投げにまつわるうたを連ねる工夫であり、さらに後日譚も加えている。

つまり、「生田川」は、うたのためにつくられた物語といってよい。それを物語ふうに書いた人がいたのはまちがいないが、そこにいたるまでには、『源氏物語』にいう宮廷の「歌語り」の場や宮廷外の「歌よみ所」での語らいのなかで、うたがうたを呼び、伝承が伝承を呼んで、寄せあわされ、いわば詞書にあたる部分が次第に脚色されていった経緯を想ってよい。『伊勢物語』や『平中物語』も、宮廷の人びとがうたとそれをめぐる逸話を語りあい、物語を脚色するのを楽しむ場で、各段が連珠のようにつなぎあわされていったのではないか。「筒井筒」の話が『伊勢物語』系にも『大和物語』系にも付けあわせられたことも不思議ではない。あるいは途中で筆記され、また、それらを時系列にならべる工夫が様ざまになされながら、まとめられたものが遺された。それがいつで、誰の手によるものかは、はじめから問われないようなつくられ方だったのである。

『竹取物語』も、そのような過程をもっていたかもしれない。が、いわば早い段階で、漢詩文によく通じた官人が文章体で伝奇小説ふうに構成したと推定されている。そして、それが和文体に翻訳された。それをヒントに伝奇的要素を色濃くもちながらも、宮廷生活に題材をとる『うつほ物語』、また継子（ままこ）いじめ譚の外枠を借りる『落窪物語』（一〇世紀末と推測）が生み出され、寓（ことよせ）や隠語、対偶など漢詩のレトリックをヤマトコトバに導入したうたの修辞法を地の文にも駆使する『源氏物語』へと展開していったという道筋が追えるだろう。論理的には、いわば短編の連鎖的構成の「うた物語」が原型で、それをひとつのストーリーの長編に展開したのが「つくり物語」といってよい。

やがて、宮廷生活の「歌語り」の場で、うたやうた物語の評定が様ざまになされたことを彷彿させる物語が記されることになる。鎌倉時代初期、正治から建仁にかけて（一二〇〇年ころ）、藤原俊成女（越部禅尼）によって記されたと推測されるそれは、のちに『無名草子（むみょうぞうし）』と呼ばれるようになる。

『法華経』の有難さからはじめて、『源氏物語』各巻、『狭衣物語』『夜半の寝覚』『みつの浜松（浜松中納言物語）』『とりかへばや物語』などのつくり物語や、『伊勢物語』『大和物語』などのうた、そして『万葉集』、勅撰和歌集や各家集におよび、最後は、それらの作者たちの人柄の評定にもおよぶ。散文作品に対する批評は、ここに初めて現れたとされる。

『無名草子』は、八三歳の老尼と東山の麓に住む若い女房たちとの会話形式をとる。その最後に、男性への批評は『世継』（栄華物語）や『大鏡』にゆずるとある。一九〇歳の大宅世継と一八〇歳の夏山繁樹とが史実を語りあい、それを若侍が批評するかたちで展開する『大鏡』を模したのは明白である。歴史叙述が物語形式をとることによって、それぞれの事件や人物のふるまいへの批評を存分に挟み込むことができるようになり、その形式を用いて、物語への批評を含む『無名草子』がなったといえよう。

それ以前、平安末期、治承年間（一一七七〜八一）の成立とされる『宝物集』は、やはり『大鏡』の様式に似せて、複数の人物を配し、嵯峨釈迦堂（清涼寺）の場面では、僧と俗人の対話形式をとる。多く

の伝承、和歌を引きながら、仏法こそが至宝と説き、また、仏道と歌道の一致も説く。＊

＊従来、平安頼（やすより）の作とされてきたが、最近、五味文彦『鴨長明伝』（二〇一三）が、俊恵法師の異母弟で、俊恵が主宰した歌林会の会衆のひとり、祐盛（ゆうじょう）法師の手になるものとした[13]。

なお、対話形式は、師と弟子との問答体がほとんどの仏典や『論語』に発し、『白氏文集』巻四に、白居易と禅僧、鳥窠道林（ちょうかどうりん）との「七仏通誡偈（げ）」をめぐる問答や、巻七、惟寛（ゆいかん）との問答が知られる。道林との問答は、今日では後世に仮託されたものとされるが、ここでは度外視してよい。中国、宋代の禅宗の公案集『碧巌録』、及び南宋にはじまる朱熹の語録の編纂書（のち『朱子語類』）の伝来と享受は、室町時代に入ってのことだろう。

歌語りの場での評定は、歌合の判とは異なり、様ざまな規準が交錯する。が、歌合の判者の偏りなども俎上にあげられた。『無名草子』には、光源氏を道徳的に非難する箇所も見えるが、後白河院の命で藤原俊成が選んだ『千載和歌集』（一一八八）について、「余りに人に所を置かるるにや、さしもおぼえぬ歌どもあまた入りて侍めれ」[14]（歌人たちに遠慮なさったからか、それほどよいとも思えない歌が多く入っている）と手厳しい。歌人の地位や身分への配慮が先に立っているという意味である。『千載和歌集』には、この種の評判がひろがっていたらしい。それに対して、俊成は、式子内親王の要請で編んだ『古来風体抄』（一一九七、再撰一二〇一）で「歌をのみ思いて、人を忘れにけるに侍るめり」[15]と、とぼけている。

なお、「草子」は「冊子」の当て字、「さうし」は「さくし」の音便とされ、綴じたもの一般を指す。

手習いの紙（草紙）を重ねて綴じても「草子」である。『無名草子』に「清少納言が『枕草子』を書き集めたる」[16]とある。『枕草子』と呼びならわされたのは、枕元に置いた心覚えの書きつけを集めて綴じたものという含意であろう。そこから、のちに、北村季吟らは、手控え（草稿）の意を汲んだのだろう。いわば文体練習のように多種多様な表現の展開を興がる風潮が男性貴族のなかにあり、写本が外へ流れ出たと考えてよい。なお、「草子」は、和文体で記された書物一般、あるいは軽い読物から娯楽性の強いものを指すものへ意味をひろげていった。

『無名草子』は「枕草子こそ、心のほど見えて、いとをかしう侍れ」と絶賛し、「さばかり、をかしくも、あはれにも、いみじくも、めでたくもあることども、残らず書き記したる中に、宮のめでたく盛りにときめかせ給ひしことばかりを、身の毛も立つばかり書き出でて」[17]と、一条天皇の中宮、（藤原）定子の没落の様子は書かないように心配りしたことを誉め、その人が晩年、零落した様子を伝えて、「いとあはれなれ。まことに、いかに昔恋しかりけむ」と感慨深げに結んでいる。

歌論の流れ

ここで、考えてみたいのは、歌論の流れである。奈良朝の末期、漢詩が次第に盛んになるなかで、中国の詩論をヒントに、うたの型の分類や病（悪癖）などの規範をつくった藤原浜成『歌式』（七七二、万葉仮名書き。のち『歌経標式』）にはじまり、『古今和歌集』の序文が大筋を確定する。『歌式』は、中国の南北朝時代の『文選』などの模倣の域を出ないと評されるが、『古今和歌集』では真名序が「和歌有六義」（うたに六体あり）と説き、仮名序は「そもそも歌のさま六つなり、唐のうたにもかくぞあるべき」として、「そへ歌・ただごと歌・いはひ歌・かぞへ歌・なずらへ歌・たとへ歌」をあげる。[18] 仮名序を付したこととは別に、『歌式』より中国詩論の影響が濃いということもできる。ただし、六体の対応関係となると、「頌」（誉め歌）と「いはひ歌」との対応を除けば、今日でも、議論は落ち着いていない。

『古今和歌集』序は、平安初期の漢詩文の隆盛によって久しく衰えていた和歌の道を『万葉集』の昔に立ち返り、そもそもの和歌の道を論じたもの。紀貫之らの庇護者であった菅原道真がそうだったように、いわば中国にいう本来のありかたを日本で実現するという態度をはらんでいた。紀淑望による真名序も紀貫之による仮名序も、中国の詩論を下敷にしていることを隠すゆわれはない。それゆえ、早くから、唐代の『毛詩正義』大序や『文選』序にいう詩の六義との異同が論議されていた。藤原公任は毛詩の六義説を受けたものと注し、藤原顕昭『古今和歌集序注』（上）は、漢詩と和歌とのちがいを述べて、それを批判している。のち、中世にいわゆる「古今伝授」が確立すると議論はなされなくなるが、近現代では、南朝、梁の鍾嶸の『詩品』序、あるいは空海『文鏡秘府論』が引用している中国の詩論などを参照した可能性も論議され、今日でも検討がつづいている。

『古今和歌集』真名序の冒頭、「夫和歌者、託其根於心地、発其花於詞林者也」（和歌というものはその根を心地に発し、その花を詞林に開くものである）が『詩経』（毛詩）大序の次の一節を受けていることは誰の眼にも明らかである。

詩者、志之所之也。在心為志、発言為詩。情動於中而形於言、言之不足、故嗟嘆之、嗟嘆之不足、

故永歌之。永歌之不足、不知手之舞之、足之踏之也。情発於声、声成文謂之音。（詩は人心の発露である。人の心にあるのが志、これが言葉に発現して詩となる。心中に感情が動けば、自然と言葉にあらわれる。言葉にあらわしただけでは足りず、それ故、これを嘆き、嘆いても足らずに、さらに永く声を引いて歌う。永く声を引いて歌っても足らず、知らず知らず、歌に合わせて手が舞い、足がリズムを踏むに至る。情が声を生み、その声はあるいは高く、あるいは低くと文（あや）を成し、これを音という）[19]。

この一節は、のち、本居宣長の歌論書『石上私淑言（いそのかみのささめごと）』（一七六三）に、ほぼそのまま、引かれている。中国では、そののち、儒・仏の理屈がまさるようになったが、日本では、このおおもとが原初のまま、保持され貫いている（はず）というのが宣長流の理念、文化ナショナリズムの根幹だった[20]。

この真名序の冒頭には、六朝の梁の劉勰『文心雕龍』が詩文の原理を述べた〈原道〉篇の次の一節が響いているともいわれてきた。「心生而言立、言立而文明、自然之道也」（こころが生じて言が立ち、言が立ちて、文が明らかになるのが、自然の道である）[21]。「自然」は「自ずから然り」の意味である。*

*なお、今日でも「自然」の語に「あるがまま」「本然」の意味は活きているが、もうひとつの意味、対象的「自然」は、西洋近代科学を受け取った際、ギリシャ語「ナトゥール」の「本来の性質」と「天地のあるがまま」のふたつの意味をそのまま受け継いだ英語“nature”のうち、後者の意味の訳語として、「天地自然」（天地のあるがまま。「天然」とも）の語の後半をあてたことに伴って生じた。

『文心雕龍』〈原道〉は、「文之為徳也大矣」（文が徳をなすことはたいそう偉大である）とはじまる。文飾に走る詩文の傾向を孔子の精神に帰って、根本精神を立てなおそうとする意志が貫かれている。

『古今和歌集』真名序は次のようにつづく。「人之在世、不能無為。思慮易遷、哀楽相変。感生于志、咏形于言、是以逸者其声楽。怨者其吟悲、可以述懐、可以発憤。動天地、感鬼神、化人倫、和夫婦、莫宜於和歌」（人が世にあることは、無為でいることはできない。思慮は遷りやすく、哀楽はあい変ず。感は志に生じ、詠は言にかたどる。これをもって、逸する者はその声楽しく、怨ずる者はその吟悲し。もって述懐すべく、もって発憤すべし。天地を動かし、鬼神を感ぜしめ、人倫を化し、夫婦を和ぐること、和歌より宜しきはなし）

ここには、『毛詩』大序の冒頭「關睢、后妃之徳也、風之始也、所以風天下而正夫婦也」（關睢は、后妃の徳なり。風の始めなり。天下を風して夫婦を正す所以なり）が踏まえられている。「關睢」は「関関睢鳩」の略。「関関」は和らぐさま、「睢鳩」はミサゴの鳥で、夫婦が仲よく、礼儀正しいことをいう。そして、この冒頭は先に引いた「詩者、志之所之也……声成文謂之音」を挟んで、次のように受けられている。

治世之音安以楽、其政和、乱世之音怨以怒、其政乖、亡国之音哀以思、其民困。故正得失、動天地、感鬼神、莫近于詩。（治世の音は安をもって樂しみ、其の政、和すればなり。乱世の音は怨をもって怒り、其の政、乖けばなり。亡国の音は哀をもって思う、其の民、困しめばなり。故に得失を正し、天地を動かし、鬼神を感ぜしむるは、詩より近きはなし）。

『古今和歌集』真名序の先の一節の最後「天地を動かし、鬼神を感ぜしめ、人倫を化し、夫婦を和ぐること、和歌より宜しきはなし」が、この最後の条を踏まえていることも明白である。紀貫之による仮名序は、これに夫婦に限らない恋情を加えることを躊躇しなかったというだけの話である。『万葉集』「相聞」の部には男女の恋が多くとられ、『歌式』にも「恋」の部が立てられていた。本来、逢えないがゆえに募るのが恋心である。

そして真名序は、次のようにつづく。「若夫春鶯之囀花中、秋蝉之吟樹上、雖無曲折、各発歌謡。物皆有之、自然之理也」（かの春の鶯の花中に囀り、秋の蝉の樹上に吟ふがごとき、曲折なしといへども、おのおの歌謡を発す）。この「自然之理」は、天地のあるがままのコトワリの意味。

この一節に、梁の鍾嶸『詩品』序の次の一節が映っているのは確実にすぎよう。

> 若乃春風春鳥、秋月秋蝉、夏雲暑雨、冬月祁寒、斯四候之感諸詩也。（かの春風春鳥、秋月秋蝉、夏雲暑雨、冬月祁寒（きびしい寒さ）は、それぞれに四季を感ぜしむる詩なり）。

『詩品』序は、六朝時代に駢儷体が盛んになり、声律や典拠の重視など文飾に走る傾向が出たことに対して、天地のあるがままの写実と自ずから生じる真情の切実さ、その「自然体」にこそ、詩の本義があると唱えている。先に述べた『文心雕龍』と同じ精神に立つと、わたしは考える。

ところが、今日、『古今和歌集』真名序には、芸術の立場と道徳の立場とが折衷されているという見解がひろがっていると思う。かつて一九二〇年代に民間の哲学者として活躍した土田杏村（つちだきょうそん）が「国文学の哲学的研究」シリーズの第二巻『文学の発生』（一九二八）第八章「批評文学の発生と其の源泉」で、『古今和歌集』真名序に、これら『詩品』と『文心雕龍』の影を鋭く指摘し、だが、『詩品』に「純粋芸術主義」を、『文心雕龍』に「道徳主義」を見て、その折衷のように論じて以来のことである。[22]

このように美と道徳とを切り分けて考えるのは、ヨーロッパ近代にひろがった考え方で、ドイツの哲学者、イマニュエル・カントが『判断力批判』（一七九〇）で、人間の認識判断を神から与えられた理性にかかわる「真と善」、感情にかかわる「美」に振り分けたことにはじまる。これはキリスト教社会のタテマエ上のことで、芸術作品の実際において、美だけが目的とされ、宗教に発する真理や道徳が排除されてきたわけではないし、近現代の工業製品においても美的要素と無縁でないことはいうまでもない。そののち一九世紀後半、新カント派では、ギリシャ古典のプラトンに学んで、「真」「善」「美」の調和が唱えられ、日本では、とくに一九一〇年代後半にひろがった。この見解は、むしろ、土田杏村が、二〇世紀への転換期にもたらされた純粋芸術主義の立場に立っていることを示している。*

＊土田杏村は、西田幾多郎の門から出て、『華厳経』を参照した象徴主義論を展開し、一九二〇年前後に在野の哲学者として、互恵的に運用される社会のあり方を探り、独自の文化主義を唱えて活躍した。二〇世紀への転換期に生じた、芸術論を本源的な生命の象徴表現と見る考えが西田幾多郎「美の本質」（一九二〇）などに結実した時期に、あらためて文芸の発生論を手掛けたのが杏村『文学の発生』だが、「国文学の哲学的研究」シリーズで、本居宣長の上代観に対する冨士谷御杖による批判を賞賛するなどするうち、いわゆる国粋主義に傾いてゆく。

また『文心雕龍』〈物色〉には「近代以来」の「文貴形似、窺情風景之上」（文はかたちに似せることを貴び、情を風景の上に窺う）詩風に賛同し、「体物為妙、功在密附」（体物の妙たる、巧は密附に在り）と説く。[23]「風景」は、ここでは風と陽光の意味でよいだろう。対象に密着する写実的描写を勧めている。そして「物色尽而情余者、暁会通也」（物の様子を究め、しかも余情の漂うのが、作詩の秘訣に通暁した技巧）とまとめている。「余情」は言外に感じられる「情」の意で、平安中期には藤原公任が重視し、鎌倉初期の藤原俊成の「幽玄」にまで響く。

その藤原公任がまとめた最初の歌論書『新撰髄脳』(成立年不詳)は、冒頭に近く「凡歌は心ふかく、姿きよげに、心にをかしき所あるを、すぐれたりといふべし[24]」と説き、秀歌の例、歌病を論じ、本歌取りや旋頭歌の歌体、また歌枕を説くなど、一定の体系性をそなえている。そののち、源俊頼が関白、藤原忠実の依頼により、その娘、藤原泰子(のちの鳥羽天皇皇后)に献呈した手引き書、のちに『俊頼髄脳』(一一一三ころ)と呼ばれるものが知られる。「おほかた、歌の良しといふは、心を先として、珍しき節を求め、詞をかざり詠むべきなり[25]」と説く。まず感情を大切にし、凡庸でない調子をさぐって、ことばの技巧をこらすべきと説き、歌体を二〇体に分け、歌病、秀歌の例を示し、院政期歌壇を指導した経験から多くの逸話を紹介する。平安後期には、公家で六条家流の歌人、藤原清輔『袋草紙』四巻遺編一巻(一一五六〜五九ころ)がやはり逸話を多く載せている。さらに当代の著名な歌人をめぐる風刺的な戯文を連ねる『歌仙落書』(作者不詳)も出る。

そして、後白河院の皇女、式子内親王の依頼により藤原俊成が編んだ『古来風体抄』は、「歌の本躰には、ただ古今集を仰ぎ信ずべき事なり」と説き[26]、秀歌を撰び、歌風の変遷を示し短評を付す撰述形式をとる。

『無名抄』

このような歌論の流れが、先にふれた『無名草子』とほぼ重なる時期に、新たなかたちで記されたのが鴨長明『無名抄』（一二一一ころ）だった。うたについての様ざまな逸話、経験談をならべるもので、『俊頼髄脳』のかたちがさらに展開したものと考えてよい。巻頭、うたの題を論じる際、先例として『俊頼髄脳』の名をあげ、巻末には清輔の言を紹介する。紹介される逸話の類に、長明自身の経験や彼が師事した俊恵法師が率いる歌林会に集う歌人たちの言動が材料になっていることが特徴である。また比較的長い断章〈近代の歌体〉は問答体をとる。それまでの歌論書の体裁を大きく逸脱しているため、久保田淳氏は「硬質な歌論的部分と肩のこらない随想的乃至は説話的部分とがないまぜになっている作品[27]」という。同じ「抄」とつく歌論書でも、『古来風体抄』などとはだいぶ様子がちがう。*

＊「抄」の原義は「掬いとる」で、一群の既存の文献や巷説などを採録すること一般を意味し、そのうちに、選び抜きだし、コメントを付すことも含む。書物のかたちとしては、次の四種に分類されよう。（一）種々の採録。平安末期、後白河院の撰による民間歌謡、今様の集成である『梁塵秘抄』がある。ただし、その「口伝」の部分が撰述形式だった可能性はあるだろう。また藤原定家が和歌十体を論じ、「有心」を重視したことで知られる『毎月抄』は、毎月、衣笠（藤原）家良に送った書簡集である。（二）採録し、補填したり再編したりするもの。以下、本書既出から例示する。『類聚符宣抄』『貞信公記抄』『九暦抄』『江次第抄』『古今和歌集抄』。（三）部立して抜き書きし、コメントを付す撰述。『江談抄』『北山抄』『河海抄』『古来風体抄』。（四）部立てせずに撰述するもの。『十訓抄』など。ただし、（一）には、「〜集」とつくものも多く、『守武随筆』（「心ならさる世中の聞き書き」）もここに入る。（二）にも『群書類従』『国史類聚』『東斎随筆』などある。そもそも採録にも、またその分類にも批評性がはたらくが、批評文としては、（三）（四）が問題になる。その他の形式として、ほぼ同時代にストーリーの展開にのせて仏教の教えを語る『宝物抄』があった。

まさに随意の展開だが、いわば撰述の材料を書物に、ではなく、『無名草子』と同じく、しかし、宮中ではなく、地下の歌人たちの歌会や歌語りの場で行われていた論議に多くを求め、コメントを付す形式である。『無名草子』とどちらが先かを問うことに、さしたる意味はなかろう。全体は、初学者に向けた作法書の体裁をとり、うたの題とは何かを説くことからはじめて、歌語や歌枕の具体におよび、歌人についての逸話をまじえて技法や心構えを説いたのち、近頃の新しいうたの風体、歌会や歌人の態度におよび、ふたたび歌体や具体的作法の基本に戻り、故事のいくつかをならべて終わる。各段の配列は、部立てに代え、また『無名草子』や『宝物抄』がもつ一定のストーリーに代えるに、連歌的なつけあいをもってする気味がある。それゆえ、各段の区切りと章題は、のちの写本や刊行書で、それぞれに異なるという事態が生じた。

たとえば、〈晴の歌を人に見せ合はすべきこと〉の段では「晴の歌は必ず人に見せ合はすべきなり[28]」（宮中の歌会など晴の場へ出すうたは、人に見せて相談しなくてはならない）という命題にはじまり、自分が若いころ、宮中の忌詞（いみことば）とは知らずに「崩れ」の語をうたに詠みこんだ具体例を示し、人に見せて相談していなければ、とんでもない失敗をするところだったと述べ、その「崩れ」を用いたうたが予言のように語られたという後日談をつけ、そして「いみじき人々」が「僻事（ひがごと）」（まちがい）に陥った失敗談に移ってゆく。体験談のほかは、どれも、俊恵から聞いた内容らしい。

『無名抄』が、俊恵法師の歌論、その精神を中心にすえていることは誰の眼にも明らかである。〈歌人不可証得事〉（歌人は証得すべからざること）の段には「風情もこもり、姿もすなほなる歌こそ見とほしは侍れ」という俊恵のことばが引かれ、〈俊恵歌体を定むること〉の段にも、「わざと求めたるやうに見へるは、歌にとりて失とすべし」とある。[29] 作為を先に立てて、それを実現しようとするのではなく、うたはおのずから成るのがよい、その意味での自然体をよしとする姿勢が一貫している。

数寄の根方

〈歌の風情、忠胤説法に相似ること〉の段は、『法華経』（妙荘厳王本事品第二七）のうち、からだを無際限に大きくし、また小さくもできる二人の童子の不思議な力を説く経文を具体的な動作に置き換えて説いた忠胤法師の説法の妙を例にあげ、それと古歌の精神をとって新たな色に換えるうたの道が相通じると祐盛法師が説いたという話である。まったく新たな趣向をわざとつくるのはよくないという祐盛法師の言で結ぶ。その次に、古い歌語の失われた意味を尋ねる情熱を語る〈ますほのすすき〉の段が置かれる。

ある雨の降る日に、ある人のもとに同好の士が集まり、故事について語りだしたおり、「ますほのすすき」とは、どのようなものかといいあっていると、ある老人が「渡辺（わたのべ）という所に、このことを知る聖がいると聞いたことがある」と曖昧なことを言い出した。それを聞いた登蓮法師はしばらく黙ってしまい、いきなり、その家の主人に「蓑と笠をしばらくお借りしたい」といったので、主人は奇妙に思いながらも蓑笠を出してくると、登蓮法師はみなの話を聞くのもやめ、蓑をつけ、藁沓を履いて急いで出かけようとした。みなが奇妙に思い、理由を尋ねると「ふだんから疑問に思っていたことを知っている人がいると聞いては、その人を訪ねずにはいられない」との答え。びっくりして「そうかもしれないが、雨がやんでからお出かけなさいな」と忠告したが、「命はわれも人も、雨の晴れ間など待つべきことかは。何事も今静かにとだけ言ひ捨てて、往にけり」といきさつを述べ、「いみじかりける数寄者なりかし」と一言、コメントし、登蓮法師は願ったとおり、その聖を訪ねあて、訊いた答えを大切にして人にもしゃべらなかったと一旦、結ぶ。そのあと、その答えが登蓮法師の弟子に伝えられ、あるいは長明が登蓮から直接、聞いたのか、そこははっきりしないが、よく似たことばに「ますほのすすき」「まそのすすき」「まそうとすすき」と三種類があること、そのそれぞれについての説明がなされ、次のことばで結んでいる。「これ、古集などに確かに見えたることとなけれど、和歌の習ひ、かやうの古言を用ゐるも、また世の常のことなり。人あまねく知らず。みだりに説くべからず」（この三種のすすきのことなど、古い本にはっきり書いてあることではないけれど、和歌の習慣では、このような古語を用いるのもよくあること。このことは広く知られていることではない。めったに口にすべきではない）と。(30)

三種のすすきの意味を明かしておきながら、みだりに言いふらすものではないと釘をさしている。意味のわからない古語について知りたいという切なる願いがあってこそ知りえたこと、伝えられたことであり、それを自分も大切にしている、という気持が眼目だろう。古歌を慕う心から秘伝が生まれ、口伝される、その根っこのところを指し示しているように思われる。

途中、登蓮法師の「命はわれも人も、雨の晴れ間など待つべきことかは」は、寿命というものは、いつ尽きるものとも知れないものだ、という解釈でよいだろう。ここで命の「無常」は、ふつういわれる諦念とは逆に、登蓮のうちに切迫感を生んでいる。長明の現場報告の筆は、登蓮法師が黙りこんだことにふれ、彼の内部から湧き上がる衝迫と世の規範との葛藤を示したのち、登蓮が会衆への礼儀をそっちのけにして駆け出したのは衝迫が勝ったことを告げている。それを「いみじかりける数寄者」と長明は称えている。

「数寄者」の「数寄」（数奇とも）は「好き」の当て字。風雅の道、すなわち芸道、とくに和歌の道に執心する者を指していったことばと考えられているが、長明がいうのは「物好きにもほどがあろう」と諭す世間の規範を蹴とばす一途さである。三種のすすきの秘伝を明かすことと引き換えに、衝迫にまかせて、世の規範を抜け出す自由、すなわち「おのずからよし」を教えている。

のち、鴨長明『発心集』巻六の九〈宝日上人、和歌を詠じて行とする事〉に「数奇といふは（中略）、世の濁りにしまぬを事とすれば、おのづから生滅のことわりも顕はれ、名利の余執つきぬべし。これ、出離解脱の門出に侍るべし[31]」とある。世の濁りに染まらぬ自由が「数寄」である。それによってこそ、「出離解脱」の道がひらけるという。長明が作為のない自然体のうたを称え、世の常識的規範から外れる「自由」をいうのは、名利へのこだわりや生死の迷いからの「出離解脱」を求めるゆえだった。この「自由」を求める心が歌論を随意に展開するにあたって、俊恵法師に従い、うたでことばの「自然」な「つづきがら」（つなげ方）を重んじるのと同様、各段の「つづきがら」を工夫する『無名抄』のスタイルを生んだのである。

「自由」という語は、古代では謀反や叛逆の含意が強かったが、とくに室町期に、武家や武士が新しい宗教として禅宗を迎え入れ、それが浸透するにつれて、仏教でいう仏の「自由自在」が兵法などを自在に駆使することに転じた。そのように「自由」の概念が大きく転換する、大きな変革のうねりの門口のところで、鴨長明は、「数寄」の根方とでもいうべき「自由」を指し示していた。やがて何につけても稽古とは、型から入って型を抜け、自在さを獲得することを目指すこととされるようになる。*

＊江戸時代、元禄期の井原西鶴『日本永代蔵』（一六八八）では「船が（物資を）自由にする」と、利便性の高さの意味に拡張され、やがて喜多川歌麿作の枕絵『葉男婦舞喜（はなふぶき）』（一八〇二）で、芸者が「わたしは金で自由になる女とはちがう」と口にするまでになる。身分制の社会には職業選択の自由はなかったが、みなそれぞれに対等という考えは、ほとんど今日と変わらない。そのような考えがひろがるには、江戸中期の石田梅岩の石門心学がはたした役割が大きい。後述する。

幽玄体と達磨うた

『無名抄』〈近代の歌体〉は、『古今和歌集』を起点とする和歌の作法を基本に、我意や趣向を表に出すことを避け、あくまでも、ことばの「つづきがら」によって情趣を醸し出す作法、長明なりの「幽玄の体」を語る。そして歌意が不明瞭に陥る傾向を「達磨うた」、いわば当世風の歌病として批判し、「詮はただ余情、姿に見えぬ景気なるべし」と心得、やたらに真似するものではないと結んでいる。(32)「景気」は、景が醸しだす風情のこと。当代の歌人たちにとって「達磨うた」が最大の問題だった。

「達磨うた」とは、後鳥羽院の庇護のもとで、歌人たちのあいだに「幽玄体」が勢いをもつ以前、旧派が定家らのうたぶりに非難を浴びせる際、禅宗の祖とされる達磨大師の名を借りて、禅問答のようにわけのわからないものという意味で用いた語である。

『万葉集』では、相聞歌のうちを、感情を直接、表現する「正述心緒（せいじゅつしんしょ）」と物に託して思いを述べる「寄物陳思（さぶつちんし）」に分類しているが、後者が言外の「余情」であり、それを読む者には、すぐにわかる共通の基盤のうえに成り立つものだった。たとえば失った妻の残した着物の針目をうたうだけで、うたい手が亡き妻をしみじみ懐かしんでいるのは誰にもわかる。他方、「幽玄」は、古くからの漢語で、モノやコトの奥に隠れた本源をいう。が、この時代の「幽玄体」には根源への志向が失せ、情趣の重視、雰囲気を醸し出すところへ向かったため、判じ物めいていると非難されたのである。

ちなみに鎌倉中期の『続歌仙落書』（作者不詳）は、長明の歌風を「比興を先として、またあはれなるさまなり。潯陽江頭に、琵琶の曲に昔語りを聞く心地なり」と記している。[33]「比興」は漢詩の技法で、対比による面白さをいい、『古今和歌集』仮名序にいう「なずらへ歌・たとへ歌」の類である。面白さが先に立つが、それでいて、哀調を帯び、白居易『琵琶行』のように落魄の人生を偲ばせるものだという。鴨長明のうたぶりの特徴を言いあてていると思う。『新古今和歌集』より長明のうたを二首引く。

松島や潮くむ海人の秋の袖　月は物思ふならひのみかは　（秋上・四〇一）

もの思う人の袖に月宿るという宮廷社会の恋をうたう常套を海辺で働く者の袖にも宿ると転じたところが珍しいとされたのだろう。零細な庶民に近く暮らし、自らの身も彼らに寄せて想う長明の境涯がその転換を呼び寄せるのだろう。本歌取りとも本説取りともいわれないが、このうたから、『源氏物語』〈須磨〉で光源氏が藤壷へ贈ったうた、

松島の海人の苫屋もいかならむ　須磨の浦人しほたるるころ

あるいは藤原俊成撰『千載和歌集』中、殷富門院大輔のうた、

見せばやな雄島のあまの袖だにも　濡れにぞ濡れし色はかわらず
（恋四・八八六）

などを想うことは許されるはずである。建仁元年（一二〇一）八月一五日夜、後鳥羽院主催の撰歌合では、「海辺秋月」の題のもとで、二条院讃岐の

松島やをしまのあまも心あらば　月にや今宵袖ぬらすらむ

と番にされ、判者・藤原俊成は長明のうたを「殊によろし」とし、勝にしている。

その夜の撰歌合では、長明の次のうたが五番で藤原定家と番いにされた。

夜もすがら独りみ山の真木の葉に　くもるもすめる有明の月
（『新古今』雑上・一五二三）

「くもるもすめる」が「もともよし」（最も優れている）と評価され、勝にされた。曇りのち澄む、が穏当な解だろうが、なお、澄まぬはずはないという思いの強さが語勢に感じられる。『新古今和歌集』にも採られた。おそらくは長明のうたぶりが俊成の嗜好によくあっていた、ないしは俊成の嗜好にそって長明のうたぶりが展開したために、鴨長明の名は歌史に遺ることになったのである。

俊成は、『古今和歌集』の流れに立ち、それがはらむ二つの傾向、機知と余情とを重んじ、その組み合わせ、常套を破る意外性によってつくられる情趣を「珍しい」として好んだのだろう。俊成を師と仰いでうたの腕をあげた後鳥羽院にも受けつがれ、それが新しい勅撰和歌集を『新古今和歌集』と呼んだ理由と考えられよう。後鳥羽院が未完成は承知のうえで、『古今和歌集』成立（九〇五年四月）から丁度三百年後にあたる元久二年（一二〇五）三月のうちに第八巻目の勅撰和歌集の撰進の終わりを祝う竟宴

を開いたのも、その意図の表れと想われる。

このように見てくると、中国詩論の古典にいう「自然之理」を踏まえた『古今和歌集』からの正系の流れに立つ長明のいう「達磨うた」には、俊成の「余情優艶」ではなく、定家のうたぶりを想うことになる。たとえば文治二年（一一八六）の西行勧進による二見浦百首中の、よく知られたうた、

見渡せば花も紅葉もなかりけり　浦の苫屋の秋の夕暮

（『新古今』秋上、三六三）

『源氏物語』〈明石〉中、花や紅葉の盛りと比べて、「ただそこはかとなく茂れる陰どもなまめかしきに」を踏まえ、実景・実感を詠む常道から完全に離脱し、うたからうたをつくり、物語からうたをつくる趣向を示していた。その傾向は、すでに『古今和歌集』ののち、天喜三年（一〇五五）五月三日に六条院禖子（ばいし）内親王家で催された「物語歌合」に顕著に見えていたが、定家の場合、歌題をとることに留まらず、ことばで作り物語の一場面の情感を醸し出したり、光景を色彩な微妙な調子で描いたり、音韻の超絶技巧に向かいもする。

春の夜の夢の浮橋とだへして　峰に分るる横雲の空

（『新古今』春上・三八）

のうたは、逢瀬の後の朝、男が去ったあと、東の空に横ざまにたなびく雲を眺める女を描く物語の常套を踏まえ、女の身になって情愛のなごりを光景に託した表現である。今日、しばしば「象徴主義」ないし「幻想的」と称されるが、定家は、見えるはずのない根源を幻視しているわけではないし、ここに精神の高みや深みもない。[34]

＊西欧象徴主義の原義は、非キリスト教的な神秘的な宇宙の根源――東洋の「幽玄」の原義に相当する

――を具体物に示すことをいい、しばしばヴィジョン（幻影）を伴う。ところが、北原白秋『邪宗門』（一九〇八）を筆頭に、日本の象徴主義が情趣、情調を醸すことに向かったため、それをすなわち象徴主義とする評言が生じたと考えてよい。その端緒は、二〇世紀への転換期に塩井雨江が、ロマン主義が精神の深みに向かい、暗示や象徴性を獲得してゆく過程に触発され、『新古今集詳解』（一八九七～一九〇八）をまとめ、それを受けて、佐佐木信綱がその著『定家歌集』（一九一〇）で、藤原定家の歌を「今日の所謂象徴詩の端を為せるかと思わるるものあり」と評したことにある。和歌の世界では『古今和歌集』が長く花も実もあるとたとえられ、『新古今和歌集』は花に過ぎて実がないとされ、江戸時代には、わずかに荷田在満（かだのありまろ）と本居宣長がそれに反駁を試みた程度にすぎなかった。信綱は宣長の流れを尊重したので、当世風の評価をやや慎重に試みた。これが、象徴主義の受容のなかで、萩原朔太郎「日本詩歌の象徴主義」（一九二六）など、『新古今和歌集』を頂点とする象徴主義和歌史論を呼び出してゆくことになる。第三章で述べる。

長明・定家・後鳥羽院

政治にかかわる出世の道を外れた官人たちにとって、うたの道こそが名利にかかわる一大事であった。天皇や上皇も、うたを総覧する立場に立つことが、すなわち統治者としての権威を保つことを意味した。源平の争乱がようやくおさまり、権力を鎌倉幕府が握り、世が安定したとき、後鳥羽院は源氏と対峙し、また実朝をとりこみながら、うたの権威に皇統の権威を重ねて、和歌所の再興をはかっていった。藤原俊成、定家の父子は、その流れに、御子左家の興隆を賭けていた。

鴨長明もまた、うたによって抜擢され、後鳥羽院に「北面」（近臣）として仕え、和歌所の寄人のひとりに加えられた。そのとき、定家『明月記』は、従五位下の長明を「五位と雖もその身凡卑」と蔑視をあからさまにしている。昇殿を許される五位の身分ではあるが、六位と変わらない、さらに身代家産をもたない者という意味も加わっていただろう。

長明は若くして、後白河上皇の中宮だった高松院から従五位下の位階を受けていた。が、三〇歳ころ、継ぐべきと定められた「父方の祖母の家」を離れ、賀茂川のほとりに庵を編んだということは、『方丈記』に記されている。後鳥羽院の歌会に招かれるようになったころには、山陰にひとり庵を結んでいたことを想わせるうたを詠んでいる。『新古今和歌集』編纂の事務方の責任者をつとめた源家長の『源家長日記』によれば、御所に新築された和歌所には、殿上人の座に対して地下人の座は一段低くしつらえられていた。この場合、四位、五位は「地下の諸大夫」である。その一段低い席から、長明はうたを詠進し、認められていったのである。なお『源家長日記』と呼ばれているものは、手控えをもとに回想をまとめたもので、日付を付した記述でも日次記でもない。

定家は、俊成の「余情優艶」を『近代秀歌』では「余情妖艶」に転じ、『毎月抄』では「有心体」を説いた。「余情妖艶」は、紀貫之ではなく、在原業平のうたぶりが念頭に置かれている。「有心」は、一般には「無心」の逆で、いい意味では思慮深いこと、悪い意味では含むところがあることをいう。定家の場合は、それを転用して、情趣の深いことに用いている。その深さは、時期により重心移動はあっても、御簾の奥にほの見える貴族の女性の色香にたとえられるような、はかなげで妖艶という微妙な雰囲気を醸し出す趣向、「余情妖艶」と同じと見てよいと思う。その微妙さは、実際にうたをよく勉強し、抜群の技巧を身に着けてこそ醸し出すことができるもので、それゆえ、定家は超絶技巧こそ歌道によく通じるとばかりに突き進み、かつ、それを誇る態度を隠さなかった。

後鳥羽院の歌論書『後鳥羽院御口伝』は、「定家はさうなきものなり。さしも殊勝なりし父の詠をだにも、あさ〳〵とおもひたりし上は、まして余人の歌、沙汰にも及ばず。やさしくもみ〳〵とあるやうに見ゆる姿、まことにありがたく見ゆ。道に達したるさまなど、殊勝なりき」（定家には比べる者がいない。あれほど優れた父の歌でさえ、まあまあの程度に思っているのだから、まして、それ以外の歌人のうたなど、問題にしない。優美で妖艶な体は、実に希有のもので、うたの達人のさまがある）と、そのうたぶりを称賛しながら、その態度には厳しい見方をしている。「歌見知りたるけしき、ゆゝしげなりき。たゞし引汲の心になりぬれば、鹿をもて馬とせしがごとし。傍若無人、ことはりも過ぎたりき。他人の詞を聞くに及ばす」（うたをさもよく知っているという態度はゆゆしきものだ。論争にでもなれば、鹿を馬だと言い張るような具合で、傍若無人、理屈も度が過ぎている。他人のことばを聞くどころではない）[35]。『後鳥羽院御口伝』の成立年代が、のちの隠岐島配流とのかかわりで論議されてきたが、定家に対する上皇の思いは、和歌所やその周辺の歌人たちの反応を踏まえてのものだろう。その思いは、彼らにも伝わっていただろう。

定家が貫之ではなく、業平の方向を選んだことは、俊成『古来風体抄』が「歌の本躰には、ただ古今集を仰ぎ信ずべき事なり[36]」という「歌の本躰」からも、『無名抄』〈歌仙を立つべからざるの由教訓のこと〉に引く、かつて、琵琶の師匠中原有安が長明を諭したことばを借りるなら、「歌はよく心すべき道なり[37]」からも外れていた。外れてなお、定家の態度が許されたのは、後鳥羽院が一途に一芸に打ち込む姿勢を「数寄」と尊んだゆえだろう。すでに俊成は、『新古今和歌集』の選者から外れており、承久元年（一二〇四）に歿した。勅撰和歌集の撰者を御子左家が継いでゆけるかどうか、その成否は、ひとり定家にかかっていた。そのことが、長明にはよく見えていたにちがいない。

定家には、それ以外の生き方は考えられなかった。『無名抄』にも『方丈記』にも目を通したにちがいないが、鴨長明など眼中にないという態度をとりつづけた。彼にとって長明は、所詮、旧派に属する歌人だった。定家が志したのは、精確には、有職故実によく通じた新たな「日記の家」と「和歌の家」を兼ねた「家」を興すことだったのではないか、という推測も先に述べた。

後鳥羽院は、下鴨神社に接して立つ河合（ただす）社の禰宜の席が空いたことを知って、長明をつけようとした。だが、『源家長日記』によれば、下鴨社の禰宜、鴨祐兼は「身をえう〈用〉なきものにおもへるゆへや、社の奉公日あさし」と長明を不適格とし、長明より階位も高く、社の行事をとりしきる力のある息子を強力に推したため、後鳥羽院は、別の社（うち社、ないし、うら社）を官社にし、その禰宜に長明をすえることに決めた。上皇の長明への気遣いは、並みはずれたものだった。が、長明は、それは最初の約束とちがうとばかりに姿をくらましたと、『源家長日記』は書き、その長明の態度を「こはこはしき心」と評している。[38] 後鳥羽院を補佐し、いわば最高権力の周辺にいた家長が、上皇のせっかくの心遣いを袖にした長明を強情者と見てもしかたあるまいが、このことばにより、のちのちまで、鴨長明に「すね者」というレッテルが貼られることになった。

鎌倉中期の『十訓抄』は、長明は「社司を望みけるが、かなはざりけるが、世を恨み出家してのち」

云々と記したのち、「ふかき恨の心のやみはしばしの迷なりけれど、此思をしるべにて、まことの道に入と云こそ、生死・涅槃と同じく、煩悩菩提一也けることはり、たがはざりけりと覚ゆれ[39]」という。心の闇はしばらくのあいだの迷いだが、それを道標にして仏道に入ることこそ、煩悩と悟りはひとつ、当時流行していた「煩悩即菩提」の考えにそって、長明の出家についてまとめている。このようにして鴨長明は、歿して間もなく伝説化された。

いま、長明の生い立ちから、伝説の重なりが隠してきたことに立ち入る暇はない[40]。鴨長明は、なぜ、後鳥羽院の恩に背いたのか。その点についてだけ、考えてみる。答えは彼が書いたもののなかに求めるべきであろう。それは『方丈記』に、住まいの定めどころに仮託して記されている。

若己れが身数ならずして、権門のかたはらに居るものは、深く悦ぶ事あれども、大きに楽しむあたはず。人を頼めば、身他の有なり。人をはぐくめば、心恩愛につかはる。世にしたかへば、身、くるし。世にしたがはねば、狂せるに似たり[41]。

これがすべてを語っていよう。この引用の一行目は、慶滋保胤の「池亭記」をほぼそっくり踏まえている。が、大内記へ昇り、僧侶としても名声をあげてゆく保胤は「人を頼めば、身他の有なり」（人を頼りにすれば、自分の身が他人の所有物になってしまう）という考えなど、とうてい持ちえない。『方丈記』は、終わり近くでも、琵琶と和歌だけを友とするのが一番と説き、それに紛らせるようにして、繰り返している。「只、糸竹、花月を友とせんにはしかじ。人の奴たるものは、賞罰はなはだしく、恩顧あつきを先にす[42]」と。要するに、上皇の恩顧に左右されてきた自分の心が嫌になったのである。束縛を嫌う心、名利を離れ、自分の迷いから自由になることを求める心が発現したのだった。

残る問いは、長明の望む「出離解脱」と流行の「煩悩即菩提」との関係である。その点を『方丈記』に尋ねてみたい。やがて「随意の文章」が氾濫することになる契機について、さらに探るためである。

四　池亭記・方丈記・徒然草

ふたつの「池亭記」

鴨長明『方丈記』は、たしかに慶滋保胤「池亭記」を踏まえている。だが、どのようにか。「随筆」の概念、随意の筆法と関連させて、考えてみたい。

日本の漢詩文やうた、また和文体の散文にも、唐代の詩人、白居易の自撰集、『白氏文集』の影は大きく落ちている。最終的には七五巻本として八四五年に完成したとされる。日本には、それを前後する時期、九世紀半ばに伝来し、七〇巻本が平安貴族に流行したとされる。平安中期、一条天皇の宮廷に活躍した村上天皇の第七皇子、具平(ともひら)親王が、自らの詩の自注に、次のように記していることが知られる。

我朝詞人、才子以白氏文集為規模。故承和以来、言詩者皆不失体裁矣（我が朝の詞人才子、白氏文集を以て規範と為す。故に承和以来、詩を言う者、皆な体裁を失わず）（『本朝麗藻』巻下「和高礼部再夢唐故白太保之作」）

詩文が平易であることに加え、白居易が儒学・仏教・道教の三教一致論に立ち、晩年に仏教の信仰に篤かったことが、神仏習合し、かつ道家思想にもなじんだ平安貴族に浸透しやすかった要因と考えてよい。仏教では「狂言綺語」、道に外れ、飾りたてたことばとされる詩文をもてあそぶ罪深い行いが、だが、それゆえに仏道への機縁につながると、逆説的に説いたことも広く受け入れられ、むしろ、漢詩やうたや物語を盛んにする方向にはたらいた。とりわけ藤原摂関家の権力から疎外され、文化官人として生きる道を選んだ人びとには、かなりの影を落としたと想われる。

いや、それ以前にも、とくに不遇な目にあった人びとにとって、『白氏文集』巻二八〈元久に与ふる書〉に、『孟子』〈尽心上〉にいう「窮則独善其身、達則兼善天下」（究すれば則ちその身を独り善くし、達すれば則ち兼ねて天下を善くす）を引き、「兼善」の「善」を「済」（すくふ）に改めているが、この言を自分はモットーにしてきたと述べ、そして引退後は、「閑居」に「知足保和、吟吟情性」（足るを知り和を保ち、情性を吟吟する）(43)、すなわち「閑適」の詩を吟じて楽しむ境地を述べていることは、よく響いた。

たとえば、王朝随一の皇室詩人とたたえられる才子ぶりを発揮し、天禄元年（九七一）、左大臣に昇ったものの、貞元二年（九七七）、藤原兼通の謀略により、中務卿の閑職に追いやられ、自ら前中書王と称した兼明親王の「池亭記」の冒頭近く、「余少携書籍、略見兼済独善之義」（余、少くして書籍を携へて、ほぼ兼済独善の義を見たり）(44)という一句が、先の「元久に与ふる書」を受けていることを見るだけで、それは納得されよう。その「池亭記」の語句が『白氏文集』巻二六〈草堂記〉や巻六〇〈池上編〉などを典拠にしてつづられていることは、つとに指摘されてきた。兼明親王が無実の罪を着せられ、陥れられたことを訴える「兎裘賦」を読む者は、誰でも白居易が清廉の心を容れられず、左遷された経緯を述べる

『白氏文集』巻二七〈与師皐書〉（師皐に与ふる書）を脳裏によぎらせたことだろう。

その「兎裘賦」とともに、慶保胤（慶滋保胤）「池亭記」は、しばしば『本朝文粋』中の双璧といわれる。対句を駆使し、多くの典拠を踏まえるのは駢儷体の約束とはいえ、その文飾の華麗さを、それほど称えてよいものだろうか。江戸時代の儒者たちのように政教を奉じて文飾を切り捨てるわけではない。兼明親王「池亭記」と同じ題を引き継いでいながら、慶滋保胤のそれは、兼明親王のそれに、情において、およばないのではないか。

兼明親王の「兎裘賦」が胸をうつのは「兼済」の心によるゆえだが、慶保胤にそれが欠けているわけではない。慶保胤「池亭記」は、西京のさびれた様子から筆を起こし、西京の左大臣と呼ばれた源高明が大宰府に左遷されたのち、屋敷が荒れたままになっている様子にことよせて、これは「天之亡西京、非人之罪明也」（天の西京を滅ぼすなり、人の罪に非ざること明らかなり）と結び、京の北側にばかり家が密集しているさまを嘆き、鴨川べりや北野地は農耕を営むが堤防が破れたままで、東と北の郊外は天子が季節の祭礼を行うところとして禁制が敷かれ、都の人びとが遊ぶところがないと憂え、そして、人びとが争って郊外に移り住んでいることを「是天之令然歟、将人之自狂歟」（これ天のしからしむるか、はた人の自ら狂えるか）[45]と閉じている。間接的ながら、都の経営のさまを難じていることは明らかである。

そのように言いおいて、慶保胤は、自分は齢五〇にして、六条以北の荒地に、たまたま小宅を構えたと語る。その小宅の池や亭を語るところには、『白氏文集』〈池上編〉、「草堂記」の影が指摘されてきた。典拠を踏まえるというより、むしろそれらを下敷きにして、その間に「池西置小堂安弥陀」（池の西に小堂を置きて阿弥陀仏を祀った）ことを挟んでいるといった方が適切だろう。辺りの景色を述べる際には、『文選』などからも借りている。踏まえる典拠の範囲は、兼明親王「池亭記」よりはるかに広い。

その上で「自分は内記の職にはあるが、心は山中に住むがごとし」といい、「夫漢文皇帝為異代之主、以好倹約安人民也。唐白楽天為異代之師、以長詩句帰仏法也。晋朝七賢為異代之友、以身在朝志在隠也」（それ漢の文皇帝は異代の主たり。倹約を好みて人民を安んずるを以てなり。唐の白楽天は異代の師たり、詩句に長じ、仏法に帰するを以てなり。晋朝の七賢は異代の友たり、身は朝に在りて志は隠にあるを以てなり）という。

「市中の隠棲」の態度は『白氏文集』巻五〈閑適〉の詩に、よく知られる。巻頭〈常楽里閒居〉の詩は「帝都名利場　鶏鳴無安居」（帝都長安は人びとが競って名利を追い求めるところだから、一番鶏が鳴くころに家でのんびりしている者などいない）とはじまり、そのなかで、ひとりずぼらに暮らして自足する自分をうたう。[46]〈首夏同諸校正遊開元観、因宿翫月〉（首夏、諸校正とともに開元観に遊び、よって宿して月を観ず）の詩には「閑於為客時」（浪人時代より暇）[47]とある。仲間と道灌（道教寺院）を訪れ、夜、酒を酌み交わし、月を愛でる境遇に自足する態度をうたう。また〈永崇里観居〉の詩では、「身雖世界住　心与虚無遊」（身は世界に住みながらも道家の心の空虚と遊ぶ）という。これなら、七賢を心の友とする態度といってよい。巻五〈官舎小亭閑望〉の詩は、閑静に至福を味わい、〈夏日独直寄粛持御〉（夏日独り宿直して、山水画を能くする粛持御に寄す）の詩では「但対松与竹、如在山中時」、松と竹に向かっているだけで山中の気分を味わうという。

慶滋保胤「池亭記」は、池の西の小堂に阿弥陀仏を据え、法華経を誦し、また念仏を唱える。伝教大師・最澄が『法華経』こそ、すべての衆生を救済しうると説いた「法華一乗」に帰依するだけでなく、極楽浄土を観想し、成仏を念願する。最澄が酒を禁じたため、「池亭記」には『白氏文集』巻五〈閑適〉中〈感時〉の詩にいう「唯当飲美酒　終日陶陶酔」（ただまさに美酒を飲み、終日陶然として酔うているのがよい）という境地とも縁がない。が、酒については、この際、おく。

慶滋保胤は、陰陽術に優れ、安倍晴明を育てたとされる賀茂忠行の次男に生まれた。が、忠行が家学を長子につがせ、自らは紀伝道を志し、「賀茂」の姓を読み替えて「慶滋」としたので、それに従い、そして内記になった。永観元年（九八三）には、大内記として元号を「永観」に改める詔を起草している。『池亭記』には「内記」とあるので、それ以前に記されたものとされる。他方、若くして、大学寮紀伝道の文章生と比叡山延暦寺の僧侶とによる念仏結社「勧学会」の結成（九六四）に尽力、康保五年（九六八）には比叡山で出家し（法名心覚、のち寂心）、横川に住んだ。前後して、日本で最古の往生伝とされる『日本往生極楽記』を編んでいる。ややのち、横川で「厭離穢土　欣求浄土」の理念を基礎づける源信『往生要集』（九八五）が編まれ、そこには保胤『日本往生極楽記』からも引かれている。ふたりのあいだには親交があった。

長明『発心集』巻二の三〈内記入道寂心事〉は慶滋保胤をめぐる逸話である。慈悲深さを示し、舎人が自分の馬を叩くことにも泣き悲しむほどで、心を安らかに保つ境地を教える禅定を習うにも泣いたので叱責を受けた。三度目には、教えの尊さをよく感じるゆえのことと指導の上人も得心し、ともに涙を流したのち、静かに教えを授けたという話である。保胤が藤原道長に戒を授け、往生ののち、道長が盛大な追善供養を行ったことを告げて閉じている。

思愛にとらわれる心を切り捨てようとしていた長明が、情にもろい保胤を見すえている。そのなかに「池亭記」の名を出し、身を朝廷に置きながら隠逸する心にもふれている。ふれながら、それが『白氏文集』を下敷きにしつつも、閑居の自足とは遠いことを思わなかったはずがないと想う。

長明が若いころのうたをまとめた『鴨長明歌集』（一一八二ころ）の最後近く「あるひじりのすゝめにて百首の歌を厭離穢土欣求浄土によせてよみ侍し中に、かりを」と詞書きして、次のうたがある。


しらくもにきえぬばかりぞゆめのよを　かりとなくねはおのれのみかは

詞書を読めば、このころから長明が『往生要集』の「厭離穢土　欣求浄土」の思想圏内にいたことは確実である。が、「雁」に「仮」を掛けて、現世が仮の宿りであることを、これほど強く思っているのは自分だけだというのは、いささか異常であろう。あるいはすでに、みなが染まっている「欣求浄土」の思想と距離をはかっていたといえるかもしれない。

『白氏文集』巻五〈閑適〉中〈贈王山人〉の詩は、長生術に凝る王質夫に向かって、生死を超えた「無生」の境地を説いている。「無生生」、すなわち瑜伽（ヨーガ）の修行に発し、複式呼吸を繰り返し、この世に生きながらそれを超越する境地を得ることが、白居易の仏教信仰の核心である。唯識に翻訳すれば、自我の影が残る第七識を脱することであり、失神に近い状態で、よく光を見るとされる。それがヨーガにおける悟りである。そして、意識がこの世に帰ってきたとき、一新された世界を見るという。

白居易は晩年、禅僧との交流も知られるが、禅宗が「悟り」に替えて目的に置く「見性」に収斂する考えは見えない。ましてや極楽往生への願いはない。『白氏文集』巻五〈倣陶潜体詩一六首（陶淵明の体にならう詩）〉「其二」には「我無不死薬　万々随化遷」（我に不死の薬無し、万万、化に従ひて遷る）とある。白居易の「三教一致」は、いわば『周易』にいう天命、吉凶禍福の循環に身をまかせ、「無生」の観念と仙人となって遊ぶ境地とを渾然一体にしたような境地といえばわかりやすいだろう。ここに極楽往生の祈願ははいりこまない。慶滋保胤「池亭記」とは、まるで宗旨がちがうのだ。

『方丈記』の文体

『方丈記』は、慶滋保胤「池亭記」が前半で京の東西を眺め、人びとが争って郊外に移り住み、都の内側が日々、衰微してゆく様子を描いていることを受け、前半は、都を襲う災害をつぶさにならべる。安元三年（一一七七）の都の火災を述べたのち、「人のいとなみ皆おろかなる中に、さしもあやふき京中の家を作るとて、宝を費やし、心を悩ます事は、すぐれてあぢきなくぞ侍る」とあり、また、治承四年（一一八〇）に都で発生した竜巻の被害の様子を生々しく語ったのち、その直後の平清盛による福原遷都については「治承四年水無月の比、にはかに都遷り侍りき。いと思ひの外也し事なり」とはじめて、かつての都にあふれた人びとが、「車に乗るべきは馬に乗り、衣冠、布衣なるべきは多く直垂を着たり。都の手振りたちまちに改まりて、たゞひなびたる武士にことならず。世の乱るゝ瑞相とか聞けるもしるく、日を経つゝ、世の中浮き立ちて、人の心もをさまらず」と大きな社会変動の予兆をとらえていたことを伝えている。[48] そして、養和年間（一一八一～八二）の飢饉、さらに元暦二年（一一八五）に都を襲った大地震と、自ら見聞した天変地異を書き連ねてゆく。長明は、福原を訪れた見聞も書いている。これら一種の現場報告（ルポルタージュ）ふうの筆致が『平家物語』の諸本などに引かれていることは、そして、それが江戸前期の明暦の大火を題材にした浅井了意の『むさしあぶみ』（一六六七）にまでおよぶことは、すでに定説である。ただし、『むさしあぶみ』の場合は、明暦の大火で罹災し、すべてを失い、出家した楽斎房が旅で旧友に語るという物語の設定がなされているが。

だが、それを理念より経験を重んじる精神と断ずれば、彼の理念がおろそかになる。竜巻に襲われた都市に家屋の木材の破片が飛び交う様子、地震や飢饉で人の死にゆくさま、崩れた家の下敷きになって死んだ子供を前に体面など忘れて嘆きあう武士の夫婦を目撃したことを克明に書きえたのも、「世の不思議」を「無常」の表れとしてとらえる天台本覚的な考えによっている。が、それだけではない。長明の父親が禰宜をつとめた賀茂御祖神社（下鴨神社）は、上賀茂神社とともに、もとは賀茂氏の氏神を祭る神社であった。雷神信仰がおおもとにある。すなわち厄災から人びとを守る神である。長明が都の災害の様を「さるべきもののさとし」かと疑った理由は、こちらに求めてよい。ここで、二百年以上のちのことだが、宗祇が名所旧跡を訪ね歩きながら、ふと「よしなしごと」を観察し、それを「神の光」という観念の表れと見る態度を示していたことを想いだしてみるのも無駄ではあるまい。

京都の賀茂神社は、京都遷都ののち、王城を守る役割を与えられ、とりわけ公卿たちの信仰を集め、とくに平治の乱ののちには、いよいよ下鴨社に頼むところが大きくなっていた。鴨長明が武士の世の到来を快く思わず、『方丈記』が源平の争乱にふれないことも、俄かに福原遷都を決めた平清盛に不服を覚えたのも当然だった。都が京に帰ったのちについて、「されどこぼちわたせりし家どもはいかになりにけるにか、ことごとく元のやうにも作らず。ほのかに傳へ聞くに、いにしへのかしこき御代には、あはれみをもて国ををさめ給ふ。則ち御殿に茅をふきて軒をだにとゝのへず。煙のともしきを見給ふ時は、かぎりあるみつぎものをさへゆるされき。これ民をめぐみ、世をたすけ給ふによりてなり[49]」と記している。当代の権力者へのあからさまな批判、「兼済」の心である。

『方丈記』冒頭近くに「朝に死に夕に生るゝならひ」とある。ふつうは「朝に生まれ、夕に死ぬ」で、近くは源信『往生要集』上に「朝に生まれて暮に死す」とあり、遠くは『白氏文集』巻五の詩〈倣陶潜体詩〉「其二」に「早出向朝市　暮已帰下泉」とあった。『方丈記』前半の基調低音をつくるためであろうが、こういう逆転を、そ知らぬ顔でやってのけるところが長明にある。一種の強直さ、「自由」を貫く意志といっておく。

「朝に死に夕に生るゝならひ」は、やや離れているが、冒頭の一文途中の「よどみに浮かぶうたかたは、かつ消え、かつ結びて」に呼応するという見解でよいと思う[50]。漢詩でいえば見えやすい「対偶」にあたる。対句的表現が『方丈記』にあふれていることは、いまさらいうまでもない。冒頭の「世の中にある人と栖と、またかくのごとし」を受けたところだけ例にあげておく。傍線部が対句をなす。

たましきの都のうちに、棟をならべ、甍を争へる、高き、いやしき人の住ひは、世々を経ても、尽きせぬ物なれど、これをまことかと尋ぬれば、昔ありし家はまれなり。或は去年焼けて今年作れり。或は大家ほろびて小家となる。

このあとに、「住む人も是（これ）に同じ」として、この条と横並びにある文がつづき(51)、いわば大きな対偶をつくっている。

『無名抄』〈仮名の筆〉に次のようにある。「詞の飾りを求めて対（つい）を好み書くべからず。わづかに寄りくるところばかりを書くなり。対をしげく書きつれば、真名に似て、仮名の本意にはあらず。（中略）かの古今の序に、『花に鳴く鶯、水に棲む蛙』などやうに、えさらぬところばかりをおのづから色へたるがめでたきなり(52)」。自然に対句的表現を用いるのが美しいという。わざと企むことを嫌うのは、うたについてと同じだが、それを散文で実践に移したのが『方丈記』だった。災害の様子のリアルな描写になると、対句的表現は後に退く。大小とりまぜたり、ひっこめたりと対句や待遇の用い方が随意なのである。このような日本語の散文は、それまでに書かれたことはない。

最近の五味文彦『鴨長明伝』（二〇一三）は、歴史家の眼で周辺の文献を洗いなおし、長明の年齢を『方丈記』に記されているとおりとし、生年を従来説より、二年早めるなど鴨長明研究に画期をひらいただけでなく、『無名抄』とともに『方丈記』の場面構成法に着目し、「全体像を語り、続いて細部の動きを書き、最後にその客観的な位置づけを記すなど、極めて構成の整った叙述をなしており、新たな和文のあり方を打ち出した(53)」と述べている。「和文」は当代の日本語文の意味だろう。大筋で合意する。が、『無名抄』の「名所を取る様」（取名所様）の段では、名所を詠むには、よく故実にちなむこととともに、山水（庭）をつくるように、その「眺望」を彷彿とさせるようにうたうのが肝心と説かれていた。『方丈記』が京の都を襲う厄災の様子を視点の移動を伴いながら「眺望」する各段は、その連ね方にも大きな「対」を構成する意識がはたらいている。それは、片や漢詩文の典拠を踏まえた表現や寓、片や和歌や物語の和文体における掛詞や縁語、ことよせや本歌・本説取りの技法に縛られず、大小様ざまな「自然な対句的表現」を随意に用いることで可能になったものである。

それには対句表現を身につけていなくてはならない。漢詩文の型をよく知り、自由に使いこなすことによってこそ、『方丈記』は、新たな日本語の散文を開発したのである。遺された自筆ともされる写本のとおり、祖稿は漢文を書き下す習慣により、漢字カタカナ交じりで記されていただろう。その底には、書き言葉、漢文と話し言葉、日本語との「中間言語」にあたる記述体を創出する意志が潜んでいたと思う。

それは和漢混交文と呼びならわされてきたが、仏教用語など日本人がよくなじんだ漢語を除いて、訓述を多く用いる漢文書き下し体を基調とし、片や、主題を提示し、展開する結構や対句法や待遇表現を用いる駢儷体漢文、片や、枕詞や縁語、本歌を踏まえる和歌の技法を織り交ぜる物語の和文体を、場面に応じて、また際立たぬように自在に用いるしくみをもつ。『平家物語』には、琵琶の語りにのせるためにうたの修辞技巧法も駆使されており、『方丈記』の大小の対句的表現を駆使する調子も、様ざまな記述を引く際の枠組として応用しやすかったにちがいない。それゆえ、調子をつけて読みあげられる『太平記』に、さらには、七五調道行文を織りまぜる近松門左衛門の浄瑠璃の詞章などにも受けつがれていった。先に見たように、一方で、漢文（白文）に読点を打って読む習慣が進み、口述筆記に際して、いわゆる変体漢文が行われるうちに、『今昔物語集』のように漢文を書き下す文章が記され、他方、『宇治拾遺物語』のように口語そのままに近い文体で記すことも盛んになってゆく日本語文体史上の大きな過渡期にあって、『方丈記』は、和漢それぞれの修辞法を型にとらわれずに駆使しうる新たな文体を創始した点においても、まさに画期的だったのである。

『方丈記』の思想

『方丈記』には、長明が日野山中に自らつくった庵には「阿弥陀仏の絵像を安置し、そばに普賢をか(掛)き、前に法花経を置けり」とある。また西南に竹の吊棚をつくり、「黒き皮籠」を三つ置いて、「和歌・管弦・往生要集ごときの抄物を入れたり」とも。[54] 琴と琵琶も一丁ずつ立てている。

『法華経』は、大原で出家し、天台宗の僧侶になっていたゆえと考えてよいが、阿弥陀如来に普賢菩薩をとりあわせたのは、なぜか。一説に、河合社でそうしていたともいうが、むしろ、そのあとに、西の空が晴れていれば、「観念のたより、なきにしもあらず」とあることに着目したい。西方浄土を観想する念仏行もできないわけではない、というくらいの意味である。

『方丈記』が庵とその周りの様子を事細かく書いているのは、山中の閑居に自足する営みのさまを示すよりほかに意味はない。そうでなくては、独居ゆえに、念仏も読経もおっくうなら、怠けてもかまわないと記し、白居易にならって琵琶や琴を弾き、興趣の尽きないときがあるなどと書きはしない。そして、山にのぼって、高みから景物を独占し、慰めとするところには、やはり白居易の詩が敷かれている。白居易は市中の閑居にも、山水のミニチュアを設けなければ気がすまない。『方丈記』に酒の匂いがないのは、慶滋保胤「池亭記」と同じだが、慶滋保胤は、庭に山水をつくることを書いても、眺望を我がものにする願望を記していない。長明の方がはるかに白居易に親しい。それに比べれば、定家「文集百首」も借り物にすぎない。

『方丈記』に親しい漢文に、土御門（源）通親「擬香山模草堂記」（香山に擬へて草堂を模するの記）があげられている。通親は城南の地、鳥羽に庵を結び、具平親王の「菟裘賦」を慕い、また禅（瑜伽）にも打ち込んだらしい。通親が長明を後鳥羽院の歌会に導いたという推測もなされている。長明の方も相通じるものを感じたかもしれない。その庵を訪ねたこともあったかもしれない。が、通親は、なんといっても権勢を誇ったひと。その庵には門構えも池庭もしつらえてある。そのころ、長明が山際に結んでいた庵とは格段にちがう。鳥羽は、気が向けば、尾根に上り、風景を独占できるところでもない。

長明の方丈の庵のそもそもは『白氏文集』巻五〈病暇中、南亭閑望〉詩の「閑意不在遠　小亭方丈間[55]」（閑適は遠くにあらず、方丈の小亭で充分）によるものだろう。そして、『白氏文集』巻六〈遺懐〉の詩にいう「寓心身骸中、寓性方寸内[56]」（心を身体の内に寓し、性をその心の内に寓す）の境地、物も名も心を煩わせるものに過ぎないと悟ってからは、身は窮しても、心ははなはだ泰然自若という境地を地でいったのは、ひとり長明だけである。

命は天運にまかせて、惜しまず、いとはず。身は浮雲になずらへて、頼まず、全しとせず。一期の楽しみは、うたたねの枕の上にきはまり、生涯の望みは、折り折りの美景に残れり。[57]

流布本系の諸本に遺る一節。典拠を限定しすぎるというそしりは承知の上でいう。「命は天運にまかせ」は『白氏文集』巻六〈歳暮〉中「已任時命去」（已に時運の去るにまかせ）、あるいは〈達理〉中「我無奈命何」〈我、命を如何ともする無し〉を踏まえ、「身は浮雲に」は〈題玉泉寺〉中「悠悠浮雲身」を、「うたたね」は〈春眠〉あたりを踏まえたと見ておく。のちの書入れらしいが、『方丈記』が『白氏文集』をよく踏まえていることを充分に承知した仕業であろう。伝説とは別に、長明の閑居の心を知る人も増えていったのである。

さて、問題は『方丈記』の最後の条、この山間の閑適への執着を仏の教えは断てという。心は、これに応えるすべをもたない。それを長明は隠さない。そして、こうある。

只、かたはらに舌根をやとひて、不請阿弥陀仏、両三遍申してやみぬ。(58)

「不請」は長く「不請の」と読まれてきたが、心より望んで唱えているわけでないことは誰にもわかる。自らの心の至らぬところを卑下して、と明治期、浄土真宗大谷派の学僧、織田得能が『仏教大事典』（一九一七）で解いて以来、「生悟り」のようにも解釈され、そこに長明の人間臭さをいう人もいた。だが、それらは南無阿弥陀仏を唱えれば、極楽浄土への往生を願うものと決めてかかる立場からの解釈にほかならない。

五味文彦『鴨長明伝』は「不請阿弥陀仏」と六遍唱えたのだという。なるほどと納得する。五味氏は、『吾妻鏡』建暦元年（一二一一）一〇月一三日の記事に見える飛鳥井雅経（あすかい まさつね）と長明の鎌倉下向を、建暦二年に訂正し、長明はまだ往生を望む境地になく、新たな修行、すなわち鎌倉下向への意欲と結びつける。『吾妻鏡』があれこれの記事を張り込む際に、様ざまなご都合主義がはたらいていることは歴史家の認めるところ。それもうなずける。が、さらなる修行を誓うのなら、型どおり、念仏を唱えておいてもよいはずだ。

「不請」は、仏教者が、迷える衆生は仏道を請わないことを指していう。それゆえ、「不請阿弥陀仏」と唱えることは、出家した者が迷いのなかにいる己れを表明していることになる。いや、仏道を、ではない。阿弥陀仏を請わないのだ。「欣求浄土」思想に与しえないことの表明になる。『本朝文粋』巻十、慶滋保胤の詩序「五言暮秋勧学会於禅林寺聴講法華経同賦聚沙為仏塔」の一節「生極楽世界、莫勝於弥陀仏、故開口揚声、唱其名号」[59]（極楽世界に生ずるは、阿弥陀仏より勝るなし、ゆえに口を開き、声を揚げて、その名号を唱う）の「莫勝於弥陀仏」を裏返した表現とも考えられよう。しかし、だからといって、堀田善衛『方丈記私記』（一九七一）が説く「仏教までが、全否定をされた」[60]ということにもならない。それゆえ、わたしは空念仏を唱えて責めをふさいだと考え、法然の念仏専修を念頭に置いてではなく、極楽往生を望む心をさもしいと思っていたゆえ、と書いたこともある。[61]嘯きを書きつけたのだ、と。

長明は、庵に阿弥陀仏の絵像を掛け、つづらに「和歌・管弦・往生要集ごとき抄物」をおさめていたではないか、と問う人もいよう。それゆえ先に、普賢菩薩をとりあわせるのはなぜか、と問うておいた。源信『往生要集』は最澄が第一においた『法華経』の意味を極楽浄土への祈願、歿後の救済に転換し、『華厳経』との兼修や主に『大日経』を奉じる密教に対するその位置を変えた。「欣求浄土」思想は阿弥陀仏を極楽浄土への導き手として祀り、唯一絶対神のような位置を与える。

その阿弥陀如来像に対して普賢像が置かれるとき、それは衆生を生死の苦海から救い、悟りの境地（彼岸）に導く智恵の菩薩の意味を担っていよう。要するに、長明が「悟り」の意味を、生死を離れる境地に求め、極楽浄土への成仏の願いには疑いをもっていたと考えているのである。すでに承元元年（一二〇七）には専修念仏の禁止令が出、法然及び親鸞は配流にあっていた。その動きに便乗したなどというつもりもない。

　長明が若くして、この世の空しさを知るのは、自分ばかりといううたを詠んだことは先に述べた。極楽往生祈願が称名念仏に進む一方で、普遍性をもつ仏の教えが現実に現れていると考える東洋的イデアリズム（理想主義）とでもいうべき本覚思想が、衆生のありのままの姿こそ悟りの表れとする「煩悩即菩提」、『維摩経』の「生死即涅槃」などを前面化する傾向も起こっていた。のちの『十訓抄』は『方丈記』をそのような立場から読んでいた。一度、南宋に赴き、帰国して、天台宗の密教（台密）をまとめなおした明菴栄西（みょうあんようさい）が文治三年（一一八七）に再び南宋へ赴き、仏性をそなえたはずの人間が自分自身の本源を見極める「見性」を重んじる南宋禅を学んで帰国し、日本の天台宗から排除されたのち、鎌倉幕府第二代将軍、源頼家に外護を求め、京都に、禅・天台・真言の三宗兼学の建仁寺を建立したのは、建仁二年（一二〇二）のことであった。だが、長明が禅宗の影響を受けた様子はないし、『方丈記』が記されたころに出家した道元がやはり南栄で修行し、身ひとつで帰国して、「有即時」（存在と時節の相即）を唱え、常住坐臥がこれ修行という禅宗の精神を不断の只管打坐（しかんだざ）と見事に一致させるのは、もっとあとのことである。長明がつづらに和歌の抄物をおさめていたのは『無名抄』を、『往生要集』は『発心集』を編むための用意であろう。

　長明は自ら琵琶を手製し、車二台分の材料で庵を組み立てることができた。新たなしくみの歌論書

『無名抄』を編み、『方丈記』に新たな散文の構成法を発明したことは先に述べた。そういう人が、この互いに相いれない流れが交錯する天台教学の現実、禅宗の到来、新仏教の興隆に気づかないはずはない。少なくとも阿弥陀仏を絶対神のように信奉する往生思想の傾向には反発を覚え、長明は、白居易の「閑適」の境地こそ、自らの心にそうものと考えていたのはたしかであろう。

だが、『発心集』には、称名念仏思想がうたわれているではないか、と問う人もいよう。たとえば、その巻三〈讃州源大夫、俄に発心・往生の事〉は、狩や戦に生きる源太夫という者が、狩の帰りにたまたま村の葬儀に通りかかり、僧から極楽往生思想を聞いて俄かに発心し、刀を振りまわして、まわりの者を脅して僧衣をつけさせ、ただただ西にむかって「南無阿弥陀仏」を唱え歩くうち、ある僧の勧めに従い、海岸に端坐すると阿弥陀仏の声が聞こえ、そのお告げのとおりにすると、見事に成仏を遂げた話である。『今昔物語集』にも収録されている。無理無体な発心でも往生に至る話型に属するが、長明は「功つめる事なけれども、一筋に憑み奉る心ふかければ、往生する事またかくのごとし[62]」とコメントしている。

そうかと思えば、たとえば『発心集』巻三〈伊予僧都の大童子、頭の光現はるること〉には「往生は、無智なるにもよらず、山林に跡を暗うするにもあらず。ただいふかひなく功積める者、かくのごとし[63]」とコメントしている。巷間に流布する一話一話から、それぞれに教訓を引き出すのだから、正反対の見解が生じて当然である。いや、そもそも教訓を垂れるつもりなど、長明にはなかったといってよい。

いくら奇譚ゆえに口伝えにされるといっても、『発心集』には常識を超えた僧の行いや民間人の異常な発心のさまが集められている。僧の執心を諫める話も多く、その序の冒頭に「仏の教へ給へる事あり。

『心の師とはなるとも、心を師とする事なかれ』」という『往生要集』〈助念の方法〉の一句が引かれ、執着心の断ちがたさを見つめるような傾きも指摘されてきた。いわゆる世俗説話を収集した『今昔物語集』、また『宇治拾遺物語』とは性格を異にし、仏教伝承の類を撰述する立場に個性が色濃い。

序に「短き心を顧みて、殊更に深き法を求めず」、「賢きを見ては及びがたくとも、こひねがふ縁とし、愚かなるを見ては、自ら改まる媒（なかだち）とせしむとなり」といい、「人信ぜよとにもあらねば、必ずしも、たしかなる跡を訪ねず。道のほとりのあだことの中に、我が一念の発心を楽しむばかりにや」と重ねている[64]。単なるへりくだりの措辞ではない。それほどに、往生に至る経路、また至り難さの様ざまをならべ、ためつすがめつしているのである。人もいうように、長明自身の行いを映すかのような諸篇もある。その意味で長明は、自らの来し方を相対化しているといってもよい。眼目は、名利や恩愛を離れること、生死を離れること、そして極楽へ往生する願いなど、発心の契機のちがいを見極めることにあったのではないか。『発心集』巻六の最後は、『阿弥陀経』を奉ずる念仏行者に託して、称名念仏の功徳をうたう見事な長い行文で閉じている。が、それは、生死の迷いの淵に苦しむ衆生を救うための方便である。

鴨長明は、後鳥羽院が「治天の君」として権勢を誇っていた時期、建保四年（一二一六）閏（うるう）六月初旬に歿した。享年六八。その五七忌（三十五日）には、彼が生前、法然門下の禅寂（大原如蓮房）に依頼した「月講式」が誦された。長明は、己が魂の行方を虚空に輝く月、知恵の光ですべてを照らす勢至菩薩の化身にゆだねて逝ったのである。

連歌師の嗜好

鴨長明の著作に踏み込みすぎたきらいもあるが、日本における「随意の文章」にあたるものの変化を探って、鎌倉時代という大きな文化史の転換期の文芸に注目してみたかったからである。そして、長明の散文の著作が、ほぼ同時代から着目されたことも際だっている。それゆえ長明に仮託した『四季物語』などもつくられた。ちなみに『本朝書籍目録』（鎌倉後期）を覗いてみると、「神事」を先頭に置き、「和文」を最後に置く日本独自の編制を見せているが、その「和文」には『伊勢物語』『源氏物語』、四鏡、『蜻蛉記』『枕草子』などと並べて『方丈記』『四季物語』『発心集』を長明作として載せている。兼好法師（卜部兼好）の『徒然草』（一三三〇前後か）が室町中期に臨済宗の僧で、藤原定家を崇拝した歌人、正徹が無常観の表れとして注目するまで一世紀近く、いわば眠っていたのと対照的である。その後も、江戸時代に入るまで『徒然草』に注目したのは連歌師たちだった。

藤原定家が『枕草子』を、長編のつくり物語、『源氏物語』と肩をならべる散文作品のように評価したのは、超絶技巧にうたの革新をかけた定家らしい態度といえようが、江戸前期の北村季吟『枕草子春曙抄』跋文（一六七四）が「清少納言枕草子者、中古之遺風、和語之俊烈也」と誉めるのも、飛び跳ねるようなことばのワザを歓ぶ俳諧連歌の精神によるものだろう。

　つれ〴〵なるまゝに、日暮らし、硯にむかひて、心にうつりゆくよしなし事をそこはかとなく書きつくれば、あやしうこそものぐるほしけれ。[65]

よく知られるこの序は、当世流の謙遜の言辞とされているらしいが、それですみそうにない。『徒然草』の全体は『枕草子』を念頭に置いているにしても、題材を有職故実にまつわる逸話や巷間の見聞にまでひろげ、それぞれに軽いコメントを付すかたちの断章を漢文書き下し体、和文体を取り混ぜ、部立てなしにならべる構成は、それ以前、他に類例がない。まさに序にいうように随意の書きつけである。いわばその総体が規範外れ、また、その軽妙な批評性が連歌師たちの精神に響いたと見てよい。

序の最後、「ものぐるほしけれ」には、白居易が閑居して詩をつづり、琴を奏していると興が昂じてくるさまを、しばしば「狂う」と述べていることが映っていよう。『白氏文集』巻五〈倣陶潜体詩〉〈其三〉に「復多詩中狂　下筆不能罷」（また詩中の狂多く、筆を下せばやむ能わず）とあるのは、自制の効かなくなった状態をいうもの。〈其六〉では、大声で吟詠することを「狂詠」という。兼好法師は『方丈記』も参観していたにちがいないが、禅宗も学んでいたらしく、また晩年まで身分の高い公家と交わりももった。その点でも鴨長明と異なる。禅宗のうちにも狂を歓ぶ精神があった。このあたり、散文評価史という観点から、興味つきない問題がまだまだ潜んでいよう。*

＊最近の川平敏文『徒然草の一七世紀―近世文芸思想の形成』（岩波書店、二〇一五）は、戦国時代から江戸時代を通しての『徒然草』享受史、教訓書として民間にひろがりを見せたのち、やがて衰退してゆくさまを克明に追った貴重な労作である。が、『徒然草』が一時期、「日本の論語」などと称されたのは、入門的教訓書というほどの意味だろう。そこには、戦国武将の御伽衆をつとめた連歌師や豪商らの地下意識や戯言趣向もはたらいていよう。それを「日本の学問＝文学」（ないし、その萌芽）のような枠組で扱うのは、中村幸彦「近世儒者の文学観」の拡大解釈だろうし、内在的近代化論の傾きからも逃れていないのが惜しまれる。

中世には、中国からもたらされる文物も多く、南北朝時代の正平一九年（一三六四）には、堺の商人や医者によって、魏の何晏（かあん）による注釈書『論語集解』が刊行され、室町時代にわたって版を重ねた。その後の中国では散逸したもの。とりわけ室町時代には、京都五山を中心に、「外典」として儒学の経典の考察と漢詩が盛んになり、「五山文学」と呼ばれる。唐代の『詩経』の注釈書、『毛伝鄭箋』や、朱熹による『論語集注』『孟子集注』『大学章句』『中庸章句』なども出版された。礼や仁の徳目を第一に掲げる儒学に対して、新儒学と総称される宋学は大義名分を重んじ、とくに朱子学では忠・孝が前面に出る傾向が強い。『太平記』にも、その影が映り、また、志怪小説類からの引用も指摘されている。

鹿島大明神の雑色の役を突然、解雇された文正（文太なども）という主人公が塩焼きで長者となり、その娘ふたりも関白の息子の妻と中宮になり、文正も宰相にまで昇るという出世譚「文正草子」のような民間に伝承される多種多彩な物語を平易な和文体で記し、挿し絵を入れた写本が室町時代を前後して出まわるようになり、やがて板行される。のち、享保年間に大坂の版元、渋川清右衛門が刊行した『御伽草子』の名が代名詞のように長く用いられていたが、今日、室町物語などと総称されている。

総じていえば、公家、武家、商人らのあいだの垣根が低くなり、戦乱に明け暮れる世の中になると、京都が戦火に見舞われたことで多くの知識人が地方の守護大名のもとへ身を寄せ、能楽、茶道、華道、庭園、建築など、禅林の生活文化の影の深い足利義政の北山、また義満の東山を中心にした文化が地方にも波及、次第に庶民にも浸透してゆく。五山版は、応仁の乱（一四六七）以降、影をひそめるが、各地に出版文化が育ってゆくもとになり、戦国時代にも、漢籍の写本や版本の刊行はつづけられ、太平の世にちかづくにつれて、明末の中国から舶来する文物の拡散も盛んになる。

ローマ教皇庁からつかわされたキリスト教宣教師たちにより、日本語の口語を学ぶための様ざまな研究がなされ、文典もつくられたことにも付言しておくべきだろう。むろん、当時の言語学はラテン語を規範とするものだったが、ともかくも日本の民衆の口語を言語として対象化し、把握しようとした初めての試みだった。ただし、それが日本の知識層に何らかの影響を与えたかというと否定的にならざるをえない。その資料的価値の認識は、明治期のお雇い外国人からはじまる。

宣教師たちが持ちこんだ金属活字による製版技術は、朝鮮の銅を鋳造した活字とともに、木活字版の印刷物を生んだ。が、効率の上から、江戸時代の印刷物は木版によるものが圧倒的に多かった。版面の作り方などは問屋仲間における「株」、特許権に似たものとして扱われたが、仮名遣いなどは現場の職人まかせだったため、版本の需要が拡大するにつれ、表記に規範性を欠くことにもなっていった。

五　江戸時代の「随筆」

文章規範の下剋上

下剋上の戦国乱世が、学問と文芸の秩序を攪乱したことはいうまでもないが、その後の新しい秩序の芽も生まれていた。織田信長が公用文に初めて日本語（事止め）を用いたが、その後、徳川幕府は、いわば変体の漢文（助字交じり、事止め）を高札に用いるなどしたのち、漢語といわゆる変体仮名を用いる日本語に落ち着き、各藩のお触れ書きにも「事」止め、「候」止めを多用するものが定着していった。

史書の類では、信長に仕えた太田牛一（ぎゅういち）による『信長公記』、伊達正宗の活動記録『伊達日記』が重臣の手で記されるなど、戦国武将の事績の記録がつくられた。『信長公記』は、『吾妻鏡』のような文飾のない、かなり和製漢語を交えた武士の漢文を、そのまま書き下した文体である。それらに対し、豊臣秀吉に側近（お伽衆）として仕えた大村由己（ゆうこ）による『天正記』は、軍（いくさ）語りの型を踏襲し、事件の事実性に立ちつつ、秀吉を絶対的存在として書いている。

『信長公記』と『天正記』は、江戸初期に小瀬甫庵（おぜほあん）が、徳川が政権を握った世の秩序に収め、かつ儒学の実践という枠組みを与えて、それぞれ『信長記』『太閤記』に再編した。とりわけ後者は『絵本太閤記』など通俗本につくりかえられ、広く読み物として流布した。それらとは別に、各地の合戦や一族代々の記録も多く書かれた。武田信玄父子を中心とする武田藩一統の戦ぶりを記し、また評した『甲陽軍鑑』は、家中で書き継がれていた記録をもとに、江戸時代に再編され、戦国武士の生き方を書いた本、また兵法書として、武士層にも庶民にもよく読まれた。

個人の記録も多く残された。松平（徳川）家に代々家臣として仕えた三河国上和田（現・愛知県岡崎市）の大久保家に生まれ、家康に従って戦乱の世を生きた忠教（ただたか）（通称、彦左衛門）が、晩年に記した『三河物語』（一六二二）がある。それぞれの戦闘の具体的な様子だけでなく、武士の日常の苦難に満ちた生活ぶりをもよく伝える。徳川の家臣としての立場から書かれているが、戦乱がおさまったのちに武功を立てた武士が報いられることなく、不遇をかこつ様子や自らの心情を綿々とつづる。文字は漢字、万葉仮名、カタカナ、ひらがな、のちにいう変体仮名を混在させ、三河方言も交え、文中に漢文に加える朱点を真似て、読点、句点にあたる〔◦〕印を打つ。が、途中で止めて文末を整えないところも多い。「不可」など慣用された返り読みの表記も混在するが、口語のままに近い。和製を含む漢語、返り読みする漢字の多寡には個人差があるにしても、戦国武士の書きつけの表記のおよその様子を伝えていよう。

松平信興（のぶおき）著『雑兵物語』（一六八三以前に成立。一八四六刊行）は、雑兵の話に託し、戦場・武備・武具などについて口語体で記したもので、文末には「～するもんだ」などを使用。兵法書として写本で読まれたという。石田三成の家臣、山田去暦の娘が、美濃大垣城で見聞した関ヶ原の戦いの様子を、尼になってから子供たちに語った追憶談を筆記した『おあむ物語』（一八世紀前期）なども知られる。口語体で記され、文末には「～おじやる」が目立つ。狂言の会話体、また中国明代のくだけた白話による章回小説や「笑話」の類ももたらされ、江戸時代の口語体の流れがつくられていった。

たとえば、寛永初年（一六二四）ころの成立と目されている仮名草子『きのふはけふの物語』では、本文は物語規範にしたがうものが多く、小咄のオチにのみ、「～といふた」「～といはれた」「～と仰せられた」「～と申された」を用いるのが原型と判断される。それが「ほめられた」「謡うた」などにひろがり、さらに「口をかゝへた」「賞玩した」「しまうた」「思ひきつた」などへ展開し、[66]『鹿の巻筆（まきふで）』（一六八六）では、「云ふた」類のほかに「をりは〔降り場〕がなかつた」「安堵した」「尋ね逢（あふ）た」「跳ねまわつた」「極楽へ通された」「調法にしられた」「帰つた」「帰られた」などに一般化する傾向が見える。[67]木室卯雲（きむろぼううん）『話稿鹿の子餅』（一七七二）より、ごく短い一話を抜く。

神田川出水に、の薪こと〴〵く流れるを、柳原の乞食川端へ出て居て、鳶にひつかけ、ながるゝ薪を引上ぐれば、たちまち乞食が薪屋になり、薪屋が乞食になつた。(68)

ところが、一八世紀初頭の辻芸人、米沢彦八の『軽口御前男』あたりから、「〜といふた」の類を省略し、登場人物のセリフで落とす傾きが現れ、オチの地の文が消えるので、「〜た」で終わらなくなる。その後の笑話は、セリフオチが規範化してゆくらしい。

上田秋成『肝大小心録』から引いておく。今日、ふつう随筆といわれているが、俗談筆記とでもいうべきものだろう。たとえば、大坂の「学校」の開師、三宅石庵について、こう書いている。

京の人で、もとは俳かい士しやけな。

ついきけはきたない事しや梅たらけ

ひつつかんだ口には、芭蕉なとゝいふこしらへ者か、よりつける事しやなかつた。(69)

「ついきけば」の句、「梅」に花柳病がかけてあるらしい。秋成の「わやく太郎」時代の作風から考えて、談林を突き抜けた破壊的な可笑しさを俳諧の極みと踏んでいたらしい。「ひつつかんだ口」は、達人の域に達した地口くらいの意味だろう。そういう秋成には、芭蕉もインチキ者に映る。もう一例、

仏法僧は高野山で聞た、ブツパン〳〵とないた。形は見へなんだ。(70)

高野山の仏法僧は、鳴けども正体を見せなかった。秋成は、むろん、のちにいう国学者である。「和漢混交文」と呼ばれる中間言語にあたる記述のスタイルは、七・五調と対句表現を駆使するものとなり、能楽、歌舞伎、浄瑠璃など音曲にのせた語り物芸能の主力をなした。それらに対して、物語系

の戯作類では江戸末期の人情本まで、「なり、たり」止めの規範が守られていた。また中国の白話小説を翻訳・翻案したものが『通俗水滸伝』など、「通俗」を冠して流通した。詩や小説類を、ほぼ完全に和文体に翻訳することも意識的に行われた。これが精確にいう訓読体である[71]。

中国の明・清交代期には、士大夫層にかなりの隠棲者が生まれた。今日、研究が進んでいるが、日本に活躍の場を求める人びともいた。各地の大名がこれを迎え、明朝末期の様ざまな技芸が日本にもたらされた。明朝再興にかかわり、亡命してきた朱舜水は儒者だが、士官したことはなく、比較的自由な立場にいたと想われる。水戸藩を率いた水戸光圀が重用したことはよく知られる。

陳元贇は、のちにいう陽明学左派の気風をもつ文人で、公安派の詩風にあこがれていた深草の日蓮宗の僧、元政と意気投合し、漢詩の応答による『元元唱和集』（一六二三～六八）を編んでいる。陳元贇は、書道はもとより、尾張藩邸内に窯を開き、中国の釉薬を用いた作陶もよくした。柔術を日本に伝えたという伝説も付随する。元政には、船来の『忠義水滸伝』を買い損ねたことを残念がる、知人あての手紙が残っている。李卓吾が序文を付したものだろう。

徳川家康は、キリシタンを厳しく取り締まり、朱子学をもって幕府の正規の学問と定めたが、諸幕では陽明学を学んだ儒者を招くところもあり、また、明代の一六世紀前半、朱熹による古典の解釈を批判し、詩文に古典回帰を目指す古文辞派の運動が李夢陽、何景明、李攀龍、王世貞らによって興され、その影響も江戸前期からひろがっていた。

そのような錯雑とした文化状況のなかで、次に「随意の文章」にあたるものが、どのように展開したかをさぐってゆくことになる。神・儒・仏に道家、道教系の教えも交りあい、また排撃しあう状態がつづく。江戸前期から朱子学、陽明学、古義学がならんで展開したことが、朱子学が科挙の制度を支えた清朝中国、また朱子学一辺倒の朝鮮とも異なる日本の儒学の特徴をなす。江戸中期には荻生徂徠の学統が一世を風靡し、朱子学との双方のよいところをとる折衷派が多数を占めたといわれる。

随意の主張

江戸初期、米沢藩士だった中江藤樹が、老母の面倒をみるため、脱藩して故郷の近江（現・滋賀県小川町）に帰り、藤樹書院という私塾を開いた。藤樹は朱子学から陽明学に傾いたが、とくに女子教育の訓話集『鑑草』（一六四七）は広く読まれた。「抄物」の形式にならい、中国の『迪吉録』『列女伝』などから儒学と仏教の逸話を取りまぜ、平易な書き下し体に翻訳して、独自の解説をつけたものである。

山鹿素行が、朱子学の形而上学的な面を批判し、直接、周公、孔子の教えを学び、日常的な徳の実践を「聖人」から「道原」まで二八項にまとめた『聖教要録』（一六五五）も独自の古義学と呼ばれる。それは幕府の怒りをかい、播磨国赤穂藩へ「お預け」の身になったのち、王朝の交代する中国と日本のちがいを述べた『中朝事実』（一六六九、漢文）、古文書を引用し、その語義を詳しく解説し、武家の歴史を説く『武教事紀』（一六七三）など、武士の事典のような役を果たす著作を残した。

中江藤樹の門下から出て、岡山藩の藩政改革に活躍した陽明学者、熊沢蕃山（ばんざん）が山・川・森を治めることが国土経営の基本と説く『集義外書』（一六七九）は、漢文書き下し体（平仮名）。経世済民論の書『大（だい）

学或問』（一六八七成立）は「或問ふ、…。云ふ…」（書き下し文：或るひと…を問う、…と云う）という問答体。幕藩二重権力体制は、様ざまな儒者がいわば随意の献策や啓蒙書を刊行することを促す方向にもはたらいたのである。

　他方、民間の儒学の私塾として京都に古義堂をひらいた伊藤仁斎は、経典の原義を独自に読み抜く姿勢を示し、古義学と呼ばれ、問答体の『童子問』を遺した。『詩経』序に孔子の言として残された「思邪無」を、朱熹が卑猥に傾く民謡の表現を咎めて「邪なところがあってはならない」と注釈したのに対し、『詩経』の詩には邪なところはなく、素朴な人情の表れと解釈し、また、心に動揺を覚えず、中庸の境地を得るためには、雑劇や小説類を広く読むことを推めた。門下にそれらの批評と取り組む人びとが出る。つまり、宋学、とくに朱子学に対して、漢文にも日本の思想改革を目指す方向が様ざまにとられ、批評の範囲も、中国の古典の解釈や日本の古代、中世の古典をめぐるもの、また民間に盛んなものまでを対象にする傾向がひろがっていった。それらに漢文、漢文書き下し体、古代物語の和文体、和漢混交文体、そして口語体の動きがからむので、文章は、さらに錯綜した様相を呈する。

　江戸前期には、水戸藩第二代藩主、徳川光圀の談話を侍臣が筆記した『西山公随筆』がまとめられた。「義公随筆」「西山随筆」とも呼ばれる。西山は号。義公は諡で、五〇条を「神祇・釈氏・山川地理・士・婦女・儒学」の六部に分類する。内容は、たとえば「神祇」篇に、源氏が八幡神を、すなわち応神天皇、もしくは石清水で元服した八幡太郎義家として奉じたことを、ともに「いはれ」、すなわち根拠のないことと退け、「凡そ日本にて弓矢神と仰んは日本武尊なるべし」と説いている。武士のあいだの伝承を批判し、自身の見解を述べている。『容斎随筆』のような雑家者流の随筆に近い。いつ「随筆」とつけられたのか定かでないが、漢籍に通じた侍臣によるものだろう。なお、江戸前期の医者、中山三柳は、引退後、奇譚類や雑事にわたる撰述書を『醍醐随筆』と名付けている。

徳川光圀が、歌学にひろがっていた定家仮名遣いに疑問を抱き、『万葉集』の仮名遣いに関心を注ぐ真言宗の僧侶、契沖に委嘱して、注釈書『万葉代匠記』（一六九〇）がなった。契沖は記紀万葉、『源氏物語』などの古代の仮名遣いの例を分類注記する『和字正濫抄』（一六九五）なども著した。これが、中国文化の影響を受ける以前の日本上代文化を想定する神道系思想による学問の流れ――のち、明治前期に「国学」と呼ばれるようになる――を生むきっかけになった。伏見稲荷神社の神主の子に生まれた荷田春満は、契沖の仕事に触発されて復古神道を唱え、賀茂真淵から本居宣長に継承される。真淵の著作は『歌意考』『万葉考』『国意考』『祝詞考』など「考」が付され、自らの日本古代についての考察の書であることを明示している。句読点〔。〕を使用し、仮名遣いも改めた。のち、明治政府が採用する。

江戸中期の儒学では、福岡藩の藩儒を務めた貝原益軒が実地の見聞を活かした地誌『筑前国続風土記』、薬草以外にも範囲をひろげた植物図鑑的な『大和本草』（一七〇九、漢文書き下し）を編むなどしたが、とりわけ晩年の『養生訓』（一七一二年）が知られる。心身を健康に保ち、長生きするための心がけを平易でこなれた日本語で書いたもので、「気」のめぐりを養生の根幹に置く。たとえば「血気」を道教系の『淮南子』では雨と風にたとえており、「血と気」の意味と知れるが、『孟子』では「血の気」が多いという意味で用いられている。益軒は『孟子』にならっており、その意味では儒学系の考えにそっているが、『易経』が説く天の「気」を天と切断し、おならを「糞気」と称するなど、いわば何でも「気」のはたらきとして説くのが特徴といえよう。(72) 明治期以降もよく読まれ、この考えがひろがった。

中国の古文辞派の動きを儒学の経典全般におよぼした伊藤仁斎の古義学の流れを受けとめながら、仁斎の説を批判し、独自の古文辞学派を興した荻生徂徠も『弁名』で、天と人のからだとはしくみがちがうとはっきり述べている。貨幣乱造などを繰り返し、幕府財政が傾きはじめると、第八代将軍、徳川吉宗は享保の改革を断行し、風紀を引き締める一方で、農を重んじ、大嘗祭の復古を企てるなど天子を崇める古代の儒学の精神への復古を唱え、幕府の威信を高めつつ、商業を幕藩体制に重要なものとして公認し、徴税の対象にした。それには荻生徂徠が、享保元〜二年（一七一六〜一七）に『政談』『太平策』『弁名』等を矢継ぎばやに著して、吉宗のブレーンの役割を果たしたことが大きくはたらいた。

「先王・聖人の道」に絶対の価値を置き、天皇の地位を神聖視する一方、『論語徴』（一七一八）では、『論語』〈里仁〉にいう「君子喩於義、小人喩於利」（君子は義に喩り、小人は利に喩る）を「利」を求める「小人」の本性を認める言と解釈替えし、(73) もって、民の生を養うための利欲を人性、人情のマコトと認め、貨幣の流通の「徳」を説き、土地の売買を許可し、商人から徴税する策を進言した。江戸と大坂をふたつの中心とする全国市場が展開するなかで幕藩体制を維持する道をさぐったのである。

その学統（蘐園学派）には、経世の学に太宰春台、詩文に服部南郭が活躍、一世を風靡した。服部南郭は、中国、古文辞派の李攀竜の撰といわれ、盛唐の詩人、杜甫、李白、王維などの荘重な調べを重んじる『唐詩選』を四声のフリガナつきのものから、平易な絵入り本まで刊行、民間に大流行させた。これが、その後の日本人の漢詩の趣味を決定づけた（序章で述べた）。また、江戸後期には、荻生徂徠の孫弟子にあたる海保青陵が諸藩に殖産興業、いわばあるべき「武士の商法」を説いてまわることになる。なお、江戸後期の漢詩文には、性霊派の風を受けた菅茶山らが活躍し、菊池五山ら漢詩を手ほどきする「詩話」の動きも盛んになる。

民間では、石田梅岩が儒学を中心に神道も仏教も根がひとつという日本式三教一致論に立ち、徳の実践においては、商人も武士と対等と説いた。梅岩『都鄙問答』も問答体で、かなりくだけた口語体が入る。梅岩の思想も、アマテラスオオミカミ、大日如来を重ねあわせた「お天道様」の恵みが万人におよぶことに感謝する江戸中期から民間にひろがった「天道思想」のひとつである。伊勢の外宮からひろがり、江戸時代に大きな勢力となった吉田神道も、神・儒・仏の三教一致論をとっていた。大坂の民間の儒者の流れには、江戸中期に富永仲基が仏典を研究、それぞれ新たな考えが付け加わってゆく様子を「加上の説」として唱え、いわば仏典の歴史的相対化を図り、後期には、山片蟠桃が大店の番頭を辞してのち、その経験から、朱子学合理主義を徹底させ、本居宣長の「国学」などを批判する『夢の代』（一八二〇）などを著した。

三重・松坂の医師、本居宣長は、賀茂真淵の学統を継ぎ、荻生徂徠とその学統による主張を「漢意」の尊重と退け、『古事記』註釈の集大成、『古事記伝』（一七九八）をなし、また『源氏物語』に漂う仏教的無常観の強い「もののあはれ」を元禄期に盛んになった骨肉の情や恋愛の情を尊重する気風を受けて、注解『源氏物語玉の小櫛』（一七九六成稿、九九刊行）で日本独自の情趣と説く「もののあはれの説」を唱えるなどし、のちにいわゆる「国学」の流れを確固たるものにした。江戸後期には、宣長を継ぐと称して平田篤胤が民間に活躍、神道復古の風潮をひろめた。

水戸藩の『大日本史』の修史事業は儒学のうちに神道思想をも抱えこみ、後期には藤田幽谷が藩政改革を提言するなど実学的に展開する傾向も見られる。第九代藩主、徳川斉昭（なりあきら）が天保八年（一八三七）に藩校、弘道館を設立後、幽谷の子、藤田東湖が打ちだした「尊王攘夷」思想は、頼山陽『日本外史』（一八三一刊行）とともに倒幕運動に広く浸透した。

このようにして神道・儒学・仏教が鼎立し、相互に習合し、また反発しあうなかで、中国や日本の古代の文献について独自の解釈を施す流れ、また実地の見聞を尊重する流れが交錯しながら、実に多様な立場から随意の評論が盛んになったのである。さらには、蘭学を参照しつつ、東アジアの独自の形而上学ともいうべき概念体系（条理学）を構想する三浦梅園『玄語』（未完）など特記すべき仕事も生まれた。

随意のかたち

「随筆」「漫筆」などとタイトルについた書物に目を向けると、江戸中期に、旅程の日次記でなく、各地の案内のようなスタイルの橘南渓『東西遊記』と百井塘雨『笈埃随筆』が出たことは先にふれておいた。後期には、『古事記』は霊異の物語であり、それを事実のように説く本居宣長の考えを批判したことで知られる神道家、富士谷御杖の『北辺随筆』（一八一九）もある。北辺は御杖の号。語彙の考証がほとんどである。

読本作家として知られる曲亭馬琴にも、題名に「雑志」「漫録」などのついた本がある。『燕石雑志』『羇旅漫録』（ともに一八一一刊）『玄同放言』（一八〇四、〇六刊）などなど。馬琴や絵師・谷文晁らの好事家の集まり、「耽奇会」における考証を山崎美成がまとめた『耽奇漫録』（一八二四～二五）もある。

曲亭馬琴『燕石雑志』は、江戸時代の風俗・伝承についての考証随筆で、文献を博捜し、挿絵を交えた大判で、読み本、戯作類より格上の書物である。同類のものは、文化期だけで、柳亭種彦『還魂紙料』（一八一二）、山東京伝『骨董集』（一八一四～一五）など著名なものがならぶ。これは一ジャンルとして意識されていただろう。蘭学の会などで入会の条件の申し合わせとして「随筆」の提出が義務づけられていたという[74]。考証のリポートにちがいない。清朝考証学の影響は、広く民間にもおよんだ。

民間のものとは別に、江戸中期に新井白石がつづった回想『折たく柴の記』（一七一六ころ）、文政期に、松平定信が老中辞職後、幕末の政治、経済、自然現象、世態人生の種々相を、寓意や心の機微を滑稽、諷刺をもたせて軽妙な雅文体でつづった『花月草紙』（擬古文、六巻、一八〇〇前後）などは、今日、近世随筆の代表にあげられている。だが、雅俗に分断され、流通の経路もちがう江戸時代出版物のなかで、これらが先にあげた馬琴や京伝の「随筆」の類として、ひとまとまりのジャンルとして意識されていたとは想えない。なお、仏典はまた別系統で行商販売されていたらしい。

江戸後期には、まったくの民間の素人が見よう見まねで紀行随筆を手掛けた。越後の縮の仲買商、鈴木牧之による『北越雪譜』（一八三七）がそれ。山東京伝、曲亭馬琴が相談にのったが、なかなか具体化せず、京伝の弟、山東京山がプロデュースして刊行されると評判を呼び、季節ごとの続編も出しはじめたが、鈴木牧之が歿して完結しなかった。京伝、馬琴や京山から、どの程度のアドヴァイスを受けたかは分からないが、寺島良庵『和漢三才図絵』（一七一二）を参照し、「天・地・人」の「三才」の区分法を活かしながら、大気の循環により気象の変化が起こることから説きはじめている。(75)

このように、江戸時代には、まことに随意の散文があふれていた。では、分類概念は、どうだったのか。江戸後期に古典籍の分類整理を行ったものを参照してみよう。

そのひとつに、大坂の儒者で国学も学び、和漢の書によく通じた尾崎雅嘉（まさよし）が、古代から江戸時代までの刊本一〇七七部、写本六五二部を分類解題した『群書一覧』六巻（一八〇二）がある。その〈和書部三〉には「物語類」「草子類」「日記類」「和文類」「紀行類」の五類を立て、「物語類」では『竹取物語』からはじめて、「物語」とつく書物とその注釈書をあげ、「うた物語」「つくり物語」を区別することなく、『今昔物語』『宇治拾遺物語』『和泉式部物語』も、ここに立項している。一月から一二月まで一年の景色の変化を説く『四季物語』一巻（写本）は、鴨長明の作であることを疑っていない。だが、その次には、『歌林四季物語』（一二巻）をあげ、桑門、蓮胤と長明の法名で署名があるものの、こちらは偽書としている。判断の根拠は明示していない。

「草子類」には、『枕草子』『徒然草』とそれぞれの注釈書をならべ、『御伽草子』なども加えている。「日記類」には『紫式部日記』、『かげろふ日記』『弁内侍日記』『讃岐典侍日記』などをならべるが、『方丈記』とその注釈書もここに分類している。一定期間の記録という扱いだろう。足利義教（よしのり）の『富士御覧記』、宗長『日記』二冊もここに入れている。「和文類」には、水戸光圀の撰になる日本の名文集『扶桑御葉集』など集成類を掲げ、「紀行類」は『土佐日記』よりはじめるが、菅原道真の著とされていた『須磨記』、清少納言の手になるとされていた『松島日記』には偽書の疑いをかけている。ともに本居宣長が『玉勝間』で偽書と断じていた。阿仏尼『十六夜日記』の次に『長明道の記』『長明海道記』（ともに刊本）の二冊をあげ、前者は『東関紀行』の誤りと指摘し、鎌倉初期の下級貴族、源親行（みなもとのちかゆき）の著と推定している。後者も、親行の父で大和守をつとめた源光行（みつゆき）の作ではないか、としている。

もうひとつ、よく知られる塙保己一による『群書類従』を参照してみよう。これも私撰だが、江戸幕府や諸大名・寺社・公家などの助力を受けて収集したもので、塙保己一歿後も幕末を超えて、編纂事業は一門によってつづけられた。当時の、そして、そののちに至る準公式的な分類意識の目安になろう。

全体を日本的類書の伝統にそって、「神祇部、帝王部、補任部、系譜部、伝部、官職部、律令部、公事部、装束部、文筆部、消息部、和歌部、連歌部、物語部、日記部、紀行部、管弦部、蹴鞠部、鷹部、遊戯部、飲食部、合戦部、武家部、釈字部、雑部」に分ける。「文筆」は漢詩文。「物語」部と「管弦」部とのあいだに、「日記」部を立て、『和泉式部日記』『紫式部日記』『宗長手記』など八篇をならべる。『和泉式部日記』は、先の『群書一覧』では『和泉式部物語』とされていた。

「紀行」部は、同じく筆頭に『土左日記』をあげる。日次記でも『土左日記』を「紀行」に分類する意識は定着していたと見てよい。以下『海道記』『東関紀行』など一四篇がならぶ。「日記」部は、主に歌日記の類を選ぶ意識によるものか。「雑」部には、『古語拾遺』『日本国現報善悪霊異記』『十七箇条憲法』など、先の分類項目におさまらないものをならべるが、『枕草子』『方丈記』『東斎随筆』は、ここにおさめている。『かけろふ日記』『徒然草』の名は、どこにも見えない。

このように見てくると、「随筆」という分類名は、日本でも前近代のうちに、ついに成立することはなかったと断言してよい。むしろ、われわれが「江戸随筆」と呼んでいる包括的な概念は、いつ、どのようにしてできたのか、それが問われよう。次章で探ってみたい。

ただし、やや注目すべき見解もあった。本居宣長、塙保己一を師とし、『群書類従』の編纂にもかかわった石原正明が寛政一三年〜文化二年（一八〇一〜〇四）の五年間に記した『年々随筆』（全六巻）の第一巻に、『枕草子』を「随筆」の筆頭にあげながら、『徒然草』は、評判は高いが「道心がましく、さかし立たる」ところ、やかましく道徳を説き、物知りぶっていると非難しつつ、納得のゆくところもないわけではないと述べているところがある。その含意は「随筆は、みきく事、いひおもふ事、あだごとも、まめことも、よりくるにしたがひて、書つくるもの」（見聞、言論や思想、たわむれごとも真面目なことも心に浮かぶままに書きつけるもの）と述べ、それゆえ、よく知っていることも、忘れてまちがうことも、浅い意見や大雑把なことも交じり、文章も拙くなっても修正したりしないもの、それゆえ、筆者の心意気も才能の程度も見えるので、なかなか面白いと述べ、即興的な著述の興趣をよく指摘している。これらの条は、のち、『古事類苑』「文学部四十書籍下」に「随筆」の見出し語の下に引かれているが[76]、この意味での「随筆」の用法が当時どの程度ひろがっていたかは定かでない。ただし、この基準では『方丈記』は「随筆」から外れよう。

なお、石原正明は『尾張廼家苞（のいえづと）』（一八一九）で、『新古今和歌集』の特徴を余情と余韻とし、一首のことばのつづけ方を「幽玄」といいつつ、うたぶりの多様さを論じている。「幽玄」は露骨でない、深い趣というほどの意味だろう。広い見識から穏当な意見を吐く人と見える。(77)

第三章　「日記」「随筆」の近現代

一　古典評価史の検討

日記・随筆・説話

明治期に入り、ヨーロッパの各国の「文学」にならって、それまで存在しなかった「日本文学」という新概念がつくられ、前近代までの古典が新たな秩序にまとめられてゆく。その「日本文学」は、ふたつの系列にわけて考えられる。その第一は、中国から移入された儒学系を中心とする伝統的な「文学」を、西欧近代の人文学（the humanities）にならいながら、日本に独自の人文学として再編してゆく流れである（その特殊性については、序章で述べた）。その大枠を決定したのは、日本で最初の「日本文学史」を名のる三上参次・高津鍬三郎『日本文学史』上下二巻（金港堂、一八九〇）だった。第二は、技芸全般を意味する「芸術」の伝統的概念が西欧近代流の芸術に組み換えられてゆく流れに掉さすもので、文字で記された言語作品においては、「詩・小説・戯曲」を主要なジャンルとする狭義の「文学」の立場。芳賀矢一『国文学史十講』（冨山房、一八九九）に代表される。

このふたつの立場は、今日でも活きている。後者は、近代的な「美術」や「芸術」としてつくられたものでない古典作品を近代的な「文学」の立場から扱おうとするため、無理が生じることは、序章で述べておいた。前近代では、どこの地域でも、それぞれの宗教的観念や生活文化と密接に結びついていた「美」を、それとして抽出し、「美の普遍性」なるものを求める姿勢も近代主義の一種である。

ところが、二〇世紀への転換期に、キリスト教が邪教や異端と見なしてきた諸民族の信仰やオカルティズムを抱え込んだ芸術至上主義ないしは象徴主義の芸術運動が国際的に波及し、さらにドイツ観念論に立つ感情移入美学やイギリスの社会主義者、ウィリアム・モリスの「生活の芸術化、芸術の生活化」の主張、また新カント派の「真・善・美」の調和という主張もひろがりを見せてゆく。それらが混在したまま、漠然とひろがるうちに、芸術界では近代的な「真・善・美」の三区分が実際上、意味をなさなくなってゆく。それゆえ、第一の流れの日本的特殊性も、第二の流れの無理も気づかれにくくなったのだろう。

この大きな概念の再編制の動きのなかで、実際には、第一の広義の「文学」概念（日本的人文学）に立ちながら、第二の狭義の「文学」（文字で記された言語芸術）を尊重する立場が広く共有されていった。戦後もよく読まれた「日本文学史」類では、藤岡作太郎『国文学史講話』（東京開成館、一九〇八）と津田左右吉『文学に現はれたる我が国民思想の研究』（洛陽堂、一九一六～二一）に代表されよう。前者は、第二次世界大戦後、麻生磯次の跋を付して復刻され（一九四六）、後者は岩波文庫に収録され（一九七七）、かなり広く読まれてきた。その意味でも指標にとってよい。

そこで、これら四つの「日本文学史」において、「文学」の下位概念にあたる「日記」及び「随筆」、関連して「説話」など散文ジャンルが、どのように扱われているか、一渡り見てゆきたい。必要に応じて周辺におよぶ。

三上参次・高津鍬三郎『日本文学史』

日本で最初の「日本文学史」を名のる三上参次・高津鍬三郎『日本文学史』は、「日本文学史」を「日本の人文学史」として構想するもので、今日に至る「日本文学史」の外枠を決定した。その「総論」は、フランスのイポリット・テーヌによる『イギリス文学史』(*Histoire de la literature anglaise*, 1863～64) 序文などを参照して、日本の「文学史」の目的を国民性と外的環境や時流を明らかにすることに定め、また、ギリシャ・ローマを除く西洋諸国とは異なり、古代より一貫した長い伝統をもつことを誇っている。「文学」概念とその範疇について、かなり意識的で、西欧各国の一国文学史が自国語で書かれた作品のみを対象にして編まれていることを承知しながら、「従来、国学者が和文を誇張せしは唯(ただ)、我古文学を以て、之を支那文学に比較せし上のみの事なれば、其比較の区域甚(はなはだ)狭し」と批判、「美文学」とともに「歴史、哲学、政治学等の如き、所謂理文学」をあわせて日本の「文学」とし、「諸般の文学を総括して、これを我国文学の全体とし、之を西洋各国の文学と対照比較する」と明記している。この「美文学」「理文学」は、ドイツ語の "schöne Literatur"(美的文学)、"wissenschaft Literatur"(知的文学)を参照したものだろう。*

＊「緒言」にいう「漢文は凡て之を採らず。但し其国文学と関係せるところは固(もと)より之を明らかにせり[1]」には、明らかに揺れが見られる。上巻第一編「日本文学の起源及び発達」では、『古事記』『日本書紀』から万葉仮名方式で記された歌謡類を率先して載せ、言語芸術尊重の姿勢を見せつつも、第二編「奈良朝の文学」では、『古事記』を「古伝説」のままの記録とし、「天の石屋」「八俣の大蛇」「天孫降臨」の条、『出雲風土記』の国引きの一節（ともに原文は崩れた漢文）を読み下し文で載せている。下巻（鎌倉以降）では、儒学を重視し、新井白石の漢文も引いている。上巻と下巻では構えも文体もやや異なり、全体を当時、帝国大学文科大学史学科教授、三上参次が構想し、大学院生だった高津鍬三郎（刊行の年、一八九〇年に一高教授に就任）が上巻（ないし鎌倉期まで）の執筆を、三上が下巻（ないし南北朝以降）を担当したかと推測される。各作品、作家の評価は、ほぼ文化文政期あたりからの批評をまとめながら、最新の見解も導入している。

そのうち「醇乎たる純文学(ピューアリテラチューア)」を定義して「或る文体を以て巧みにひとの思想、感情、想像を表したる者にして実用と快楽とを兼ぬるを目的とし、大多数の人に、大体の智識を伝ふる者を云ふ」とある[2]。“pure literature”なることばは、当時の英語に見当たらないが、「総論」第三章「文学と他の学問との差別、文学の目的」では、「人をして高尚、優美、又、純潔なる、精神上の快楽を、感ぜしむる間に、道徳、宗教、真理、及び美術上の観念を起さしめ、知らず識らず、大切なる教訓を受けしめ、要用なる事実を知らしむるこそ、まことの文学ならめ」と結んでいるのを見ると、“polite literature”の意味をとって、娯楽本位の著作を切り分ける態度によるといえよう。民衆向けの著作では、元禄期の井原西鶴の今日いう浮世草子、近松門左衛門の浄瑠璃台本、芭蕉の俳諧、江戸後期の曲亭馬琴の読本は高く評価するが、人情本、滑稽本など戯作類の評価は概して低い。

上巻は「総論」及び第一篇「日本文学の起源及び発達」ののち、第二篇「奈良朝期の文学」、第三篇「平安朝期の文学」とする。以下、散文のジャンル分けについて簡単に見てゆくが、第三篇第三章「物語すなわち小説の文」では、「物語」を「話説」や「談」をつづりたる書物と定義し、そのうちを今日いう「うた物語」「作り物語」、そして歴史的記録（雑史）との三種に分けている。『源氏物語』を大きくとりあげ、宮中生活を写実した小説にして、「理想の境に進みたるもの」という。「理想」は、光源氏などの人物造形をいう。西欧近代のロマンティシズムの精神とリアリズムの方法を受けとりながらも、「美術品」の「深意」を「善（グード）」「美（ビューチー）」「真（ツルース）」の「斎一（ハーモニー）」とする。プラトンの理念を転用したのか、早くも新カント派（Neukantianismus）の動きを察知していたのだろうか。先の「純文学」の定義は、それゆえだろう。

第三篇第四章「日記と紀行の文」では、『紫式部日記』『かげろふ日記』『和泉式部日記』『更級日記』などをまとめ、だが、「随筆」と区別がつかないという[3]。その第五章「草子。すなわち随筆の文」では、「草子」を「草案草稿の義」ないし「冊子」の転音とし、後世の「随筆」や「漫筆」と同義とする。ただし、『方丈記』『徒然草』を除けば、この種の文で「文学」に属するものは、はなはだ少ないといい、『枕草子』については、事や物の描写と批評の鋭さ、興趣ある自在の筆法を賛美し、「随筆」の「鼻祖」と位置づけている[4]。

先にふれた「総論」にいう「美文学」「理文学」というドイツ語の二分法にしたがうなら、「美文学」

は詩・歌・句と小説及び戯曲――当時、とくにドイツで戯曲は、叙事詩、叙情詩に対して、それらを総合した劇詩という位置づけで、彼等はこれを承知している――となり、エッセイは「理文学」に属するはずだが、この『枕草子』の評価は、批評性を含め、興趣ある文のワザを歓ぶ連歌師の伝統を受け継いでいると見られる。

第三篇第六章「歴史体の文学」は、『栄華物語』、『大鏡』などを「小説」に類似したる「雑史」と位置づけつつ、事実の性格に応じた文の軽快さや厳粛さ、滑稽諧謔味などを評価基準にするなど、文の芸を評価する態度は一貫している。この章の最後に、『今昔物語』をあげ、『宇治大納言物語』と同種と見、「荒唐無稽」などの語を用いながら、「中等社会以下の人情風俗を写したるもの」と意義を認め、かつ「和文にして、ま、漢語を交へたる」「後世の和漢混交文に一転する傾向」があると見、「当時の言語をそのまま写したるものに遠からず」と推測、『宇治拾遺物語』の方があとに出たが、文章はかえって「古風」とし、鎌倉時代の『古今著聞集』はこれにならったと補足している。漢文書き下し文と話し言葉に近い和文体の成立の新旧判断が狂っていよう（109～111頁参照）。「説話」の語は用いていない。

下巻は、第四篇「鎌倉時代の文学」、第五篇「南北朝及び室町時代の文学」、第六篇「江戸時代の文学」とし、第四篇は第一章を「総論」、第二章を「鎌倉時代の散文」とし、その第一節「随筆の文」で、鴨長明を大きく取りあげ、『方丈記』及び『四季物語』を扱い、第二節「歴史体の文」では『平家物語』『源平盛衰記』などを、第三節「日記及び紀行の文」では『十六夜日記』などをあげる。『海道記』『東関紀行』の著者名は、『群書一覧』を踏襲。第五篇第二章「南北朝及び室町時代の散文」は『徒然草』

『太平記』のほか、北畠親房『神皇正統記』、一条兼良の献策の文章を一括して扱う。『徒然草』については、その文体は平安朝の女手の「優美婉柔」に「仏語と漢語」とを混ぜ、思想は仏教を主とし、道家思想と儒学を混ぜ、「深遠高尚」な議論を展開するが、「奇句警語」を発し、「人情に背きたる議論」もあるなどと述べている。「紀行」の文例には、『群書類従』〈紀行〉に見える戦国時代、相模の戦国大名、北條氏康（うじやす）の『武蔵野紀行』をあげている。第六篇では、第二章「漢学者の和漢混和文」、第三章「和学者の雅文及び和歌」と大きく二系統に分けて文章の概略を述べ、第五章「戯曲及び小説」では、近松門左衛門の戯曲を大きく取りあげ、小説の最後を「滑稽小説」として十返舎一九、式亭三馬までを扱っている。

芳賀矢一『国文学史十講』

これに対して、「文学」を言語芸術に限定する第二の流れをつくったのは、芳賀矢一が帝国研究会での講義をまとめた『国文学史十講』といってよい。その「緒論」は、これまでの「日本文学史」と異なり、「作られた美術品を指して文学と云ふ」と明言、「美文の歴史」を「文学史」と呼び、それを「純粋の日本文学」とする。教員向けの講習会であり、参考書目を列挙しているのが特色のひとつだが、西洋近代流の一国言語主義に学んで、和文主義に立つので、おのずと「国学」の流れに属するものが多くあがる。催馬楽などに庶民の口語体を見ようとする姿勢は、本居宣長も同じだが、実際は中国の「歌」の語が民衆の歌謡、すなわち民謡を指すことを受けたものである。

第五講「中古文学の二」で、『うつほ物語』が先行していることを強調しつつ、『源氏物語』を大きく取りあげ、仮構だが、人情の写実小説と言い切り、「腐敗した社会の有様を書いたものを我国文学の第一とのもの、やうに珍重しなければならぬといふのも、実は情けない[5]」と述べている。写実を重んじる時代、また日清・日露戦間期の武張った趨勢を受けたものといえよう。*

*かつて本居宣長は『紫文要領』『石上私淑言』（ともに一七六三）で、『源氏物語』に示された不義の恋の「物の哀れ」の深さを賞賛した。それを今日、あたかも道徳に対するエロスの解放、文芸の独立宣言であるかのように見なす向きがあるが、その主張は、日本にも儒・仏の教えが広く浸透しているのを承知の上で、それら「唐国の道理」を拒絶し、わが「天照大神の御国」の始原から連綿とつづいてきた（はずの）「物の哀れ」を絶対化する、いわば「国学」の戦略的な立場からなされたものだった[6]。『源氏』評価は、各時代の文化ナショナリズムの変遷をたどる恰好の指標になるだろう。

芳賀矢一『国文学史十講』の前年、一八九八年、イギリス人で、お雇い外国人教師として長く日本に滞在したウィリアム・アストンが帰国後に刊行した英語による初めての『日本文学史』で、『源氏物語』の近代性を絶賛したことは序章で述べた。芳賀矢一は、その広告にしかふれていないと語っているが、のちには翻訳も順次なされ、参照もされたらしい。いわば文献のすべてを扱い、祝詞にもリズムを見るなど、美的要素を抽出する態度によるものだが、『新古今和歌集』には、まったくふれず、江戸前中期の「ポルノグラフィー・スクール」を退けているのが大きな特徴である。

『国文学史十講』は、同じ第五講で、『枕草子』については批評性と文章の変化、奇警な所をあげるが、

「随筆」の語は用いず、『和泉式部日記』『かげろふ日記』など「女房の日記」と並列している。そして、『栄華物語』『大鏡』などを「歴史物語」と称し、[7]第六講「近古文学の一」では、『保元物語』『平家物語』『源平盛衰記』などを「軍記物語」と呼んでいる。物語性をすなわち芸術性と考え、古典を近代文学の基準に寄せて評価する姿勢が明らかである。また、それらの「和漢混淆文」が江戸時代に練れて、明治期「普通文」となったという見通しも語っている。[8]が、『方丈記』の文体には言及していない。

『今昔物語』については、源隆国の作という説をとり、物語が「男に移ってきた」、「其時代の迷想風俗などがわかります[9]」と述べるが、「近古文学の一」では、『今昔物語』を「一種の雑史」といい、その系統を引くものとして『十訓抄』『古今著聞集』をあげ、ただし、総論と訓戒を付していることに注意している。この見解は妥当性が高いと思われる。やはり「説話」の語は、用いていない。

同じ「近古文学の一」では、鎌倉時代の「随筆」として『方丈記』『徒然草』のふたつをあげ、『方丈記』には仏教的無常観を読み、『徒然草』には神儒仏老思想の混合を読みとりながら、道徳的訓戒ゆえに広く読まれたと論じている。それらと「紀行文」とをはっきり切り分け、『海道記』『東関紀行』に注意をうながしている。「随筆」を「美文学」の範囲を逸脱する思想書として扱う姿勢が顕著である。ただし、前の章で『栄華物語』にふれたところでは、天保期の国学者、伴信友の『比古婆衣（ひこばい）』（一八四七）を「随筆」と呼んでおり、考証ものを「随筆」と呼ぶ習慣も引きずっている。

第九講「近世文学の二」では、やはり後期の「滑稽小説」までを追っている。最後の第十講を「現代文学」とし、東西文明の混淆期と論じ、その調和を「日本文学の課題」として結んでいる。

芳賀矢一は、この『国文学史十講』を講じた翌年（一八九九）にドイツに留学、文献学を学んで、明治三四年（一九〇一）に帰国、東京帝国大学教授となり、やがて、『攷証今昔物語集』（一九一三〜一四）をまとめる。グリム兄弟の仕事など、言語学とフォークロア研究が結びつく風を受けたものである。*比較民俗学の観点から「序論」の冒頭で「国文で記した最旧最大の説話集」と称し[10]、その点で、『宇治大納言物語』『宇治拾遺』と同一視している。この「説話」は、口で語られた一話一話を意味していよう。『今昔物語集』を「雑史」とする先の見解から転換していることになる。

*なお、『グリム童話』（*Kinder- und Hausmärchen*, 1812, 13）は、近代言語学の立場から、語られたままの口語の採録をうたい文句にしているが、書物から採られたものもあり、今日では道徳的配慮による改変も明らかにされている。

なお、民間に伝承される様ざまな話については、明治中・後期に、知能の発達の程度に応じた教育が提唱されたことを背景に、巌谷小波が編集する博文館発行の雑誌『少年世界』などの主筆として作品を執筆、それらを「日本昔噺」（一八九四〜九六）、「日本お伽噺」（一八九六〜九八）、「世界お伽噺」（一八九九〜一九〇〇）と、それぞれ大部のシリーズとして刊行、「昔話」「お伽話」は、ほぼ同義でひろまった。柳田国男系の民俗学では主に農山村をフィールドとし、民間伝承の採録が重んじられたが、「民譚」の語が用いられる傾向が見える。

また、ドイツでは、このフォークロア研究と同じ流れに、フォークソング研究があり、それを森鷗外や上田敏が受けとめ、文部省によって、採譜を含めた「民謡」収集が二〇世紀への転換期に開始される。日本の場合、民謡の収集は、中世の『梁塵秘抄』、江戸中期には『山家鳥虫歌』（天中原長常南山編、一七七二刊行）、これを再編した『諸国盆踊唱歌』が流通していた。しかも、地方の農村や山村のそれらは、都市の遊郭で一定程度、洗練され、「俚謡」「俗謡」と呼ばれ、端唄、小唄、都都逸などの流れもつくった。その点、パリのシャンソンなどより先行していた。必ずしもヨーロッパの新概念の導入により、新しく起こった事態ではなく、上田敏は民謡調を取り入れた西欧の当代の詩の翻訳に取り組むなかで、『山家鳥虫歌』の類を参照していたと想われる。なお、「民謡」の語に統一されるのは第二次世界大戦後である。[11]

藤岡作太郎『国文学史講話』

第二次世界大戦後にもよく読まれた簡便な「日本文学史」の筆頭にあげられるのは、藤岡作太郎『国文学史講話』だろう。国文学史教科書の編纂を重ねてきた経験を活かし、それまでの学説の弊を一挙に正そうとする姿勢が示されている。しばしば「純文学」の語を用いているが、これは芳賀矢一のいう「美文」を受けたもので、各時代によく内在して、それぞれの著作の要点をよくつかんでいる点においては抜群である。が、「総論」に、国民の「団結力」の強調、また「自然の愛」を掲げていることは、日露戦争後の風を受けたもので、それは、それぞれの作品の評価にもうかがえるが、後述することにし、ここでは、ジャンル概念とその評価基準に絞って、その特徴を見ておく。

第一に、「太古」第二章「大化以前」では、記紀神話に見える様ざまな由来譚を「説明神話」、動物にまつわる話を「動物説話」と呼んでいる。おそらくフォークロア研究、あるいはイギリスのジェームズ・フレイザーの社会人類学の研究などを参照したものだろう。

第二に、「平安朝」第四章「藤原氏全盛時代」で、『枕草子』『紫式部日記』『和泉式部日記』を一括りにし、『源氏物語』とともに平安中期に女性による散文が盛んであったことを大きな特長としている。

『源氏物語』と『枕草子』とは比較の対照にはならないといい、それぞれを藤原定家以来の長篇・短篇の双璧とする評価の流れに釘を刺し、『枕草子』の「随感随録」の断片的性格、「筆致奔放自在」のため、「驕慢なる虚栄心」まで随所に暴露していると欠点を指摘している。[12] 藤岡は「太古」「大化以前」の章で、上古の歌謡に「即興の弊[13]」をあげるなど、芭蕉俳諧を例外として、概して即興を低く見る傾向がある。

第三に、『源氏物語』を宮廷生活に対する「着実なる観察と深遠なる思想を縫合」した「写実小説」にして同時に「理想小説」であり、それによって「空前絶後の小説」と絶賛している。これは、高津鍬三郎同様、西欧ロマンティシズムとリアリズムの方法とを受けとめた批評で、そのストーリーの運びが「用意周到」であることとの賞賛は、「即興の弊」を嫌う態度と表裏するもの。[14] 男性本位の貴族社会に対する批判が『源氏物語』だけに見えるという趣旨のことを述べているのは、女性蔑視への批判の現れであり、藤岡作太郎のリベラリズムの発現である。

第四に、「平安朝」第五章「院政時代」に「古今の奇話異譚」を集めたものとして『今昔物語』をあげ、階級の上下に通じていることを特色とし、中流以下の生活風俗、迷信を知る材料としているのは芳賀矢一と同じだが、ここでも「説話」の語は用いられていない。「中世」第三章「鎌倉時代」では『十訓抄』『古今著聞集』などに「雑纂類の流行」を見ている。なお、当時の偽書の流行を鑑みて、『発心集』『方丈記』ともに、鴨長明の名に仮託したものと断じている。[15] 理由は述べていない。ただし、それから五年後、藤岡は『方丈記』を偽書とする説を改めて提出し、論議を本格化させる。

第四章「南北朝時代」では『徒然草』をあげ、「見聞感想録」と称し、仏教思想と道家思想のあわせた虚無思想から世を白眼視するものと評しているが、温情が特色ともいう。藤岡作太郎は全体に、溌剌たる気風を好んでおり、リベラリズムの立場から江戸時代の民衆文学への評価が高い。

津田左右吉『文学に現はれたる我が国民思想の研究』

津田左右吉『文学に現はれたる我が国民思想の研究―貴族文学の時代』（以下総タイトルを『我が国民思想』と略述する）は、『風土記』について、こう述べている。

> 『風土記』といふからには、地方地方の習俗気風なども写され、又た其の中には民間説話や民謡なども載せられてゐるだらうと思ふと、大間違ひであつて、たまに歌などがあつても都会人の作であり、その故事伝説も大抵は中央政府で作られた国史に基づいて仮構せられたものか、さもなくば支那の伝説である[16]。

ここに用いられた「民間説話」「民謡」の語は、二〇世紀への転換期に導入されたものと見てよい。各地の伝説の収録及び編纂には、中央から派遣された書記官に類する者があたっただろうし、そうでなくとも、漢文の記述ができる者の多くは中央の息がかかった者だったにちがいない。先に『常陸国風土記』の歌謡が、整然と四字句に整えられていた例を見ておいた（116〜117頁）。各地の『風土記』には、天孫系の神がみへの服属や縁結びの神話が多いのはたしかだが、この津田左右吉の見解は、あまりに一方的な断案といわざるをえない。たとえば『播磨国風土記』には、天日一命（アメノヒヒトツノミコト）という太陽神を想わせる男神の名が見える。これは皇祖神・アマテラスオオミカミを女神とする記紀神話とは明らかに抵触する。

その神話が終わったあとで、つけたりのようにして、そののち、土地の田が荒れたと語られる。「荒田」という地名の由来譚として記載されることにより、おそらくは渡来系の人びとがもちきたった神話の欠片が遺されたのだろう。韓国から渡ってきたとされる天日槍は、『古事記』にも『日本書紀』の一書にも登場する。これらは、むしろ、『風土記』に記載され、また「国史」に組み込まれる際に、一種の服属神話として仮構された跡を遺しているといってよい[17]。

津田左右吉『神代史の新しい研究』（一九一三）は、「総論」の最後の補注に、本居宣長の見解を批判して、『古事記』序文の記事から、太安万侶は天武天皇に命じられ、稗田阿礼が訓み方を研究していた様ざまな古書を選述し、『古事記』を成したのであり、それ以前にまとまった詞章があったわけではなく、阿礼がそれを暗誦していた物語があったわけでもないと述べている。「勿論、多少の口碑は何時の世でもあるもので、また民間説話などもあつたことに疑はないが、それらは決して詞章を具へたものでは無い[18]」と。ここでは『古事記』を問題にしているが、そのあとのところでは『日本書紀』に「一書に曰く」と記載される際に、詞章として整えられ、ストーリーが編まれたとし、もって例証としている。『我が国民思想』では、やや調子を改め、神代の物語の全般について、「作者は歴史的伝説として書きとめたものでは無く、或る伝説をもとにして物語をつくつたのであらう[19]」と述べている。中央官僚の作為的改編というべきところであろう。

『我が国民思想―貴族文学の時代』第三篇「貴族文学の沈滞時代」七章「神秘的及び道徳的傾向」では、『今昔物語』にふれて、「一々の説話」と用い、『大和物語』などの「同じ説話」と比べてみると

「調子の違ふところがよくわかる」と述べ、教訓臭が付随したことを強調している。『宇治拾遺物語』にも「教訓的説話」という語を用いている。[20] 津田は、神話を含め、民間伝承の類を「語られるもの」という意味で、「説話」と総称し、傾向の変化を追っているが、うた物語とのなりたちのちがいを論じるべきところだろう。

『我が国民思想』の平安時代に戻る。『うつほ物語』『落窪物語』をおしなべて「写実小説」といい、だが、それらは印象を写さないといい、それと比べて『かげろふ日記』『和泉式部日記』は「情趣に満ちた印象的の写生文」としてはるかに進んだものという。古代から「臨模」、事物のありのまま、髪の毛一筋一筋を写すような意味で用いられていた「写生」――対立語は想念を書く「写意」――の意味を、印象主義の観点を導入することで転換し、進歩史観により、横滑りさせている。

『枕草子』は「人間を写すには適してゐないが、耳目に映ずる外面の事物については、鋭敏な感受性と、精緻な観察とを、十分に至上に活躍させてゐる」と評している。『源氏物語』については、それら鋭敏な感受性と精緻な観察とを「豊富な空想に織り込んで、巧みに人物と光景の其の間に起る葛藤との幻像を作り上げ、さうして其の人物の情生活を内面的に遺憾なく描写してゐる」と絶賛する。[21]「観察」も、津田左右吉『我が国民思想』の批評のキイ・ワードのひとつ。

鎌倉時代については、『我が国民思想―貴族文学の時代』第三篇第六章「厭世思想」で、津田は『方丈記』に何度かふれ、鴨長明について「かのすねもの」を連発している。「随筆」の語は用いていない。そして「西行でも長明でも彼等が人間である以上、生を喜び死を悲しむ情は本能的に存在している。因襲的厭世観の威力がどれほど強からうとも、此の根本的生存欲を全然滅ぼし去ることは出来ない[22]」という。生死の余執を離れる願い、山中独居の「閑適」など上辺だけのこととし、生存欲こそが人間の根本とする考えに立っている。これも日露戦争とその後、人民の生存権が問われ、生命の危機感が蔓延した時代思潮、すなわち生命本位、「自然の生命」「宇宙の生命」などを世界原理とする西欧の思潮を様ざまな伝統思想で受けとめた生命主義の思潮を映すものといってよい。津田左右吉の史学には、明治維新の一面を幕藩体制の抑圧に対する「生命の躍動」すなわちアンリ・ベルクソンのいう「エラン・ヴィタール」による反撥と解説しているところさえある（「流れゆく歴史の動力」一九二〇[23]）。

『我が国民思想―武士文学の時代』第一篇「武士文学の前期」第七章「古典趣味」では、この時代の生活と古典趣味との乖離を指摘し、その典型として『徒然草』をあげる。「随筆」の語は用いず、生活は隠遁しながら、平安朝の貴公子を理想にしたり、男女の光景を思い浮かべたりする趣味との乖離をいい、かつ修養を説くことを「矯飾」と見ている。西行と比較して兼好は「世捨て人になるには余りに人間味に富んで」、「世間味に執着してゐた」とまとめている。[24]『徒然草』の生活、趣味、教訓の掛け違い、文体も統一せず、部立てもしない野放図さ、いわば即興性が生む滑稽味も見過ごしていよう。津田左右吉『我が国民思想』の全体の企図は精神史にあるが、考察は文章におよぶし、平民のよろこぶ滑稽味にも敏感な人が、兼好法師の随意の筆法には意を注がなかったのは道徳的側面を嫌ったものらしい。

『我が国民思想―平民文学の時代』第一篇「平民文学の隆盛時代」第八章「俳諧 下」でも、芭蕉の俳諧を論じるのに「観察」と「情趣・情調」を評価の二大基準にしている。総じてジャンルには無頓着に文章の特色を論じ、その基準は、実証主義ないしは文芸上の「自然主義」の方法である「観察」、及び「印象」や「情趣・情調」を醸すことを目的とするドイツ感情移入美学によるものである（後述）。

二　「日記」の変容

日記帳の出版

江戸時代の知識層には、漢文のリテラシーが必須とされ、日々の業務の備忘録としての日記には、漢文ないし書き下しを部分的に混ぜる、あるいは、その逆のいわゆる変体漢文が多く用いられたと推測される。庄屋層や都市の商家などでも、家訓書の類には、多く漢語及び漢語表現を混ぜた文が記された。それとは別に、いわゆる「往来物」が盛んに出まわり、とりわけ女性のあいだでは手紙文に準じた和文体の手控えがつけられたと推測される。ただし、敬語表現がどこまで重んじられたかは階層や個人差で開きがあろう。これらは歴史的な事件の波紋や当時の民衆の日々の暮らしの様子を知る手立てになるが、眠ったままのものも多く、各県の文書館に寄託されているものも調査は容易でない。

明治政府は、公用文を硬い漢文書き下し体とし、明治一〇年代半ば、一八八〇年代には、日本の古典となならんで、古典漢文の復興機運が生じたが、これは読書や学習内容においてのことで、私的な記述に漢語及び漢文的表現を多少、増加させたくらいだろう。官庁や学校、あるいは会社の行事、商店の仕事の記録など役職や個々人の仕事に応じた職務の記録は、次第に広く浸透してゆくと思われるが、多くは漢文書き下しをやわらかく崩し、和文体に近づけた「普通文」が用いられた。「漢文崩し」とも呼ばれる。行事や出来事の記録のあいだに、当人の毎日の生活ぶりをのぞかせる記事、また「驚いた」、「これは前代未聞のことであり、どう対処すべきか苦慮する」などの感想や考察などが差し挟まれるのは、ごく自然な成り行きで、江戸時代までとさして変わらないと想われる。

英語では、日付の入った記述全般に"journal"の語が用いられ、作家など個人の「日記」が公刊される場合でも、この語が用いられていた。"diary"の語のもとは、予定を含めた備忘録用の日付の入った、ノート形式を指す語である。

それにならったものを博文館が明治二八年（一八九五）に「懐中日記」、翌年から「当用日記」と称して発売したことが知られている。和綴じの控え帖に代えて、携帯用に便利な小型の定型版を発売し、大当たりをとり、明治後期に出版、印刷のコングロマリットともいうべき地位を築く経営基盤のひとつとなった。その後、婦人用、女学生用など体裁が多様化するが、修養の季節（後述）のなかで、古今東西の偉人の名言の類を袖に刷り込むことが定式化してゆく。

警醒社書店も同じ年、「明治廿八年用　吾家の歴史」と称する日記帖を発売したが、タイトルからわかるように家族の記録のためという性格を狙いにしたもので、背景には民法制定（一八九六、九八施行）の動きがある。なお、この民法制定には、「家」の繁栄を至上の目的とした大家族制を解体し、血縁の家族に絞り、長子相続制の新たな「家」制度に再編しようとする狙いがあった。血縁制はかなり浸透したが、長子相続に関しては、長男の立身出世を優先し、廃嫡するなどの抜け道を利用し、次男が家督を相続するケースも多く見られ、また養子の習慣も種々の事情がからんで長くつづいた。

この時期以降、近現代の「日記」の特徴を「商品化された日記帳の時代」ととらえる向きがあるが、外面的な現象にすぎない。実際には、記載欄が決められていることを嫌い、各種の手帳、ノート類に記すことも多い。メモ書きの備忘録に止まらず、自身の感情の起伏を書いたり、思索の跡を残したりする記載が常態化するからである。その書き方への変化が起こる以前、二〇世紀の転換期の日記の一般的なかたちと内容、その文体のあらましを見ておきたい。

『ホトトギス』募集日記

正岡子規の率いる俳句雑誌『ホトトギス』が、明治三三年（一九〇〇）から数年にわたって日記記事を募集し、選考して掲載したことがある。子規は、短歌や、それまで一般的だった「俳諧」という呼び名を「俳句」に変え、新たな言語芸術のひとつに変革する運動を主導したことで知られるが、散文の変革にも意欲的に取り組んだ。『ホトトギス』は本拠地を子規の故郷、松山から東京に移した一八九八年一〇月（第二巻一号）以降、誌面の多彩化をはかり、題を与えた「小品募集」を行い、選考して掲載していたが、第三巻一〇号（明治三三年七月一〇日、ただし、掲載記事の日付から実際は七月下旬刊行と推定される）で、それを変更し、「日記募集」に切り替えた。

「小品」は、江戸時代から漢文の短文を意味する語として用いられ、明治期には日本語文にも広く用いられた。夏目漱石「永日小品」（一九〇九年一月）などが知られる。それこそ「随筆」の典型のように見なされるが、散文芸術の一種という色彩が濃く、虚構性の強いものをも含み、明治、大正期の投稿雑誌には、「小品」が一ジャンルとして設けられていた。*

＊明治中期から新聞や各種雑誌が、投稿を募集し、選考して掲載することが読者拡大の手段として盛んで、たとえば博文館の『中学世界』は明治三二年で発行部数九二万部という盛況を見せていた（警視庁統計表によるが、博文館の巨大雑誌『太陽』の場合、この時期には、ほぼ二倍に嵩上げしていることがわかっている。『中学世界』もそれに準じて考えてよいだろう。読者は中学に通う者に限らない）。投稿掲載を主体とし、選評を加える、いわば専門誌も博文館の『文章世界』をはじめ、同人雑誌が盛んになる一九二〇年前後まで数種、刊行されていた。

『ホトトギス』が「小品」を「日記」に切り替えたのは、子規が編集に関与していた陸羯南（くがかつなん）が率いる新聞『日本』が題を与える「小品」募集を行いはじめたこと、また正岡子規が『ホトトギス』第二巻第四号に「雲の日記（明治三一年一二月一五日より三一日まで）」を掲載したことも関係しよう。明治三三年一〇月第四巻第一号以降、一ヵ月交替で「募集週間日記」と「募集一日記事」の掲載が行われた。子規歿後、次第に、もとのように題を与える短文の募集に戻されてゆく。

ここでは、それらのごく一端を抜き書きして示し、コメントを付すが、応募したのは『ホトトギス』の読者とその周辺に限られ、途中に、俳句を織り込んだもの、俳句関連記事や『ホトトギス』への言及を散見する。俳句は庶民の趣味として定着しており、庶民からの投稿が多く見られ、職種も記事内容も多岐にわたり、この時期の生活習慣を多方面にわたって知ることができる興味深いものである。(25)だが、ここでは、日記の記事の形態を主眼に紹介する。応募にあたって当然、文章は整えられているが、掲載にあたっては、誤脱字等の訂正及び部分的な割愛をうかがわせるところがあるものの、文章は句読点等まで応募原稿のままと判断される。選者は「週間日記」「一日記事」ともに第四巻五号（一九〇〇年三月）までを正岡子規が担当、以降を高浜虚子、第五巻より河東碧梧桐が担当している。

まず、第四巻三号に掲載された七本の週間日記のうち、三本から抜き書きする。

最初の①「京城日記　朝鮮京城、晩霞」は、京城駐在の銀行員の日記（引用表記は原文ママとし、適宜振り仮名を付し、［ ］に引用者の注を付す）。

○十日［十一月］。西風。晴。甲午［日清戦争のこと］以来戦亡将卒のため南学堂（ナンハクダン）に忠壇を設け招魂祭を行う。

○十一日。北風。曇。手洗鉢（ちょうずばち）の水氷る。澁澤［栄一］男爵へ宮中より賜宴（ようえん）あり。

○十二日。北風。晴。西小門外京城停車場に於て京仁鉄道開通式あり。我（わが）銀行は臨時休業す。式場の付近にて餅撒（まき）、西洋手品、手踊、韓演劇等の余興あり。

備忘録的記事の典型である。ただし、日付毎に○をつける記事はこれだけで、以降も見られない。次の②「日記抄」の署名は「下総船橋在　九十生（つくも）（二十余歳）」。維新期生まれで、植木及び草花の育種業を営む者だろう。

十日［十一月］。土曜。曇。東京へ種苗類求めに行く。午前三時謙次郎と共に出立（しゅったつ）。九時小石川植物園に到る。園内参観。新宿の耕牧園に到り花梅苗三種、田中枇杷（たなかびわ）、臘梅（ろうばい）、佛手柑（ぶつしゅかん）、四季咲木犀（もくせい）及び大鳳竹を求む。赤阪興農園に到り百合根八種、黒竹、草いちご、花菖蒲、薬用サフラン、チユーリップ、紫雲英［レンゲソウ］抔求め皆大風呂敷に包み謙次郎に負はせたり。新橋にて水鉢四個、日本橋にて水鉢一個、平の植木鉢三個を求む。

本所より滊車にて九時半帰宅。

十一日。日曜。大雨。昨日求めたるチユーリップ、サフラン、竹抔鉢に植う。京都より持ち来りたる加茂川石を水鉢に置く。真楽園より朝顔種子七種を送り来る。（以上二六頁）

もう一本、③「工事日記」を引く。署名は、磨劔生。工事監督者。

十一月十日。土曜。晴。長戸川橋梁第一号橋脚基礎用の水中混凝土を沈設して一週間を経過せしを以て其の成績を見んが為め朝来箱枠内の水替をなさしむ。始め枠の四隅に備へたる四組の喞筒の内の一箇不良となりしが故に午後十時まで夜業をなし遂に替へ終へずして止む。こゝ長戸川工場は成田鉄道我孫子延長線の橋梁を建設しつゝある処にて印旛沼の下流なり。余は今春以来此の工事を監督するが為め来り居るなり。

十一月十一日。日曜。雨。雨を冒して前日の如く水替をなす。正午頃漸く終る。混凝土の結合尤も良好にて大に吾が意を得たり。直ちに表面の凸凹を水平に均らさしむ。

十一月十二日。月曜。曇。第一号橋脚煉瓦積用の遣り形足場を作る。西岸橋台の煉瓦積終る。（三一頁）

以上のなかでは、最も高学歴、年配か。用言終止形止めを混ぜているように、漢文書き下し体をところどころで崩す、いわゆる明治期「普通文」である。

職務型の「日記」について、他の号からも拾ってみよう。第四巻一号と五号（明治三四年一月一〇日より一六日）に④「鋳物日記　本所　秀眞」が掲載されている。五号から引く。

一月十日　釣燈籠を込める、兼さんに水盤の開きの方のナカゴをやらせる、明日の夕方頃吹きたいものだと話して夕方兼さんが帰つた。余は十一時まで梅公を相手に夜業した、
一月十一日　朝飯を食ひながら新聞を見ると、今日は舊［旧］の十一月廿一日で有つた、廿一日といへば大師様だから、今日の夕方吹きをしたらば鋳損（いそこ）なひでもなけりやい、がと例の心配をし初めた、万一吹く様に成つたらば成つた時の事として、余は釣燈籠へか、る、勇作は今日は最早（もはや）喉も痛くありませんからと云故（いふゆえ）、水盤の台の方の仕上（しあげ）をやらせる、兼さんが夕方帰る頃までには、ナカゴへクロミを塗つて、吹くばかしには成つたが、最早日が暮れた故、幸ひの事にして吹きを明日にのばした、（後略）　（二六頁）

「兼さん」「梅公」は使用人で、後者は次に紹介する「日記」を応募。二一日は空海が入定した縁日、「大師様」は深川不動堂のこと。専門用語は手がおえず、注は入れられない。記載が仕事の細部にわたっているのが特徴で、職人ながら、自称に「余」を用い、「〜する、〜した」止め。下町の口語的表現がまじる。

同じ五号に、⑤「小僧日記」と題する記事があり、署名は「本所秀眞内　梅吉　十二歳」。「旦那」にならったか、勧められたと見える。自称は「あたし」。

一月十日　絹マチを篩(ふる)ひ、カミツケをこさえる、
一月十一日　前田の叔父さんが、内(うち)［家］に有る丸い木の硯を、こめて唐銅に吹いておくれ、褒美(はうび)をやるからつてそ［う］いつたから、旦那にそ［う］いつて朝からこめる、夕方ナカゴを込める、こはれたから又ナカゴをこめる、丁度三辺目に型の方もこはれか、つたから、旦那に直してもらつて、夜十二時頃やつとナカゴをこめた、今度はこはすといけないから、旦那にナカゴのけづりをやつて貰(もら)つて、あたしは先へねる、　（三二頁）

数え十二歳の梅吉さんのものが、一番、口語に近い。当時の尋常小学校は四年制で、彼は高等小学校（二年制）に行かずに小僧になったと推測される。

これまで明治期の記述について、文語体から口語体へと変遷が辿られ、それをリードしたと想われる尋常小学校の国語教科書について、文部省の検定がはじまった明治一九年（一八八六）から口語文体をとりいれ、明治四〇年（一九〇七）の国定教科書で各段に増えるといわれてきた。「だ、である」体（口語常体）も教えはじめているが、教科書には、圧倒的に「です、ます」止め（口語敬体）が多い。

ヨーロッパ近代を通じて知識人のラテン語が各国語に置き換えられ、学校教育を通じて標準的な書き方が浸透してゆくのとはちがい、日本の場合、古代から漢文とともに日本語の読み書きが行われており、江戸時代から幕府と藩の二重権力状態の下で、お触れを徹底し、また生産の向上のために、リテラシーを向上させることがそれぞれに奨励されていた。が、習得は各自の自発性にまかされ、組織的に統一的な基準によって行われたものではない。日常の実際では、児童が書院や寺子屋で読み書きを習えば、体

言止めや「〜する、〜した」体で日本語を書くことはできた。それが庶民の記述体のベースと見てよい。明治期になされたのは、標準語と標準文体の基準がつくられたことだった。明治期「言文一致」とは、端的にいえば、それまでの文語体の「なり、たり」止めではなく、「だ、である」止めに整えることだった。漢文書き下し体から、漢語、漢文的言いまわし（「将に〜せんとす」などいわゆる再読文字を用いるものなど）を減らしてゆけば、和文体に近づく。それらの「なり、たり」止めに馴染んだ知識人の過半数以上が「だ、である」体に移行するのは日露戦争後のこと。ただし、これは総合雑誌『太陽』の署名記事の場合で、新聞や雑誌による規範を設けないケースである。新聞や雑誌記者が匿名で書く文章は、各社の申し合わせにより、一九二〇年前後に移行する。

文語体になじんだ知識層より、児童や庶民の方が体言止めや「する、した」体の文末を「だ、である」に改めるだけですむため、習得は容易で、移行は早かった。そのことを、この『ホトトギス』「募集日記」の傾向の変化はよく示している。高浜虚子は『ホトトギス』の「写生文」が言文一致を推進したかのようにいうが、誇張がすぎるだろう。正岡子規や同人が一致して「だ、である」体を推進したわけではないし、「小品募集」「日記募集」で、そのように指導したわけでもない[26]。

女性の日記記事

女性の「日記」も二例、紹介しておこう。第四巻一一号（一九〇二年九月）に⑥「縫物日記　はる」が掲載されている。

私の毎日通ふ縫物のお師匠様はもう六十を二ツ三ツ越しておいでなさいますが、まだ〳〵ご壮健で、四十の年から弟子をとつてなさるさうです。そのお連れあひと云ふのは七十過ぎた至てお優しいお人でお頭は雪のやう、植木がお好きでいろ〳〵の珍らしい草花など集めて毎日それを日南へ出したり入れたりなさるのがお務めで、折々二重に眼鏡をかけて（一ツは目に一ツは人相見のもつやうなのを手に）新聞を読んで居られることもあります。

御子息は或る所へ出勤なさいます。嫁御は色の白い怜悧いお人、たしか二十三とか、皆おやさしい方ばかりで、あらいお声など一度も聞いた事もなく、極おだやかな楽しい御家内です。

今お弟子は二十二才をかしらに十三才がすそ［末］で二十人ほどあります。

四日、天気不定晴曇雨かはる〴〵にて暑さ堪へがたきほどくるし。

朝八時三十分にゆきて十一時に人々に先ちて帰る。

かたびらの袖二つぬひ衿つけてかけ［掛］衿かける。

午後十二時四十分より三時までに脇筋ぬひて袖付け裾のいしづけくける。

これにてこの仕事は仕立［上］げとなる。きのふ衽のけんざき［剣先ないし衽先］に少しこま［困］りたり。かたびら［帷子、一重もののこと］は外のものより縫ひにくきもの。

五日、雨ふり。今日は父上留守なればひる早く帰るに及ばずと母君のたまふ。

午前九時より午後三時過に自分の羽織ぬひ上げて綿入れにかへる。

（三六頁）

冒頭に「縫物のお師匠」とその一家について概況を記しているが、このような工夫はわずかしか例がない。日記本文だけではあまりにそっけないので、応募に際して前文をつけたのだろう。文章も、ここだけ「です、ます」体を用い、敬体表現も駆使している（ルビには引用者が推測してつけたものもある）。本文は和文体の「～する、した」止めで、裁縫の練習や仕事の進捗の覚えとして実際につけていたものらしい。いわば職務日記の変形で、女性の間にも、このような日記が普及していたと考えてよいだろう。「募集週間日記」の応募者は、まずは『ホトトギス』の購読者であり、俳句に関心をもつ者のうちでも、庶民の遊びであった俳句を芸術に高めようという旗を打ち立てた革新派に関心をもつものに限られていたと考えられる。短歌雑誌に比べるなら、女性読者ははるかに少ないはずである。明治期の女性の文芸表現の主流は短歌にあり、短歌雑誌が彼女たちの主たる発表の場だった。巨大総合雑誌『太陽』でも短歌欄には女性の投稿が多く掲載されている。『ホトトギス』の短歌の投稿にも女性らしい号を用いた投稿句が見えるが、割合は少ない。さて、このおはるさんは『ホトトギス』の購読者だったのだろうか。誰かに勧められて応募したのかもしれない。

この庶民のおはるさんに比べ、第五巻一〇号（一九〇三年八月）に掲載された⑦「週間記事　麻布　春子」は令嬢の類の日記だろう。

六月一日、五時半起きたるに霧いと深く立ちこめて、愛宕の塔紅葉館など望むべくもあらず。常は近ふ見やらる、三田の山又は迪宮（みちのみや）殿下［のちの昭和天皇］のおはします河村邸などさへおぼろにて、一二里ばかりも隔りたらんと見ゆるをかし。今日よりぞ夏に入りたりと思ふに、以後三四ヶ月ばかりが程の暑さの、いかばかり脳にさはりて心しき事のみ打ち続くらんと思ひやれば、何となう心苦し。

友への手紙一通認め、八時半頃より一里半許りも隔たれる処へ絵の稽古に行く。

汐留より鉄道馬車に乗り、上野の手前切通しの所にて下車す。

師の許にはや十人許りの人ありて、二時間程も待ちぬ。けふは女の手本日なり。おのれには雌の鴛鴦が泳げる所を画き賜はる。前の日に出し置きたる雄の鴛鴦の画を受け取り、ぎぼしに蒿［篙］雀の清書を出し帰る。

芝なる家に立ち寄り、昼餉をしたゝめ、二時間ばかりも遊ぶ。丸薬水薬倶に飲まざりき。

帰路は飯倉よりしたるに、恰も熊野神社の祭礼なりければ、花傘、提灯、懸行燈など戸毎にかゝげありて人出も多く甚しく賑へり。道にて女学生風の人より何やらん小き紙に字をかけるもの貰ふ。見れば耶蘇説教の広告なり。

夕食後例の散歩も今日は止めつ。新聞、ほとゝぎすなどよみ、または祖母君と四方山の物語りなどし、十時半頃臥床［もしくは、ねどこ］に入る。　（三三二頁）

冒頭、擬古文。本文にも古典の女手を学んだ跡が交じる。このあと、途中より子規の病状に対する思いやり、「文学の上に御力を尽させ給ふ御事のいかで〳〵」と尊敬の念が縷々述べられてゆく。このような上中流の女性の日記には古典和文の影が見える。

七日の記事には、国学系で長歌改良による「新体詩」を目指した佐佐木信綱が率いる短歌雑誌『心の華』を読んでいることが記されており、そして、途中、「ねむられねばふるきホトヽギスをよみもて行く」とあり、また「おのがホトヽギスをよみはじめたるはやう〱昨日今日のこととて」とある。彼女は家にあった『ホトトギス』のバック・ナンバーを開き読むうちに、最近になって『ホトトギス』を毎号購読するようになったと知れる。

明治期写生文

正岡子規は「写生文」を提唱したといわれるが、「写生文」の語は『ホトトギス』の経営にあたった高浜虚子が好んで用いた語で、子規自身は「叙事文」（一九〇〇年一月）と称し、同人たちのあいだで競作を楽しんでいた。たとえば正岡子規「ホトトギス第四巻第一号のはじめに」に「其文を読むや否や其有様が眼前に現れて、実物を見、実物に接するが如く感じせしむるやうに、しかも、其文が冗長に流れ読者を飽かしめぬやうに書く」と示されている。その趣旨は、事物から受ける印象を彷彿させる、簡潔な文章を書くというところにあった[27]。彼の俳句と同じで、そのモットーは印象明瞭である。

そして、『ホトトギス』四巻六号（一九〇一年二月）には、子規「一日記事につきて」が載る。俳句の焦点化の技法を散文にも応用し、行動・見聞をずらずらならべることを戒め、「面白きことを捉へて書くが肝心なるべし」とある。その方向は撰にも現れるから、「募集日記」の投稿者も従うことになる。とくに「一日記事」に現れる。そのなかから一点、きわめて特徴的な投稿記事を紹介したい。

　これでも僕は度々(たびたび)諸種の競争はやつたが自転車のレースは初めてだ。レースをまだやらない中(うち)から心臓が鼓動して居る。砲がなつた無中で駆けだした。第一の曲り角で僕の直ぐ後の某紳士が倒れた。

第二の曲り角でつい馬力を張り過ぎたせいでもあらう僕の車は縄張り外の堆上の土に乗り上げた。あわをくつた。心を静めて車をとり直し又駆け出した。見物人が騒ぐのが聞こえる。追かけた。敵は既に半周計りも先に居る。大急ぎだ。三周目に追ひ付いた。大分落ち付いて来た。夫は勝利の目算が立つたからである。（三一〜三二頁）

なかなか達者だ。他も同じだが、句読点原文のママをことわっておく。署名は由人。田舎で『木兎』という雑誌を創刊した人で、『ホトトギス』の俳句欄にも応募している。文末の多彩さは文体意識の旺盛さの現れで、現在形「〜る」を交えながらの「〜た」の連続は、行為の連続性、その切迫した気分を示す工夫である。これを、みな現在形に置き換えてみるとよい。臨場感はいや増すが、切迫感は減る。[28]

この自らの活動を書く文章、いわゆる思想や観念などを一切抜きにし、ひたすら行為に夢中になっている様子を書く文章を、写生文と呼ぶのをためらう向きもあろう。だが、この現在形を交えながらの「〜た」の連続は、二葉亭四迷がロシアの作家、イワン・ツルゲーネフ『猟人日記』（Записки охотника, 1847〜52, 80）中の「片恋」（Ася, 1857）、「めぐりあい」（のち「奇遇」）（Три встречи, 1852）、「あひゞき」（свидание, 1858）の三編の翻訳に「言文一致」体を工夫したことを想いおこさせるのに十分だろう。

『猟人日記』は、ツルゲーネフが一九四八年革命前後のパリ滞在中に、ロシアの自然と農奴たちの悲惨な状態をあわせて書いた短篇集。外光派の画家たちが光と風の動きを写していることを学び、自然描写に活かした。美術のスケッチは瞬時の姿かたちを描くが、文章では景色が時々刻々移り変わる様子を写すことになる。「あひゞき」は全体が回想で、語り手が白樺林に座って眼前の景色の変化を述べる描写にロシア語の過去形（完了体）がつづく。

二葉亭四迷は、まず、果敢に音調、文体をも翻訳することに挑み、次つぎに継起する事象を述べるのに用いる完了の助動詞「たり」が口語化した「〜た」を連続して用いた。「?」や「!」の記号類も導入した（『国民之友』一八八八年七、八月号）。いわば精確に訳そうとしたのだが、「する、した」止めは体言止めとともに庶民が書きつけ類に用い、江戸時代から笑話の「地の文」などに出てくることは先に紹介しておいた。二葉亭は、それを連載中の『浮雲』にも応用した。人情本では、「なり、たり」文末が規範なので、これが小説における「言文一致」の嚆矢などとその意義が論じられてきた。

だが、「する、した」止めは江戸時代からの庶民の文体だった。当時としては、いかにもくだけ過ぎて品がない。斎藤緑雨は「煙管を持つた煙草を丸めた雁首へ入れた火をつけた吸つた煙を吹いた」（「小説八宗」一八八九）と文体模写でからかった。二葉亭は自分でも不細工に感じたのだろう、刊本『かた恋』（一八九六）収録の際に改訳し、現在形を多く交えて、リズムを整えた。[29]

その翌年、『太陽』博文館創業一〇周年記念臨時増巻「明治名小説」（一八九七）に『浮雲』が載り、前後して『太陽』に二葉亭四迷訳、ツルゲーネフ『ルージン』（Рудин, 1855）の翻訳『浮草』（のち『浮き草』）が連載された。そのとき、『かた恋』の翻訳文体に注目した作家がいた。国木田独歩である。

独歩の文体について述べる前に、『猟人日記』のタイトルについてふれておこう。『猟人日記』がその名を得たのは、一九〇九年、戸川秋骨・敲戸会同人訳で昭文社から刊行されたときのこと。ロシア文学の翻訳で名をはせたコンスタンス・ガーネット女史の英訳本、*A Sportsman's Sketches*（1897）からの重訳である。英語版のタイトルはロシア語の原題からの直訳で、狩猟がヨーロッパの貴族のスポーツの代名詞だった時代を偲ばせ、また「スケッチ」の語はツルゲーネフが絵画のスケッチに学んだことを示している。が、なぜ、英語「スケッチ」の複数形が「日記」と翻訳されたのか。

あるいは、ツルゲーネフの第一作、帝政期ロシア文学の「余計者」を書いた最初の作品とされる『余計者の日記』（Дневник лишнего человека, 1850）をガーネットが翻訳した *The Diary of a Superfluous Man*（1994, 1899）から借りたとも考えられる。あるいは、二葉亭四迷訳「あひゞき」に触発されたことのある戸川秋骨が、同じ『文学界』同人だった島崎藤村あたりから、国木田独歩や徳富蘆花の「自然の日記」（後述）について伝え聞いていたかもしれない。藤村は小諸時代（一八九九～一九〇五）に、のちに『千曲川のスケッチ』として発表する散文を試みていた。秋骨は蘆花より、やや年上だが、郷里は近く、熊本藩士族（秋骨の父親は支藩の藩士）として遠縁にあたり、蘇峰とは早くから面識があった。

自然の日記

国木田独歩が二葉亭訳『かた恋』の翻訳文体に注目したのは、彼がちょうどフランスの外光派から印象派への流れに学ぶ画家から示唆を受け、自然のスケッチを試みていたときだった。そのスケッチの様子については、回想記「小春」（一九〇〇）に示されている。独歩は、さっそく、それを「今の武蔵野」（一八九八）に応用した。のち、『武蔵野』（一九〇一）収録時に「武蔵野」に改題する。『武蔵野』は、短篇小説をも含めて、いわば芸術的散文の小品集として編まれ、随筆集とは呼ばれないが、文典類によくとられた徳冨蘆花『自然と人生』（一九〇〇）とともに、その後の散文に大きな影響を残した。

独歩は、そのころ、徳富蘆花に「自然の日記」を書くことを勧めていた。日々、東京郊外の雑木林で「自分の見て感じた処」をスケッチし、それらを季節ごとに配し、案内記風に「今の武蔵野」にまとめた。一〇月下旬、「武蔵野一面が一種の沈静に入る。空気が一段澄みわたる。遠い物音が聞える」と述べたあとの一節を引く。

> 鳥の羽音、囀る声。風のそよぐ、鳴る、うそぶく、叫ぶ声。叢の蔭、林の奥にすだく虫の音。空車荷車の林を廻り、坂を下り、野路を横ぎる響。蹄で落葉を蹴散らす音、これは騎兵演習の斥候か、さなくば夫婦連れで遠乗に出かけた外国人である。（中略）遠く響く砲声。隣の林でだしぬけに起る銃音。自分が一度犬をつれ、近処の林を訪ひ、切株に腰をかけて書を読んで居ると、突然林の奥で物の落ちたやうな音がした。足もとに臥て居た犬が耳を立ててきつと其方を見詰めた。それぎりで有つた。多分栗が落ちたのであらう。武蔵野には栗樹も随分多いから。／若し夫れ時雨の音に至てはこれほど幽寂のものはない。

体言止め、用言現在形、「〜た」をおりまぜ、変化とリズムをつけ、短文を重ねる。芸術的散文をつくる意識が充分うかがえる。こうして様ざまな音の楽しみ方を案内する。次のようにつづく。

> 秋の中ごろから冬の初、試みに中野あたり、或は渋谷、世田ヶ谷、又は小金井の奥の林を訪うて、暫く座て散歩の疲を休めて見よ。此等の物音、忽ち起り、忽ち止み、次第に近づき、次第に遠ざかり、頭上の木の葉風なきに落ちて微かな音をし、其も止んだ時、自然の静粛を感じ、永遠の呼吸

身に迫るを覚ゆるであらう。(30)

夏には「林という林、梢という梢、草葉の末に至るまでが、光と熱とに溶けて、まどろんで、怠けて、うつらうつらとして酔て居る(31)」となる。この自然の「永遠の呼吸」の感受や、うっとりする意識が詩趣の頂点をなす。

ここには語り手がまるで姿を現さない。足元の犬の動作で、語り手の所在が示されるだけである。自意識も内面も記されない。武蔵野の魅力の案内に徹している。個の内面を直接、読者に伝えるヨーロッパの近代的文体は、文飾を捨てた「透明な」と形容されるが、それなら日本では、駢儷体を嫌った江戸時代の種々の内容の漢文にも示されている。それとは異なる意味で、この文章は「透明」である。いわゆる客観描写でもない。林のなかで聞こえる音、また木々が光と熱に溶けだしたような印象が主役である。うっとり陶酔する意識の状態は、主観と客観の混然一体となった「情景」の描写といってよい。*

*回想記「小春」では、ウィリアム・ワーズワースの『抒情詩集』(*Lyrical Ballads*, 1798) 中のスケッチ風の詩「ティンターン修道院から数マイル上流で」(Lines Written a Few Miles Above Tintern Abbey) の詩句を紹介し、"life of things" を「万有の生命」と翻訳し、「瞑想静思の極に到れば我実に一呼吸の機微に万有の生命と触着するを感じたりき」という。(32)「万有」はすべてのもの。自然の背後に流動する永遠の「生命」を触知する瞬間を無上のものとしていることがわかる。生命主義の淵源のひとつである(後述)。

独歩が「自然の日記」を書こうと思いついた要因のひとつは、イギリスの美術批評家、ジョン・ラスキンの『近代画家論』第一巻 (*Modern painters*, vol.1, 1843) に触発されたものとわたしは推測している。

ラスキンは、崇高な光が溢れる空を描くジョゼフ・マロード・ターナーの絵画に人びとが非難を寄せていたとき、ターナーの絵画が、それ以前の画家よりはるかに「自然の真理」（truth of nature）に迫るものであることを、色合いや色、明暗、空間、空、大地、水にわたって説き、擁護したことで知られる。とくにその第二篇第二章では、三日、大空の観察をすれば、人間に食物を与えてくれる自然の変化に富んだ営み、その精気（spirit）や永遠（eternity）にふれる歓びを感じるだろうと述べている。自然愛好の意味での「自然主義」（naturalism）の一種だが、この時期のラスキンは福音主義の立場をとっていた。自然の息吹に造物主の崇高な営みを感じ、それにふれる歓びを説いていた。*

*この考えは、虐げられた農奴たちの生活実態を描いて、ロシア帝政下の農奴解放のきっかけになったツルゲーネフ『猟人日記』には登場しない。ラスキンは、やがて広い意味での社会主義に傾くが、国木田独歩も晩年には底辺に生きる者たちに目を注いで「竹の木戸」（一九〇八）を書く。が、『武蔵野』は人の営みを挟んでも、まるで狙いがちがう。

ラスキンはゴシック・ルネッサンスの書として知られる『建築の七燈』（*The Seven Lamps of Architecture*, 1849）第五章「生命の燈」で、建築労働者の生命エネルギーこそが建築の美をつくると説き、有用労働を尊重する独自の経済学に進んでゆく。国木田独歩の「永遠の呼吸」という観念は、むしろ、彼がよくなじんでいたトマス・カーライルやラルフ・ワルド・エマソンの超越論的なスピリチュアリズムを想わせる。

なお、『武蔵野』〈小春〉にいう「瞑想静思の極に」「万有の生命と触着するを感じたりき」は、随想「忘れえぬ人々」（一八九八）では、「名利競争の俗念消えて総（すべ）ての物に対する同情の念の深い時」に覚える「心の平穏」と表現されている。[33] この「総ての物に対する同情」は、ドイツの感情移入美学にヒントを得たものにちがいない。*

＊ドイツでは、『無意識の哲学』(*Philosophie des Unbewussten*, 1869 ; 10th ed. 1890) で無意識の領域の普遍性を論じたことで国際的に広く知られる哲学者、エドゥアルト・フォン・ハルトマンが『美の哲学』(*Die Religion des Geistes*, 1887) を刊行、その第一巻「美の概念」では、美を主観のはたらきによるものとし、感官のうけとる「実情」(実感に同じ) と想像による「仮情」に分け、その「実情」のうちを受け身的な「反応」(reaction) と対象と同化する「同応」(sympathy) とに分けて考えていた。前者は強大なものを見て怖れを抱く類、後者は逆に、自分を同化して壮大な者になった感じを抱く類をいう。[34] この第一部を森鴎外は、一八九二 (明治二五) 年一〇月から翌年六月にかけて「審美論」として『柵草紙』に断続的に翻訳連載した。そこには、「同応仮情」を説明して、「主はおのが情況を客中に移して、おのが覚ゆる所を客の情況の直に映じ来たるものとおもへり」[35] という (のち、全体の要約を大村西崖と共著で『審美綱領』上下巻として一八九九年に出版)。独歩「忘れえぬ人々」の「同情」は、これを借りたものだろう。

ラスキン『近代画家論』第一巻の影響は、日本ではかなりひろがっていた。無教会派を創設することになる内村鑑三が志賀重昂『日本風景論』(一八九四) の書評で、志賀を「日本のラスキン」と賞賛したのが嚆矢だろう。志賀重昂は、そこで水蒸気のつくる風景の変化を礼賛し、火山活動に富んだ日本の風景を「自然の活力」が活発に働いている証左と論じ、日清戦争期のナショナリズムを鼓吹した。『易経』の説く天の「気」を自然の「エネルギー」のように解釈していたことが明らかである。宇宙を動かしているおおもとにエネルギーを想定するエネルギー一元論がヨーロッパで勢いをもつ時代だった。アトムは仮説にすぎないとまでいわれた[36]。その考えは、物理学を超えて、たとえば宇宙の生命エネルギーの突然の跳躍（élan vital）が世界全体を進化させる原動力と説いたフランスのアンリ・ベルクソン『創造的進化』（*L'evolution créatrice*, 1907）にも響いている。よく知られるように、日本で大流行した書物である。

だが、それ以前には、とくにラスキンが空の観察を、高層の巻雲、中層の種々の雲、低層の雨雲に分けて述べたことが知られており、幸田露伴は「雲のいろ〳〵」（一八九七）で、雲の形状を分類し、先にふれたように正岡子規「雲の日記」は毎日の雲の形状のちがいを、島崎藤村も小諸で「雲」（所収『落梅集』一九〇二）に、主として季節によるそのちがいを書いている。これらも今日では、みな「随筆」と呼ばれているが、当時、その呼称は用いられていない。散文に新しい書き方を拓くことが、それぞれ随意に競われていたのである。

徳富蘆花による「自然に対する五分時」の短文シリーズは、いわば分刻みで変化する光景を文章に描くことに挑んでいる。ラスキン『近代画家論』第一巻には、夜明けの空の変化にふれるところもある。「自然に対する五分時」その一「此頃の富士の曙」（明治三一年〔一八九八〕一月記）は「心あらん人に見せたきは此頃の富士の曙」とはじまる。逗子の浜に立って富士を望むことを明確に示し、「海も山も未だ睡れるなり」とある。これは暗喩だが、「唯一抹、薔薇色の光あり。富士の巓を距る弓杖許りにして、横に棚引く。……／富士は今睡りより醒めんとするなり」とつづき、そして「今醒めぬ。見よ嶺の東の一角、薔薇色なりしを。／請う瞬かずして見よ。今富士の巓にかかりし紅霞は、見るが内に富士の暁、闇を追い下し行くなり」云々と述べ、そして「富士は薄紅に醒めぬ」と報告する[37]。「なり、たり」

文末だが、現在形及び完了の「ぬ」も多用される。文語体でも変化する光景のスケッチはできる。

途中、「見よ」と、まるで読者が語り手のすぐ隣にいるかのように呼びかけが入る。眼前の光景の描写に切迫度を加え、読者の想像の眼差しを誘い、移りゆく光景を繰りひろげるための工夫である。ときに「自分が眼には、暁は此の両岸の鶏声の間から川面(かわづら)に湧き上つて来る様に思われた」(「利根の秋暁」[38])などと感想も入る。

「春の悲哀」は、次のように締めくくられる。「自然は春に於てまさしく慈母なり。人は自然と融け合い、自然の懐(ふところ)に抱かれて、限りある人生を哀しみ、限りなき永遠を慕う。即ち慈母の懐に抱かれて、一種甘える如き悲哀を感ずるなり[39]」と。大自然の霊気に身をまかせ、眼前に生起することども、刻々と移りかわる印象を報告し、自分の感想を織りこむ「情景」描写である。「慈母」はすべてを産み、そして自ら産んだものをやさしく抱きとめ、包んでくれる自然のたとえである。

『自然と人生』は、最後にエッセイ「風景画家コロオ」を置く。パリ郊外のフォンテンヌブローの森に集った外光派の画家たちを率いたジャン・バプティスト・コローは、ちょうどツルゲーネフがパリにいたころ、森のなかにニンフたちが踊る「朝、ニンフの踊り」(*Matinée, Danse des Nymphes*, 1850)などで注目を集め、一八五五年のパリ万国博覧会で一挙に名声を高めた。ニンフは、ギリシャ神話の自然の精(スピリッツ)の象徴である。だが、すぐにコローの風景画からニンフは姿を消してしまう。

蘆花はコローを評して「十分に自然を愛し、自然を解し、自然に同情を有し、而(しか)して活ける自然を伝うることを務めたり。自然は生く。一秒時も同じからず」という。「活ける変化ある自然の意、自然の詩、自然の情態、自然の相を活写したる者なり」と論じ、「空と気と樹葉の断えず脈拍顫動する機微を掴まん」と努め、どの絵にも「大気と日光の流動包饒」があると賞賛する。[40]「自然の生命」を描いた画家と考えているのは明らかだ。「風景画家コロオ」は、情景描写という新しい散文芸術の試みの、いわば理論篇にあたるようなものだった。国木田独歩『武蔵野』における「小春」と同じ役割を果たしている。先の『ホトトギス』募集日記に掲載されていた自転車競走の場面を臨場感あふれる筆致で書いた短文も、動く自転車から見える時々刻々変化する「情景」を書くことに挑戦していたことにあらためて気づくだろう。[41]

象徴主義の受容

「情景」は東アジアでは、古くから、叙景し、ついでその感慨、感想を述べる「景＋情」の表現様式をいい、「景」に「情」を託す表現もある。『詩経』には、枝の上で翼を寄せあう鳥に夫婦の愛を託すような詩があり、これが「寓」、和語では「ことよせ」、レトリックではアレゴリーに相当する。『万葉集』の山部赤人の歌に、次のものがある。

古(いにしへ)の旧(ふる)き堤(つつみ)は年ふるみ、池の瀲(なぎさ)に水草生ひにけり　（三七八）

詞書には、かつて華やかだった貴族の領地が荒れはてている光景を詠んだとある。うたには景色しか出てこないが、懐旧の情が託されているのは明らかだろう。この連綿と流れてきた技法をあらためて取りだしたのが、平安中期の藤原公任の「余情」だった。物語の地の文にも用いられることは、先に『源氏物語』〈夕顔〉の例を示しておいた（114～115頁）。

外界と接触した五官の感覚がとらえた「印象」は、主観でも客観でもない。山の空気にふれて「清々（すがすが）しい」と感じるとき、それは山の空気の属性か、そう感じる主体のものか、どちらに属すると決められない。気持が明るくはずんでいるとき、風景は明るく、反対に暗く沈んでいるときには暗く見え、逆に陽がよく照っているのに、気分によっては暗く見える場合もある。ゲーテが『若きウェルテルの悩み』でウェルテルの内側から、これを示した（16～17頁）。この気分情調の表現は、二〇世紀の転換期のドイツに興った感情移入（Einfühlung, empathy）論に支えられ、[*] ニュアンスに富んだ表現を志向するドイツ表現主義を支える理論となった。ごく大雑把には、事物の再現（representation）から内部生命（内なる自然）の表出（expression）へ表現概念を転換したと理論化できる。印象主義と感情移入は、ハルトマンのいう「反応」と「同応」とに対応する表裏の関係にあり、ともに象徴主義へ向かう動きに包括してよい。[*]

＊ゲーテを尊敬していたドイツ観念論哲学の雄、ヘーゲルは『美学講義』（*Vorlesungen über die Ästhetik*, postumus ed., 1835）において、カントによる「真・善・美」の切り分けは、主観の判断に過ぎず、ゲーテらが実践によってそれをのりこえたとし、制作主体の観念と制作物との関係において、彫刻の歴史を古代エジプトの原始的象徴芸術、古典ギリシャの芸術らしい芸術、観念が形態をうわまわるロマン主義ならびにキリスト教芸術の三段階に分けることを提唱し、またドイツ語の"Sinnvoll"（ズィンフォル。ふつう「含蓄」と訳す）を人間の感覚が受けとる事物とその意味とを同時に示す「不思議な両義語」と解説し、感情をもたない嵐を荒々しいと感じ、星空に崇高さを感じるなど、自然とそれによって心に喚起される「気分」（Stimming）や「情調」（Atmosphäre）とを重ねて、「情感をたたえた風景」すなわち「情景」（Amblicle, Aussehen）と論じている。[42] 印象や雰囲気、ムードも同じである。

感情移入論は、対象に感情を移し入れることにより共感し、対象を理解しうるとするもので、テオドール・リップスの『美学』（*Aesthetik*, 1899）に代表される。フォン・ハルトマン『美の哲学』の「同化」論を、いわば全面化したようなものといえるが、その主客の実体的対立を超えようとする理論は、神から与えられた生命の普遍性を前提とし、対象が自然の場合でも、その底に潜む生と人間の心的力動性との融合をいう。コミュニケーションに誤解が生じるのは人格が低次の段階にあるゆえとし、それを克服するために普遍性の獲得に向かうよう、つまりは全知全能の神に近づくように、不断に人格を向上させることが勧められる。それが人格主義である。感情移入美学と人格主義は、密接不可分の理論だった。

なお、「宇宙の生命」なる原理を掲げる思潮は、哲学史では「ヴァイタリズム」と呼ばれ、フランスのアンリ・ベルクソン『創造的進化』や、ドイツのショーペンハウアーやニーチェを先駆としてウィルヘルム・ディルタイらの「生の哲学」の流れ、またアメリカのプラグマティズムの流れを指していうが、これにイギリスのトマス・カーライルからジョン・ラスキン―ウィリアム・モリスへの流れ、カーライルと互いに共鳴したアメリカのエマソン、デイヴッド・ソロー、ウォルト・ホイットマンへの流れ、さらには『新約聖書』のヨハネの福音書中に出てくるイエスのことば、ふつうは神の教えを伝える者の宣言と解釈される「私が道であり真理でありいのちなのです」を「イエスの福音は、外面的な信仰を、生命の悟りにかえた」ととり、『わが信仰はいずれにありや』（В чем моя вера, 1884）では、キリスト教の教えは人類普遍の「生命」に自分を没入することにこそあると説き、「神は生命である」と宣言し、ロシア正教から排除されたロシアの文豪、レフ・トルストイ、そしてトルストイに共鳴したフランスのロマン・ロランらのひろがりを加えて考えるべきである。これらの流れが共鳴しあい、実証主義―機械論と、それに同調するマルクス主義諸派が拮抗しながら展開した構図でとらえるとき、初めて一九世紀後半から二〇世紀前半、さらには後半期にかけての国際思潮史、及び、それらを受け取りながら、日本で二〇世紀への転換期から第二次世界大戦期にかけて渦巻いた「近代の超克」思想の流れも概括することができる。[43]

実際、表現主義は、象徴主義と密接に関連しながら展開した。感情移入美学の流れに立つ批評家、ヨハネス・フォルケルトが『美学上の時事問題』(*Asthetisce Zeitfrangen*, 1895) で「自然主義は終わった」といわれるが、自然の「深秘なる内性の暴露に向かう『後自然主義』(Nachnaturalismus) は、自然の神秘に向かう象徴主義と本質を同じくし」、また近代人の「神経質」な特質が「現実の感覚」より「空想的な感覚」を重んじる方向を盛んにしていると述べた。[44] これも森鷗外が『審美新説』として翻訳紹介(『柵草子』一八九八～九九年に連載、刊行一九〇〇)。その影響は、詩人としてフランス象徴詩の移入をはかった岩野泡鳴の『神秘的半獣主義』(一九〇六)、また田山花袋「象徴主義」(一九〇七) など、これまで「自然主義」と目されてきた作家たちのあいだにひろがっていった。彼らを「自然主義」と呼ぶのは、一九世紀の文芸の動きを「ロマン主義」対「自然主義」の図式で考える、当時、国際的にひろがっていた風潮にのっとったもので、* 二〇世紀への転換期に、実際の表現及び表現理論に起こっていたことに目をつぶってしまうことになる。

*ヨーロッパの「自然主義」文芸は、フランスの作家、エミール・ゾラが下層民の乱脈な生活ぶりを描く小説に道徳的非難が浴びせられることに対して、実証主義や自然科学的思考の高まりに便乗し、「実験小説」(Le Roman experimental, 1880) で、遺伝と環境が人間にはたらく様子を実験医学のように小説で展開すると説いたことにはじまる。それをフリードリヒ・ニーチェの思想などの影響を受けたラディカリズム

の立場からデンマークの文芸批評家、ゲーオア・ブランデスが『一九世紀文学主潮』（*Hovedstrømninger i det 19 de Aarhundredes Lieteratur*, 1872–90）で、ブルジョワ社会の欺瞞を告発するスウェーデンのヘンリク・イプセンの戯曲『人形の家』（*Et dukkehjem*, 1879）などへ拡張し、「ロマン主義」対「自然主義」の構図が二〇世紀への転換期に国際的にひろがった。一時期はギュスターヴ・フローベール『ボヴァリー夫人』（*Madame Bovar*, 1857）やロシアのフョードル・ドストエフスキーの作風も「自然主義」のように目されていた。

だが、今日では、フローベールはロマン主義に立ち、『ボヴァリー夫人』は、登場人物それぞれの内側から、五官の感覚がとらえる印象をリアルに再現する方法をとったこと、ドストエフスキーはロシアの神秘主義的な傾きをもつ精神風土ととりくんだ作家として評価されている。つまり、その図式は、人間精神の無限の解放を目指し、想像力による創造性に価値をおくロマン主義が、実証主義の影響を受けてリアリズムの方法をとることに向かった写実主義の手法を、科学主義の理念（イデー）と取りちがえてつくられたものである。その図式がつくられたときには、すでに象徴主義の実作によってのりこえられていた。

ところが日本では、一九二〇年代に科学を標榜するマルクス主義が「観念論」対「唯物論」の図式を芸術思潮に投影し、「ロマン主義」対「自然主義」ないし「実証主義」の図式が延命させられ、第二次世界大戦後には、ロマン主義を信奉する文芸批評家、中村光夫が、日本の「自然主義」にはロマン主義のはたらきもあったが、日本の精神風土によって歪んだという主張をしたため、双方あいまって、長く文芸批評界に支配的な役割を果たしてきたのである。[45]

人間の内部に潜む自然としての性欲を暴露する田山花袋『蒲団』（一九〇八）は、作家自身にとっては、「後自然主義」の意味をもっていた。そして、日本でも二〇世紀に入るころから、ベルギー・フランス語圏の詩人で劇作家、モーリス・メーテルランクの戯曲や神秘主義のエッセイの翻訳　紹介がはじまり、ドイツの劇作家、ゲルハルト・ハウプトマンが民間伝承（メルヘン）を題材にした『沈鐘』も翻訳された（登張竹風・泉鏡花訳、一九〇八）[46]。

他方、情緒、情調を醸し出す表現は、北原白秋がキリシタン・伴天連（バテレン）の怪しい異国情緒をうたう『邪宗門』（一九〇九）、吉井勇が祇園情緒をうたう『酒ほがひ』（一九一〇）などが一世を風靡し、やがて地方の風土色をうたう作風にひろがってゆく[47]。そして、感情移入美学は、日本における伝統の再解釈を促しもした。

藤岡作太郎『国文学史講話』は『万葉集』を論じて、先の山部赤人の歌を引き、「自己を没却（ぼっきゃく）して、自然と瞑合し、山川と同化[48]」する姿勢を指摘し、それを中国文化の影響の入る以前の日本のうたの特徴と論じた。その同じ年、「文学」の近代的概念に立ち、『紅楼夢評論』（一九〇四）などを著したことで知られる中国の王国維は『人間詞話』（一九〇八）で、伝統的な漢詩の「情＋景」の描写を情景混融論と説いている[49]。王国維は、ドイツ語が読めたので、ドイツ感情移入美学によることは明らかだが、彼が一九〇一年に来日し、東京物理学校に入学していた際に（病を得て一年で帰国）、日本でキャッチした可能性もあるだろう。ともあれ、中国と日本で、「伝統の発明」（再解釈）が同時期に起こったのである。

国木田独歩『武蔵野』は、印象主義や感情移入美学、生命主義の自然観などを取り入れ、象徴主義へ向かう流れを切り開いた芸術的散文集だった。独歩は『婦人画報』の編集者時代には、中国清代の怪異譚集、蒲松齢『聊斎志異』の翻訳に取り組み、蒲原有明にも依頼した。だが、独歩の晩年には、「竹の木戸」(一九〇六)など、底辺の人びとの生活をリアルに書く小説もある。それが当時、「自然主義」を名のる人びととの注目を集めたため、彼は長いあいだ、「自然主義」の作家と見なされることになった。

あるいは、第二次世界大戦後、花形作家として活躍した舟橋聖一は「自伝風文芸史抄」(『小説公論』一九六三年連載第七回)で、新潮社の「代表的名作選集」の国木田独歩『牛肉と馬鈴薯』(一九一四)で「女難」(一九〇三)などを読んだのが「自然主義」にふれて感化を受けた最初、と語っている。[50] ある男の吹く尺八の音が余韻嫋々と響く由来、女どもの性欲に翻弄され、落魄した顛末が、その男の口から語られる、まるで運命であったかのように。

舟橋聖一は一九〇四年の生まれで、文脈から、数え一一歳前後のことと想われる。森鷗外『ヰタ・セクスアリス』(一九〇九)や永井荷風「厠の窓」(一九一三)が示しているとおり、一九一〇年を前後するころから、「自然主義」といえば、性欲を題材にとる作品と受け取られていたからだ。舟橋聖一は戦後、「大衆小説」雑誌を含めて幅広く活躍、再建された文芸家協会理事長をつとめ(一九四八〜五二)、その交際範囲は有力な政治家や芸能人にもおよんだ。その人の口から、このような「自然主義」理解が語られていたのだった。

他方、二〇世紀に入って地理学者の吉田東伍が、ある大名家から出た『風姿花伝』をはじめとする「世阿弥十六部集」を刊行(一九〇九)、さらにこれに校注を加え、観阿弥・世阿弥の父子に対する研究が一挙に進んだ。その傍らでは、フランス人の宣教師で音楽や演劇に深い関心を注いだノエル・ペリが「特殊なる原始的戯曲」(『能楽』一九一三年七月)で、謡曲を「表象主義(サンボリスム)」と論じた。この題名は、当時のヨーロッパ象徴主義運動がギリシャ古典劇など、キリスト教が異教とする「原始的宗教芸能」一般を象徴主義として尊ぶ流れによるものである。宗教芸能の色彩を今日でも色濃くもっている能楽を、「芸術」として評価する動きが、ここにはじまっていた。

三 修養日記へ

芸術至上主義と生活の芸術化

明治三九年(一九〇六)にアメリカに渡り、イギリス、フランスと三年近い外遊生活を送った高村光太郎が、帰国後、明治四三年『スバル』四月号に「緑色の太陽」を掲載する。「僕は芸術界の絶対の自由(フライハイト)を求めてゐる」という。「絶対の自由」とは「芸術家の PERSOENLICKEIT〔人格〕に無限の権威を認め」ること。「芸術家を唯一個の人間として考へ」ることを意味する。それは、まずなによりも、あらゆる制度、あらゆる既成の観念から独立した個人として立つ芸術家の宣言だった。絵画の評価は「如何ほどまでにその人が自然の核心を覗い得たか、如何ほどまでにその人の GEFUEHL〔感動〕が充実しているか」によって決まるという。絵画の価値を決めるのは「DAS LEBEN〔生命〕の量」だともいう。[51] この主張は、いわゆる洋画において、日本の「色」を追求すべきだとする画家、石井柏亭らの意見に対して出されたもので、「唯一個の人間」とは、人類の普遍性に立つことを意味する。

だが、高村光太郎が突破しようとしたのは、単に日本という「地方色」の問題だけではない。「人が

『緑色の太陽』を画いても僕は非なりとは言はないつもりである。僕にもさう見える事があるかも知れないからである」という。それは、太陽が赤いという客観的事実とされている認識から、個人の感受性や主観を解放せよという叫びだった[52]。その叫びは、実際に、若山牧水らが「蒼い太陽」を短歌に登場させるきっかけになっただけでなく、表現の概念を対象の「再現」から「生命」の自由な表現へと転換するのに一役かった。

また、高村光太郎も寄稿した武者小路実篤率いる同人雑誌『白樺』は、一九一〇年秋（一一月一四日）、二〇世紀への転換期に名声を確立したフランスの彫刻家、オーギュスト・ロダンの七〇歳の誕生日にあわせて、ロダンの彫刻の写真や知人たちの評論を集めた「ロダン号」を刊行した。それは、日本の知識層にロダン崇拝熱を吹き込んだ。* それ以降、『白樺』には芸術を一種の宗教のように崇拝する精神があふれることになる[53]。これは、国際的な風潮を受けとめたもので、格別、彼らに特異な傾向ではない。

＊その先鞭をつけたのは、パリで彫刻を学び、ロダンのアトリエにもよく通って、一九〇八年に日本に帰ってきた荻原守衛（碌山）である。守衛は美術雑誌などに彼自身のプリミティフ（素朴）・アート志向を強く滲ませながら、湧きあがる生命力をうたうロダン像を伝え、またロダンが彫刻の表面をなだらかに仕上げず、平ノミの跡によって陰影の効果を狙うことを論じている。それゆえ、今日の欧米でもロダンの彫刻は印象主義と呼ばれている[54]。そして荻原守衛は早くも、ロダン晩年の作風を象徴主義と論じてもいる。また、同じ観点から俵屋宗達、与謝蕪村ら日本美術の流れも再評価していた[55]。

イギリスの詩人、アーサー・シモンズがパリの詩人たちとの交友を通じて、フランス象徴主義文芸についてまとめた『文芸における象徴主義運動』（*The Symbolist Movement in Literature*, 1899）は、とりわけ、ステファヌ・マラルメの詩を高くかかげて、それまでデカダンス（decadence）の喧噪のなかに紛れていた象徴主義の流れを掬いあげ、象徴主義芸術運動を支えひろげる大きな役割をはたした。その序文では、トマス・カーライル『衣装哲学』（*Sartor Resartus ; The Life and Opinions of Herr Teufelsdrockh*, 1831）第三章より、無限の精神を具体的なものやことに形象化することを「象徴」（symbol）と論じる条を定義に用い、その語源がギリシャ語で割符を意味していた——意味と形象が一対一的に対応する——ことを述べ、ロマン主義文芸に散在する「象徴」表現を意識的に用いる文芸を象徴主義（Symbolism）と呼び、それを「一種の宗教」（a kind of religion）[56]と宣言した。

バラを「愛」の象徴とするような修辞法は、中世ヨーロッパで盛んに用いられ、ロマン主義芸術にも浸透していた。が、想像的創造を根幹に置くロマン主義の美学＝芸術論、また実証主義哲学の影響を受けたリアリズムの方法に立つ写実主義の流れにおいても、「象徴」の語は、いわゆる原始宗教の偶像などを呼ぶ蔑称だった。[*] 日本では、前者はヘーゲル美学に立ち、造形性を重んじるアーネスト・フェノロサの講演『美術真説』（一八八二）、後者は中江兆民訳『維氏美学』（一八八三）に示されていた。アーサー・シモンズの宣言は、そのような象徴の価値を完全に転換したのである。フランス象徴詩は、ドイツにも移入され、表現主義とないまぜになりながら展開した。

＊「象徴」は漢語にはなく、『維氏美学』で中江兆民が初めて造語したとされる。漢語「寓」、和語「ことよせ」は、抽象観念と具体物との関係は必ずしも一対一の対応ではなく、臨機応変に用いられ、ヨーロッ

パ語ではアレゴリー（寓意）に相当する。東アジアでは、象徴と寓意や換喩が混同され、隠喩（メタファー）と同一視されることも多い。それも、ロマン主義から印象主義―象徴主義への展開に長く理解が届かなかった一因と思われる。なお、「見立て」は、猪口（ちょこ）などに箸を渡して橋に、白い象に乗った遊女を菩薩に見立てるように、音韻、意味、形象とが同時に二重性を帯びることが特徴で、英語ではダブル・ミーニングとスパーインポーズが同時に成り立つと説明するしかない。

象徴主義の理解に混乱をもたらしたのは、しかし、このような伝統的な修辞技法だけではない。のち、保田与重郎が日本の象徴主義の流れに棹さしながら、「日本浪曼派」を名のったことも大きい。それについては、すでに再三論じてきたが、ほかにもある。アメリカ文学の代表作のひとつ、ハーマン・メルヴィル『白鯨』（*Moby Dick ; or the Whale*, 1851）には、捕鯨船の乗組員として異教徒が活躍し、また古代や南海の異教の神話や伝承もふんだんに紹介され、ピューリタニズムを相対化する役割をはたしているが、その翻訳者、阿部知二は、その作品解説のなかで、作品解釈のひとつとして「遍満する生命力」の象徴という意見を紹介し、だが、「象徴とは、『それが何を象徴しているか』が明確に規定説明できるような場合には、ほんとうに象徴ではない」と述べ、「メルヴィル自身の内面で相克していたところの霊性と血性、文明と野蛮性、善と悪、現実性と永遠性、愛と憎悪、などがあやめもわかずにからみ」あう「彼自身の精神の図面にほかならないという、きわめて自明なことにも帰着する」と論じている[57]。これは、矛盾・対立するものを包含するロマンティック・イロニイの構図に立った「象徴」理解といってよい。このような「象徴」の解説が広く読まれた世界文学全集類や文庫本の解説でふりまかれてきたのである。

ロンドンの詩人たちには、大英帝国からの独立運動を推進するアイルランド出身者が多く、一七世紀のウィリアム・ブレイクの秘教的な詩と銅版画を掘り起し、またウィリアム・ワーズワースがカッコウの鳴き声を自然の背後から聞こえる神の声のように聴くよく知られた詩「カッコウに」（To the Cuckoo, 1802）を再評価する流れがつくられていた。それに接して、故郷・ベンガルに帰ったインドの詩人、ラビンドラナート・タゴールがヒンドゥー神秘主義をうたいあげる詩集『ギーターンジャリ』（*Gitanjali*, 1910, English translations, 1912）で一九一三年にノーベル文学賞を受ける。つまり、二〇世紀への転換期に起こった象徴主義芸術運動は、キリスト教が邪教のように退けてきた各民族宗教とともに歩み、それまでタテマエ上、「真」や「善」と切り分けられてきた「美」を表現し、鑑賞する芸術を、まるで一種の宗教のように崇拝する動きを生み出したのである。

このような神秘的なスピリチュアリズムに傾く象徴主義を受容した日本の芸術界には、さらにジョン・ラスキンの弟子で、工芸運動を展開したウィリアム・モリスが芸術概念を拡張し、日々の暮らしを芸術で満たし、暮らしそのものを芸術のように営むことを唱えた主張の要約、「生活の芸術化、芸術の生活化」の理念も加わる。一九一二年、『早稲田文学』二月号、相馬御風「生を味わう心」は「此頃の文壇でよく生活の芸術化と云う事が云われて居る。『自己の生活そのものを芸術品とすること』が新しい文芸の行き方であるように云われて居る。それと同時に『自分の気分のうちに此の現実を浸潤せしめ、自分の気分のままに現実を支配せんと欲する一念』が、それ等の文芸を産むもののように云われて居る」[58]と述べている。感情移入美学と「生活の芸術化」とが混在していたことがわかる。

ヨーロッパから帰り、「自然主義」文学を「知に囚われた」芸術と非難した島村抱月は、「生の観照」を中心課題にして、「新自然主義」を唱えた。岩野泡鳴が一切の観念が吹っ飛んだ、刹那刹那の生の実感の充実こそが人生や芸術の真髄と説く「刹那主義」とともに象徴主義の一種といってよい。

これまで、二〇世紀への転換期から一九一〇年代にかけて、日本の思想や芸術には、様ざまな「イズム」（主義主張）が輸入され、競合したように説かれてきた。が、それらは、印象主義が象徴主義に展開した流れ、「自然の生命」や「宇宙の生命」の象徴表現の造型という共通観念から分岐した諸派であり、互いに乱反射し、また共振れするような関係にあった。そして、それは第一次世界大戦後、さらにモダニズム諸派に分岐して展開し、今日までの流れをつくっている。繰り返すが、一九世紀の文芸を「ロマン主義」対「自然主義」に切り分ける構図が定着するのとほぼ同時期に、実作の世界では、その構図を塗り替える事態が進行していたのである。*そして、それが、とくに日本では、随筆と小説との境を曖昧にするようにもはたらいたのである（序章「新ジャンル誕生の背景」参照）。

「生活の芸術化」の理念を、われわれは意外なところに見出す。序章で引いた永井荷風の『矢はずぐさ』（一九一六）の、かなり先の一節を引く。

大凡（おおよそ）の人は詩を賦し絵をかく事を以て芸術なりとす。われも今まではかく思ひゐたり。わが芸術を愛する心は小説を作り劇を評し声楽を聴くことを以て足れりとなしき。然れども人間の欲情もと極まる処なし。我は遂に棲むべき家着るべき衣服食ふべき料理までをも芸術の中に数へずば止まざらんとす。進んで我生涯をも一個の製作品として取り扱はんと欲す。然らざればわが心遂にまことの満足を感ずる事能はざるに至れり。我が生涯を芸術品として見んとする時、妻は最も大切なる制作の一要件なるべし。[59]

そして、荷風の筆は、八重が妻として家にいたころの庭や食事、食器、骨董の類におよぶ。

また、新カント派の「新・善・美」の調和が文壇で合言葉のようになったことについては、芥川龍之介が「大正八年度の文芸界」(一九二〇)で、自然主義の「真」、人道主義の「善」、耽美主義の「美」のそれぞれの理想を調和する方向を目指す人びとが出てきたと述べている。ただし、日本の中世を舞台に、娘を犠牲にしても絵の完成にかける絵師の執念を書く芥川龍之介「地獄変」(一九一八)は、その名の通り、芸術至上主義を地獄の「変」(仏教の絵説き)に展開したもの。キリシタンものでも多く殉教者の恍惚が主題にとられ、至上のものにかける激しい情念に関心を向けても、作家自身に陶酔はない。いわば真・善・美のどれをも、知的に相対化する姿勢をとりつづけた。

修養の季節

阿部次郎「内生活直写の文学」(一九一一)は、自身の思索や情念のあてどのない彷徨の軌跡を動きの跡を残す随想を新しい芸術として提案し、それを実践に移した『三太郎の日記』が、長く青年たちの必読書のようになり、「大正教養主義」を拓いたといわれる。阿部次郎は、リップスが感情移入美学を説いた『美学』を『美学』(一九一七)に祖述し、またリップスの倫理学に学んで、普遍的人格を獲得する不断の努力を説く『人格主義』(一九二二)をまとめる。各自が人格を高めることにより、階級対立もなくなり、調和のとれた国家・社会が建設できるというこの主張は、第一次世界大戦後、日本がＩＬＯを傘下に抱える国際連盟の常任理事国となり、大逆事件(一九一〇)以降、徹底的に取り締まってきた社会主義思想を一定程度だが、解禁したため、急速に勢いを強めた社会主義の潮流から、ブルジョワ思想の典型のように見なされ、糾弾された。この教養主義は、いわばハイカラ版の「修養」と考えてよい。
日清・日露両戦争のあいだに「青年の煩悶」が「人生問題」として取沙汰されるようになった。日光・華厳の滝に飛び込んだ第一高等学校の生徒、藤村操が、その直前、ミズナラの樹肌を剥いで、次のようにはじまる遺書を彫りつけていた。

萬有の／眞相は唯だ一言にして悉す、曰く「不可解」

それは立身出世という明治前中期の目標が大きく崩れ、近代社会の矛盾に直面し、苦しみ悩む知的青年たちが急速に増えてゆく予兆だった。大国ロシアを相手とし、国民を緊張の淵に叩き込んだ日露戦争が、かろうじてではあったものの勝利に終わると、国家主導で重化学工業化が急速に進展しはじめ、資本主義が農村にも浸透、競争社会の到来が誰の目にも明らかになり、知的青年たちの悩みは一層深刻になり、またひろがりをもった。それに対して、識者が様ざまに「人性」ないし「人生」、人間の本性は霊（精神）か、肉（肉体）か、世界とは、宇宙とは何かなどから説き明かし、心を平静に保つ秘訣を説きはじめたのが修養ブームである。

＊「修養」は、古い漢語だが、国家が上から教育を通して与える「修身」に対して、個々人の自己啓発（self-cultivation）の意味で、徳富蘇峰がキリスト教の立場から、明治二〇年（一八八七）、「日本婦人論（第二）——精神的の修養」（『国民之友』五月号）で用いはじめたのが最初だった。この時期には、よく知られたものだけでも、キリスト教の松村介石『修養録』（一八九九）、浄土真宗の清沢満之『修養時感』

（一九〇三）、民友社の山路愛山『気質の修養』（一九〇八）、禅宗の加藤咄堂『修養論』（一九一〇）、プロテスタンティズムの新渡戸稲造『修養』（一九一一）などがある。刊行直後からベストセラーになり、長く読まれ続けた幸田露伴『努力論』（一九一二）もそのひとつ。

その中心勢力は禅宗と陽明学だった。禅宗は、見性をモットーとし、自分の本性、心の奥底に沈潜しようとする。陽明学は「儒中の禅」とも呼ばれ、独立覇気を養う。江戸時代には平時の武士の生き方一般を説き、後期にはことばとしても廃れていた「武士道」が、日清戦争前後から尚武の気性を養うために、にわかに持ち出されたが、これも戦地に臨んで動揺しない心の修養としてひろがった。一般には、心身を平穏に保つよう、早起きして冷水摩擦、乾布摩擦などで膚を鍛え、座禅を組んで精神を集中し、また困難に立ち向かった偉人の伝記などを読んで心身を鍛えることが勧められた。修養の季節に海外の多くの偉人伝も刊行された。それゆえ、自己の内面を記録し、反省し、人格の向上をはかるための日記が「修養日記」と呼ばれたのである。留学生を介して中国にも伝わり、「修身日記」と呼ばれ、今日までの日記の書き方のもとをつくったといわれている。

＊東洋的な「修養」から西洋近代思想に立つ「教養」に移り変わるかのようにもいわれてきたが、そうではない。親鸞の弟子が信仰と恋愛とのあいだで悩む倉田百三の戯曲『出家とその弟子』（岩波書店、一九一八）、『愛と認識との出発』（同、一九二二）、その巻頭で倉田が絶賛した西田幾多郎『善の研究』の再刊版（岩波書店、一九二一）も、キリスト教の福祉の立場を徹底させた社会主義に立つ賀川豊彦の半生の自伝、『死線を越えて』（改造社、一九二〇）も、修養書として読まれた。一九〇五年、伊藤証信が東京巣鴨

村に開いた無我苑、翌〇六年、東京師範学校に蓮沼門三が開いた修養団、一九一三年、西田天香が京都・鹿ヶ谷（のち、山科）に開いた一燈薗など、宗教団体として登録せず、精神修行を行う団体は修養団体と呼ばれ、一九二〇年代にも続々と組織される。一九二一年には、三宅雪嶺、大隈重信、渋沢栄一の共著『三大家の新修養』（矢野博信書房）なども出、一九二四年、大日本講談社雄弁会が創刊した大衆雑誌『キング』には、娯楽読物のほかに立身出世と修養記事がならんでいる。日中戦争期、「大東亜戦争」期まで、タイトルやサブ・タイトルに「修養」を冠した書物は容易に拾える。

生活芸術としての日記

ここで、本間久雄『日記文の書き方』（新文章速達叢書、止善堂書店、一九一八）を紹介しておきたい。本間久雄は一八八六年生まれで、当時は早稲田大学講師、英文学者として活躍、『早稲田文学』編集長を務め、とりわけスウェーデンの女性解放論者、エレン・ケイの民衆芸術論などの紹介者として、かなり人気を集めていた。その『日記文の書き方』は、総ルビで、およそ小学上級生あたりまでを対象にしたハウトゥーものだが、時代思潮を色濃く反映している。日記を書くことは生活の反省と向上、すなわち「人格の修養」に最適であり、また文章の練習にも適していると説く。文章の目的は「真実を表現すること」にあり、文章は「人格の現れ」と述べているところには、リップスの人格主義の反映がうかがえる。また、日記を書くことが趣味や娯楽にもなると付言している。(60) ここにはウィリアム・モリスの「芸術の生活化、生活の芸術化」主張が踏まえられていよう。大逆事件後、社会主義思想が徹底して抑えられていた時期に、イギリスで初めてマルクス主義を名乗ったモリスの名は出せなかったのだろう。*

＊本間久雄『生活の芸術化（ウィリアム・モリスの生涯と芸術）』（一九二〇）中の標題作は、第一次世界大戦に際して、平和運動、婦人解放運動、反道徳運動に熱中したため、ケンブリッジ大学を解任されたバートランド・ラッセルの『政治的理想』（*Political Ideals*, 1917）が所有的衝動、創造的衝動の二種を説いていること、またエドワード・カーペンター『工業的自由の方へ』（*Toward Industrial freedom*, 1918）より、一〇時間労働して帰宅した後に細工物に創造的な歓びを見出す少年工について語っている条、そしてウィリアム・モリス『有用の仕事対無用の仕事』（*Useful Work Versus Useless Toil*, 1883）なども紹介している。ついでにふれておくが、当時、よく読まれた本間久雄『文学概論』（一九二六）は、デカダンス、とくに唯美主義に頁をさいているが、象徴主義をそれとして説いていない。

日記の記録としての重要性について述べたところでは、この年、新潮社から刊行された国木田独歩『欺かざるの記』にもふれつつ、古来の日記の数かずをあげている。『欺かざるの記』は、独歩が一八九三年から九七年までのあいだに、愛する女性を得た歓びと煩悶、妻の家出、別離に至るまでの自己内面の記録が中心だが、読書の計画や思索の覚書など実に様ざまな内容の記事が記されている。これはアメリカの哲学者、ラルフ・ワルド・エマソンの歿後、翌年から刊行されはじめた、日々の出来事や実に様ざまな思索の跡を遺すノートからなる『日記』（*journals*, 1883）に触発されたものとわたしは推察している。

『日記文の書き方』の途中の章題に「微細な心の影をも把へよ」とあり、自己内面の注視を勧め、「『日記』は生活の記録であると共に一面『生長進歩の記録である』」と説いている。[61] そして、第六章

「日記文々範」は、谷崎精二、中村星湖ら現役作家の日記を紹介（依頼して集めたのだろう）、「簡潔なる自然描写」の項には、国木田独歩「武蔵野日記」と正岡子規「病床日記」をあげ、さらに「二文豪の生活日記」として尾崎紅葉の漢文書き下し体の記録的な日記と、樋口一葉の和文による感想録的な日記をならべる。とくに一葉のそれには「これこそ、真に偽らざる日記[62]」と記してある。簡潔で要を得た記録とともに、自然の観察や生活や内面の苦悩をつづる日記の書き方が規範として定式化されている。

こうして、『ホトトギス』の募集日記から、本間久雄『日記文の書き方』までのあいだ、すなわち二〇世紀への転換期から一九一〇年代を通じて、職務日記や備忘録的な書き方とならんで、「修養」という合言葉のもとに心の成長記録という目的が定まり、随想的な書き方や自身の内面の記録の意味が大きな比重を占めるようになっていったことが了解されよう。

この日記の書き方が、一九二〇年代に、明治末に「綴り方」と名前が変わった子供たちの作文教育にも導入される。それには、心の底から自然にわきあがる生命の発露という意味が与えられ、いわゆる情操教育のもとになった。その考えを最も端的に示すのが、詩人、北原白秋が文部省唱歌に対抗する「童謡」の理念として述べた「童謡復興」（一九二二）である。「子供心は洋の東西を問わぬ」が、明治維新後の改革が「泰西文明の外形のみを模倣するに急」であったとして、いう。

お陰で日本の子供は自由を失ひ、活気を失ひ、詩情を失ひ、その生まれた郷土のにほひさへも忘れて了つた。こましやくれて来た。偽善的な大人くさい子供になつて了つた。功利的になつた。かなり物質的になつた。不純な平俗な凡物に仕上げられて了つた。五六歳まではまださうでない。彼等が小学に通ひ出すやうになると、殆が同じ一様な鋳型にはめ込まれて、どれもこれも大人くさい皺面の黴の生えた頭になつて了う。全く教育が悪いのだ。[63]

この核心にあるのは「童心」という観念である。純粋無垢な幼児の心、それこそが「未生以前」に、そして大自然の根源につながる通路なのだ。天より与えられた「性命」の無垢の現れを示すものとして「童心」という語を用いたのは、中国・明末の思想家、李卓吾をおいてほかにない。幕末には牢獄のなかで吉田松陰が親しみ、明治期では官吏をやめて一八八九年、新聞『日本』を創刊した陸羯南が、その思想の革新性を称揚したのが知れるくらいだが、日清、日露の両戦間期から修養ブームのなかで陽明学が復活し、李卓吾の思想もかなり知られるようになっていたと推察される。

詩人の叡知はその研ぎ澄ました感覚を通じて万象の生命、その個々の真の本質を一に直観する。真にその生命の光焔を直観し得る詩人でなければ真に傑た詩人とはいへないであらう。

白秋「童謡私観」（一九二六）の一節である。天真爛漫、原始的素朴、単純、そして肉体的官能性こそが、いわば「生命」の本来の姿として考えられている。それゆえ子供の「遊びの炎」のなかにこそ、生命の本源の姿があるとされる。このような考えが児童のための良質な芸術創出を旗印にした鈴木三重吉の『赤い鳥』などの活動を支えていた。

その洗練されたハイカラ趣味の裏には、科学技術による物質文明の発展に国家の命運をかける支配層に対して、生命の根源からの回復を願い、神秘にむかう衝動が秘められていた。文部省唱歌に対抗する「童謡」運動は、小学校の教師たちの支持を集め、全国の子供たちのあいだにひろがり、後のちまで懐かしみ親しまれた。北原白秋の「童心」の理念は、彼自身が多くの作詞をした「新民謡」はもちろん、様ざまな郷土色の息吹を言葉のない詩のように尊重する柳宗悦らの民芸運動とも気脈を通じるものだったことも見えやすいだろう。そして、「生活の芸術化」の合言葉は、やがて、光度をあげた東芝の電球が、まぶしく部屋の隅々まで照らすようになった時期、宮廷の御簾の向こうにほの見える貴婦人の影をゆする蝋燭の灯や江戸時代の旅籠の行燈などの陰影美を礼讃する谷崎潤一郎の名随筆、『陰影礼賛』（一九三四）を生む。

そうかと思えば、同じころ、文芸批評家、小林秀雄は「志賀直哉」（一九二九）で、志賀直哉にあっては「芸術活動」が「実生活と緊密に結合している[64]」ことを力説している。都市の交通標識などまで美化を図り、自然の景観美をも保存して子孫に手渡すことを訴えたウィリアム・モリスの考えとは、かなりかけ離れた「生活の芸術化」という考えが、フランス象徴主義の受容から評論活動を開始したはずの批評家にもはたらいていた。

四　随筆の拡散

概念体系の組み換え

明治期には、様ざまな散文に「改良」が行われた。徳富蘇峰率いる『国民之友』は、一時期、「史論」をもって「文学」の中核とせよ、という方針をとった。この「文学」はヨーロッパの人文学をうけとって編み出された日本流のそれを意味するものであることは、いうまでもない。

たとえば山路愛山「頼襄を論ず」（『国民之友』一八九三年一月号）は、冒頭に「文章即ち事業なり。文士筆を揮ふるふ猶英雄剣を揮ふが如し」と掲げ、儒学の伝統的「文章経国」論を受けた「文学事業」論をぶち上げた。江戸時代の儒学系各派の隆盛を述べ、頼山陽を位置づけ、その役割を明らかにしようとする意図は、明白である。*

＊いま、読むと、途中、「古文辞派と称する利功主義は荻生徂徠に因りて唱へられ」とあったことにあらためて気づかされる。ジェレミー・ベンタムの「最大多数の最大幸福」を受けた「功利主義」は、いかにも短絡的で杜撰ではあるが、荻生徂徠が一方で、君主を聖人と見なす儒学古典の精神により、幕府の権威を高めつつも、他方で、儒学、とりわけ朱子学に強い、商人を下等と見る「賤商」の思想を退け、『論語』の一句を読み替え、「利」を求めることを人情のマコトと認め、もって、第八代将軍・徳川吉宗が幕府の財政危機を打開する享保の改革に献策したことを山路愛山は見逃していなかった。すでに、民友社の「拾弐文豪」シリーズ第三巻『荻生徂徠』（一八九三年九月）への備えがあったと見てよい。キリスト教メソジスト派に入信した山路愛山の経済倫理思想に着目すれば、彼が日露戦争後に、社会主義的傾向を強める経路も見えてこよう。

この山路愛山の主張が北村透谷と「人生相渉」論争になったことはよく知られる。その北村透谷の「文学」概念と理念は、ヨーロッパとほぼ同時期に、日本的な経路で宗教的心情をも包む芸術史至上主義ないし象徴主義に急速に接近していった。(65)

明治期のエッセイ群は、文字通り新たな理論に向けた試行であり、それゆえ多くの論争を生んだのである。個々の旧概念が近代的に組み替えられただけではなく、全体として概念体系の大きな組み換えが起こりつつあったことに注意するなら、この時期の様ざまな論議について新たな解読に進むことができるだろう。

そして、日清戦争期、一九八五年に博文館が創刊し、瞬く間に、一家に一冊的な巨大雑誌となった総合雑誌『太陽』は、その目次立てに「史伝」を導入していた。「史伝」は「史」と「伝」の意味。それら「評論」に対して主張が表に立たないものには、当初から「雑録」ないし「雑俎」、「雑纂」あるいは「叢談」とついた欄にまとめられていた。が、一九一一年より部立て方式をとらなくなる。

後発の『中央公論』は、大正デモクラシーの波に乗り、勢いを伸ばす一九一一年ころから、「公論」「時論」「説苑」「創作」の四部構成を基本とし、いわゆる随筆は「説苑」欄におさめている。編集長、滝田樗陰は、その「説苑」欄に一九一七年ころから、村松梢風とともに田中貢太郎（こうたろう）を起用、主に江戸ものを題材にした怪談話や情話などを掲載した雑文類が広く読者に好評を博していた。一九二〇年より「想華」（「詞華」に対する語）欄を特別に設け、また一九二七年より「荷風随筆」の欄、のちには「白鳥随筆」の欄も設けられる。

ついでに述べておくと、「創作」の語は、『中央公論』が一九一三年より、文芸欄に小説と戯曲とがならぶ場合に限って用いはじめるが、一九一九年より小説だけの場合でも「創作」と用いるようになる。これが、小説を指して盛んに「創作」と呼ぶ機運をリードしたと推測される。『太陽』の場合は一九二一年二月号より、小説欄を「創作」欄と銘打つが、すでに衰退著しかった（一九二六年二月号で廃刊）。

随筆の季節

日本において、「随筆」という語がジャンル名として盛んに用いられるようになるのは、一九二〇年前後に総合雑誌、婦人雑誌が盛んになり、埋め草に近いような気軽に読める「雑文」類の受容が高まって以降である。背景にはリテラシーを向上させた読者大衆の存在がある。

第一次世界大戦に、日英同盟を結んでいた日本は「自由主義」陣営を援助するかたちで参加した。戦争景気ののちの不況により、資本の吸収合併が起こり、薄利多売の商戦に勝つため、フォード・システム（製品、部品、工程などの「規格の標準化による効率化」）の導入がはかられ、大量生産／大量宣伝／大量消費の歯車がまわりはじめる。関東大震災で東京資本が痛手を受け、関西を本拠にしていた『大阪毎日』『大阪朝日』が、それぞれ『東京日日』『東京朝日』との提携を進め、新聞の全国紙化の傾向が強まる。ラジオ放送もはじまり、マス・メディアが大衆の動向をリードする時代に入る。雑誌では、大日本雄弁会講談社の大衆向け総合雑誌『キング』が一九二四年に創刊され、またたく間に一〇〇万部を突破したこと、書籍では一冊一円で大量の活字を詰め込んだ円本が一九二六年を前後する時期にブームを呼んだことに、それはよく示される。

金星堂の「随筆感想叢書」全一三巻（一九二一～二五）が先駆けとなり、各種の雑誌があふれるなかで、大正一二年（一九二三）、菊池寛が創刊した『文藝春秋』は、芥川龍之介のアフォリズム、『侏儒の言葉』の連載や直木三十五の文壇ゴシップなどを気軽に読める気の利いた随筆類を売り物にして、成功し、瞬く間に新中間層をリードする総合雑誌にのし上がっていった。それに対して、同年一一月、作家、中戸川吉二が作家、水守亀之助や牧野信一らの協力を得て、いわば芸術性の高い「随筆文学」を狙って創刊した雑誌『随筆』は長続きしなかった。だが、人文会出版部を興した水守亀之助は、一九二四年一一月より『明治大正随筆選集』と銘うち、『子規随筆集』『独歩随筆集』『藤村随筆集』の三冊を刊行、翌二五年には、島村抱月、大町桂月、一九二六年には、正宗白鳥、小泉八雲、厨川白村、土佐五名家（中江兆民・黒岩涙香・幸徳秋水・田岡嶺雲・大町桂月）、二七年には石川啄木、大杉栄の随筆集を刊行。一九二六年には『日本エッセイ叢書』を刊行開始。時事新報社の経済部長、下田将美の『黎明の女性』をはじめ、『資本論』の翻訳者、高畠素之、社会評論に活躍する白柳秀湖、モダン風俗を活写する新居格、石川啄木を世に送りだした歌人、土岐善麿、正宗白鳥、また劇団新国劇を創設して座長を務める沢田正二郎ら、新たな女性の時代の到来、社会主義やアナーキズムへの傾斜が強まる時代に、いわば時の人の随筆集を中心にした企画だったといえよう。その第一号は沢田謙『弗でない男』。標題作は、何でもドルで換算するアメリカで、デンヴァーの少年裁判所のリンゼー判事が人情の機微を見抜いて判決を下すという話。沢田は文筆家で、のち、偉人伝などに活躍する。海外事情の紹介や見聞記も盛んになり、筆の速い、各種の題材を器用にこなす文筆家が輩出するようになっていった。すぐに各出版社からかなりの数の随筆集が出まわるようになるが、話題も文体も種々雑多で、まさに今日いう随筆に近くなっている。それに伴い、それまでの「小品」の名はしだいに駆逐され、それに代わって新聞、雑誌では、ごく短い一口噺に「コント」の語が用いられるようになった。*

*コント（conte）は、もとフランス語で、たとえば、シャルル・ペローが、民間伝承を散文詩のかたちに

まとめ、教訓つきで刊行した『寓意のある昔の物語またはコント集―ガチョウおばさんのコント』（*Histoires ou contes du temps passé, avec des moralités : Contes de ma mère l'Oye*, 1697）のように用いられていた。これは宮廷のサロンで、昔話を詩にして朗読することが流行し、それらをまとめて刊行後、あらためて散文に書き直したもので、初めて子供向けを意識した読物、しばしば「童話集」の起源とされる。そののち、ヴィリエ・ド・リラダンの怪奇趣味と皮肉に満ちた短篇小説集『残酷物語』（*Contes cruels*, 1883）などに用いられ、シャルル・ボードレールの遺稿、『パリの憂鬱―小散文詩集』（*Le Spleen de Paris; Petits poèmes en prose*, 1869）にも、寓意的な民話のかたちをとる作品があり、そのようなニュアンスを含めて諷刺、皮肉を交えた小噺の意味で用いられていた。

「コント」は、一九二三年にパリから帰った作家、岡田三郎が紹介したといわれるが、国木田独歩「武蔵野」あたりを嚆矢とする印象主義に立つ見聞記のスタイル、また随筆形式の「心境小説」は、容易に詩的な散文に近づく。内田百閒の怪奇幻想趣味の短編集『冥途』（一九二二）などがすでにまとまっており、また川端康成の「掌の小説」シリーズも開始されていた。とりわけ関東大震災後、帝都復興機運に載せて、レビューとともに軽演劇や対話形式の漫才が流行し、一瞬の無意味な笑いに退屈や憂鬱を晴らしてくれるナンセンスがもてはやされた。活字にもパーティー・ジョークとの区別もなく、ナンセンス・コントが溢れた。随筆隆盛の一側面である。

内田百閒「東京日記」（一九三八）は、主都・東京の散策見聞記だが、「その一」から「辺りは真つ暗になつて、水面の白光も消え去り、信号燈の青と赤が、大きな鰻の濡れた胴体をぎらぎらと照らした」

など、雨上がりの日比谷交差点の路面のぬめりを大うなぎに見立てる遊びが幻想を呼び起こし、「その四」では丸ビルが消失するなどの奇譚を繰りひろげ、また「七体百鬼園」（一九三九）では、七つの分身が会話を交わすという度外れたナンセンスにまで至る。「東京日記」は小説、「七体百鬼園」は随筆とされる。

「江戸随筆」というジャンル

このようなジャンルの混淆状態を映し、かつ助長する、もうひとつの動きがあった。「漫筆」「漫録」「雑記」「雑録」を標題に付したもの、「夜話」「茶話」などを付した種種雑多の江戸の雑文類が、昭和初期、国民図書から『日本随筆全集』全二〇巻（一九二七〜三〇）として刊行され、それを追いかけるように吉川弘文館から『日本随筆大成』（一九二八〜二九、第一期一二巻別館上下、第二期一二巻別巻二、第三期一三巻）が予約募集方式で刊行された。これが、その下部に多様な分節化の可能性を残したまま、包括的で、ルーズな日本の古典に特殊な「随筆」概念がつくられたもとである。

国民図書株式会社は、それ以前、一九二五年から江戸ものを『近代日本文学大系』として刊行している。このころには、また『人情本』の集成も刊行されていた。村上静人（せいじん）という、のちに釣り随筆などに活躍する人が、一九一四年から一七年にかけて「人情本刊行会」という叢書を手掛けていたが、これを増補復刊するのが、一九二三年のこと。その第一集は、為永春水『一刻千金梅の春』だが、「人情本略史」をつけている。坪内逍遥・渥美清太郎共編『大南北全集』全一七巻（春陽堂、一九二五〜二八）も刊行された。これらをあわせて見ると、江戸ものの集成類が一種のブームを呼んでいたことになる。

吉川弘文館の『日本随筆大成』第一期一二冊は、宮内省御用掛・関根正直(まさなお)、東京帝国大学資料編纂官・和田秀（英）松、宮内省図書寮編修官・田辺勝哉の監修になるもので、その予約募集内容見本は、四六版八〇〇頁、「僅か一円」「冠絶せる質と量」「珍書奇籍の大衆化」をうたう。一九二六年末にはじまる円本ブームの一角をなすものだった。改造社版『現代文学全集』が「民衆」の時代をうたうのに対し、「大衆」の語を用いている。また「内容の偉観」欄には、収録の範囲を足利期から明治初期と明記し、挿絵をオフセット刷りにして提供することがうたわれている。

関根正直「刊行について」は、「随筆の範囲は、頗(すこぶ)る広汎複雑であり、又多種多様である。随つてあらゆるものに亙(わた)つて知見を広めるには随筆に越すものはないといはれてゐる」とはじまる。吉川弘文館が一九〇五年に「『百家論林』と題し、随筆雑著凡(およそ)八十余種を集めて刊行し、出版界に先鞭をつけたが、惜しい哉今では絶版に帰して了つた。此際更により以上の苦心と努力で、『日本随筆大成』を刊行して、普(あまね)く既刊の随筆ものを精選し、まだ世に出ない稀覯の珍書を博捜収載し、以て大成の名に背かないようにしたいといふのは、何十年来図書刊行に終始してゐる同館としてふさはしい形勢である」と述べている。

また書肆の編集者の筆になると思しい「随筆文学の特色」は、次のように述べている。「規矩(きく)を離れ、束縛を脱し、最も自由に、最も奔放に、さうして、最も忌憚(きたん)なく、ありとあらゆるものを拉し来つて俎上の魚とするのは、即ち随筆の独擅場であります。旗幟(きし)堂々の筆陣を布(し)くのが系統文学の正兵であるとするなら変幻出没、端的直に人に迫る随筆は、蓋し傍系文學の奇兵であるといへませう。／随筆には渉筆、漫筆、秘話、秘録、夜話、閑話、筆談、独語、談苑、瑣談、考証等その書きようも千差万別であれば、其著者も亦国学者、漢学者、藩侯、武士、町人、書家、名匠、歌人、俳人、神官、僧侶、戯作者、好奇家等あらゆる範囲に亘つて千差萬別であります。随つて広汎な知見を養ふには随筆に越すものはないので、新らしい言葉と借りていへば、正にこれ真個の大衆文藝春秋であります*[66]」。

＊「大衆文藝春秋」という語が熟して用いられていたわけではなく、「文藝春秋」の語は菊池寛が文芸に関する「春秋」、すなわち種々の記録という意味で同人雑誌『新思潮』に寄稿した短評類に用いはじめたタイトルを、一九二三年一月に創刊した雑文雑誌『文藝春秋』の転用したものをふまえたのだろう。なお、『日本随筆大成』の監修者のひとり、和田英松の『本朝書籍目録考証』[67]（一九三六）「仮名」部に「清少納言　枕草子」を立て、その冒頭に「思ひよりたる事ども記したる随筆なり」と述べている。

詩・歌・句・物語・小説類とは別種の散文を、「系統文学」と「傍系文学」とに二分し、後者に「随筆」の名を与えているが、「系統」は「正統」や「正論」と同じ意味で、論理的な体系性を指しているらしい。儒学系とりわけ朱子学を中心にした中国渡りの学問を指して「文学」と呼んでいた江戸時代までの習慣をひきずりながら、それに「傍系」を対置したために「随筆文学」という呼称がうまれたのである。この「文学」は、いわゆる「文学性」、文の芸（修辞）や感情表現を重視する意味は含まれておらず、先の関根正直の文章とともに「広汎な知見を養ふ」ことが眼目に据えられている。

江戸時代の雑文への関心は、さかのぼれば、明治後期に江戸時代の様子を知る世代が亡くなりはじめ、その聞き書きが三田村鳶魚らによって先鞭がつけられ、日露戦争が終結した一九〇五年秋、太平の昔を懐かしむように「元禄流行」が起こり、着物に江戸小紋の柄が、アール・ヌーボーの植物模様と入り混じってリヴァイバルする現象のなかで高まっていった。関根正直のいう吉川弘文館の『百家諭林』だけではなく、博文館の『帝国文庫』正続一〇〇冊（一八九三〜一九〇二）、とくに続篇は、江戸時代の民衆の趣向が生んだ著作を続々と編入していた。二〇世紀への転換期に生まれた人びとは、みな、これらを読んで、江戸時代についての知識を蓄えた。また、日本古典集成ともいうべき『有朋堂文庫』全一二一巻（上田万年他編、一九一二〜一四）も出る。その第七巻には『枕草子』『方丈記』『徒然草』がまとめられ、第三二、三三巻を『名家随筆集』と称し、室鳩巣、太宰春台、大田錦城、雨森芳洲、柳沢淇園、三浦梅園、司馬江漢、菅茶山の名がならぶ。種類も系統も異なる雑多な文章を収めて、「随筆」の語は、これらを一括するために便宜的に用いられている。他に、三四巻に橘南渓『東西遊記』、三五巻に『太田南畝集』、八四巻には山東京伝『骨董集』、曲亭馬琴『燕石雑志』、柳亭種彦『用捨箱』がまとめてある。

そして、江戸時代後期の大名で、武家や武士、町人の風俗や事件、噂話の類を膨大な記録に遺した松浦静山『甲子夜話』を材料に、岡っ引き半七が活躍する岡本綺堂の「半七捕り物帖」シリーズ（一九一六〜）が文芸雑誌に連載され、人気を博した。ロンドンの地誌を背景にしたシャーロック・ホームズものがひとつのヒントになった。綺堂は江戸に天水桶が据えられている個所まで熟知していたといわれる。

総じていえば日露戦争後、江戸時代の太平楽が懐かしがられ、また関心がかきたてられたといってよい。そして、創作講談が立川文庫に忍者ものブームを生み、大人向けには時代小説作家、白井喬二が探偵小説作家として人気を集めはじめていた江戸川乱歩を誘い、一九二六年に『大衆文芸』を創刊、瞬く間に江戸時代、とりわけ幕末を舞台にすることの多い「大衆文学」ブームが訪れた。

博文館は、一九二八年から三〇年にかけて、『帝国文庫』を再編集して昭和版を刊行した。昭和帝国文庫には笹川種郎編『近世説美少年録』もあれば、長谷川天渓編『名家漫筆集』、尾佐竹猛編『大岡政談』もある。だが、国民図書の『日本随筆全集』も吉川弘文館の『日本随筆大成』も、漢文はおさめていない。昭和のモダン都市に花開いたジャズの喧噪に示される大衆文化に、儒学系の教訓書類は似つかわしくなかったからだろうか。

やがて、一九三一年秋、満洲事変が勃発し、翌年には五・一五事件が起こるなど激動の時代を迎える。巷では、「野崎小唄」（今中楓渓作詞、大村能章作曲、東海林太郎歌、ポリドール・レコード、一九三五）が流行した。

> 野崎参りは屋形船でまゐろ／どこを向いても菜の花ざかり／意気な日傘にや蝶々もとまる／呼んで見ようか土手の人

この退嬰的ともいえるほどのどかな俗謡調は、題名に「小唄」とつき、二番に「お染久松」が出てくるように、江戸時代の大坂の民衆の野遊びや川遊びなどの憩――浮世絵に満ちている――、近世都市の太平楽な心情を甦らせていた。大衆のあいだに忍びよる不安を慰撫するかのように。

そのころ、日本文化論は「わび・さび」や幽玄を中世美学とし、それを「日本的なるもの」として押し立ててゆく。先に見ておいた象徴主義美学のその後の展開、そして、それに対抗しようとした勢力の動きを追っておこう。

「日本的なるもの」の形成

一九一〇年代の象徴詩を北原白秋とならんで代表する三木露風の詩及び詩論集『白き手の猟人』（一九一三）には、芭蕉は「生命の秘想を奪い取った[68]」などの評言が見え、短歌界の巨星、斎藤茂吉も「短歌における写生の説」（一九一九～二〇）で、芭蕉の俳諧を象徴主義とする説に同調し、「第四『短歌と写生』一家言」では「実相に観入して自然・自己一元の生を写す。これが短歌上の写生である[69]」と述べるに至る。新傾向俳句をリードした荻原井泉水は「新しき俳句の使命」（俳論集『我が小き泉より』一九二四に所収）では、こう述べている。「自然の内部に私は凡ての概念に曇らされない本源的なものとして大きな生命を見る。我々人間の生活は此の大きな生命の分派に外ならない、而して我々の生命が此の根源たる生命との交融を感ずる所に、自然に対しての憧憬親和を覚ゆるのである[70]」と。

これら詩、短歌、俳句界をリードした人びとによって芭蕉俳諧が「自然の生命」の象徴表現のように理論化されてゆき、そして「宇宙の生命」と一体となる感興を詠った詩人として芭蕉を礼賛する佐藤春夫「『風流』論」（一九二四）におよぶことになる（佐藤春夫『田園の憂鬱』に芭蕉俳諧の礼賛があることは序章で述べておいた）。

萩原朔太郎は『日本詩人』一九二六年一一月号に寄せた詩論三篇のうち、第一篇「青猫スタイルの用意に就いて」は、震災後に新たなモダニズム表現が盛んになってきたことに対し、自分が詩集『青猫』（一九二三）で駆使した直喩は単なる比喩ではなく、象徴表現の工夫であったといい、第二篇「象徴の本質」では、マラルメらの象徴詩は「神秘性や、暗示性や、幽霊性や、東洋的宿命性」を著しい特色とするもので、東洋において実現されてきた「真の形而上学」（対象の本質を、感覚を通さず、直観によって把握するくらいの意味）に立つ象徴主義に近づいているといい、[71]芭蕉俳諧など日本の象徴表現が世界に冠たるものであるかのように主張した。

これは一九世紀後半のヨーロッパのオリエンタリズムやジャポニズムの波を一方的に誇張して解釈したものだが、アルザス出身でフランス語でも詩を書き、未来派、立体派、シュルレアリスムにかかわり、ドイツ表現主義にも活躍したイヴァン・ゴルが、ヨーロッパのモダニズム詩は日本の俳句を手本にしていると述べたエッセイが荻原井泉水の率いる俳句雑誌『層雲』（一九二六年一〇月号）などに掲載されたことをヒントにしている。実際、フランスでは、一九二〇年、文芸雑誌『NRF』がモダニズム詩人たちによる「HAIKU特集」を組んだし、一九二三年には日本の俳句の翻訳アンソロジーがパリで刊行されもした。そして安西冬衛、北川冬彦ら、フランス前衛詩の動向を注視していたモダニスト詩人たちも、マックス・ジャコブらの短詩形式が俳句の影響を受けていることに気づき、大連で一九二四年に創刊した同人詩誌『亜』に俳句欄を設けた。海外の評価が逆に日本の若い詩人たちを刺戟する循環現象である。さらにウィリアム・バトラー・イェーツやエズラ・パウンドらイギリス・イマジズム（imagism）の詩人たち、ソ連映画の監督、セルゲーイ・エイゼンシュテーインのモンタージュ（montage）の手法なども俳句をヒントにしていると伝わり、「世界に冠たる日本の俳句」という意識が高まってゆく。

萩原朔太郎の『日本詩人』一九二六年一一月号の詩論の第三編「日本詩歌の象徴主義」は『万葉集』以来の和歌の流れを象徴主義の展開として論じ、『新古今和歌集』を極みと見ている。そして萩原朔太郎は、この考えの細部を修正し、『詩の原理』（一九二八）にまとめる。国文学界にも大筋で同調する風巻景次郎『新古今時代』（一九三二）などが出る。

アカデミズムでは、すでに一九一七年春、三木露風の詩と詩論を評価する岡崎義恵（よしえ）が「気分象徴」を重んじるドイツ象徴美学を受けとり、「日本詩歌の全面を貫流する象徴の精神を体系的に」論じる卒業論文「日本詩歌の気分象徴」を東京帝大国文学科に提出していた。岡崎は東北帝大で教鞭をとり、一九三四年には、普遍性から日本中心に発想を転換したといい、「日本文芸学」を名のる。さらには東京帝大哲学科で美学を担当する大西克礼（よしのり）が『幽玄とあはれ』（一九三九）をまとめるなど、一九三〇年代中後期にかけて、「国文学」や美学の研究者たちが日本の「中世美学」に関心を高め、普遍的生命を具現する日本の象徴美学という「伝統」観念がつくられていった。

たとえば岩波書店の雑誌『思想』一九三五年四月号の特輯「東洋の思想と芸術」は、全九本のうちの五本が日本文化論で、そのうちの四本、久松真一「禅」（未完）、小幡重一（おばたじゅういち）「日本の言語及び音楽の特殊性」、竹内敏雄「世阿弥に於ける『幽玄』の美的意識」、小宮豊隆「瓶花に就いて」が中世に関心を注いでいる。「日本的なるもの」を禅宗の影響をうけた中世歌論や世阿弥の「幽玄」、千利休のわび茶の精神、またそれらを元禄に受けついだ芭蕉の「わび」などをクローズ・アップし、礼賛する動きが文芸・

芸術論における伝統主義の主流をなしていたことがよくわかるだろう。[72] この動きにリードされて、国文学者や作家たちによる「現代語訳国文学全集」全二六巻（非凡閣、一九三六～三九）が刊行されるなど、新たに国文学ブームが呼び起こされ、各作品をめぐる論議も活発になっていった。

一九二〇年代にマルクス主義が台頭し、階級的社会観という「科学」に目覚めた文学青年たちは、日本の「自然主義」は「私小説」に走って行き詰ったと語りはじめていたが、満洲事変（一九三一）後の悪気流のなかで、コミンテルンの指令によりプロレタリア革命の戦略を天皇制打倒、民主主義革命の旗（一九三二年テーゼ）に切り替え、官憲の強い弾圧を招いて、日本共産党が壊滅状態に陥り、転向の季節を迎えるなかで、文芸批評家、小林秀雄らは、伝統主義、精神主義の台頭に対峙するため、「日本の近代化すなわち西洋化」図式に基づき、「実証主義」や「科学」の意義を強調した。それに伴い、「ロマン主義−対−自然主義」という西欧一九世紀の文芸について二〇世紀の転換期に用いられた図式が復活し、一九三五年を前後する時期に明治文化研究会（一九二四年、吉野作造を中心に創設）の内に自然主義部会が設けられもした。ところが、対米英戦争の開始を前後する時期から、彼ら自由主義者たちが雪崩をうって「大東亜共栄圏」構想に賛同し、「近代の超克」の流れに与して、アジアや日本の伝統の見直しに走った。その経緯と思想内容は各自、微妙に異なっており、ここで概説できるものではない。[73]

尽きせぬ課題

日中戦争の本格化、対米英戦争に突き進んだ日本は、手痛い敗北を喫したのち、アメリカにキャッチ・アップしようとする風潮とともに、歴史観及び思想史において「西洋化すなわち近代化」を推し進めようとする立場（近代化主義）が蔓延した。それに伴い、芸術観及び文学史においても西洋近代主義を目標にする立場が台頭した。ここでは文学史観に限るが、それはまず、土居光知『文学序説』（岩波書店、一九二二、再訂版、一九二九）が復刊され、必読書のようにいわれたことによく示されよう。ヨーロッパ近代の狭義の「文学」概念に立ち、その叙事詩、抒情詩、物語、戯曲という発展段階論とアナロジーし、日本の原始時代から近代までを説いてゆくものである。そこでは「日記文学」の語のみならず、「随筆文学」として『枕草子』『徒然草』をあげている。

そのアナロジーには無理があることを突く書物も出た。小西甚一の簡便な『日本文学史』（弘文堂、一九五三）は、その序説で、それに対する批判を述べている。ドイツ文学では、ヘーゲル『美学講義』が説く原始象徴主義、ギリシャ・ローマの古典主義、ロマン主義及びキリスト教芸術という三段階の発展段階論を継承し、古典主義–対–ロマン主義の図式に立つ文学史観が主流であり、小西甚一は、その図式をヒントにし、「ひとつの試み」として、古典に手本を求める「雅」、民衆の動向に促され、革新に向かう「俗」、そのふたつを混融した「俳諧」（のち「雅俗」）の三つの理念が展開する独自の図式を工夫した。だが、東アジアの伝統的文化の基盤と概念編制を無視し、西洋近代に成立した「美文学」の範囲に限定しようとする点は土居光知と変わらず、その「美文学」における「知的要素」を軽視し、また、たとえば道元の仏教哲学を自然観照の観点から扱うなど、いわば「知的文学」を「美」の観点から論じるような無理があちこちに目立つ。講談社学術文庫版（一九九三）の「あとがき」に自ら明らかにしているように、さして影響をもった本ではないが、日本古典を近代主義で扱う別流としてあげた。

日本近現代文学については、一九三〇年代の「西洋化＝近代化」図式、ロマン主義－対－自然主義図式が再び持ち出され、長く文芸批評と研究とを支配しつづけることになった。すでに二〇世紀の転換期の文芸と批評の実態は、芸術の内に宗教を取りこむ象徴主義に向かい、それが古典評価にもはたらき、さらにモダニズム諸派に分岐して展開していたにもかかわらず、その見渡しを誤ったことが今日に到るまで、文学性や芸術性をめぐる議論に倒錯と混乱がやまない理由の一半である。再び大衆社会の到来を迎える。そして昭和三九年（一九六四）、首相、福田赳夫が高度経済成長下の天下泰平、奢侈(しゃし)安逸の時代の雰囲気を「昭和元禄」と呼び、その年の東京オリンピックを挟んで、文化ナショナリズムが高揚、「中世文学」を日本文化的なるものの精髄のようにいう風潮は一層、高まった。

一九六四年、川端康成のノーベル文学賞受賞講演「美しい日本の私」は、明恵、良寛、一休宗純の和歌、池坊専応、西行、『源氏物語』『枕草子』『古今和歌集』『新古今和歌集』を例証し、自然と一体化した日本の伝統美を仏教の「無」の境地、「象徴主義に通うもの」と説き、民族文化の特殊性をアピールするものだった。それは一九三〇年代の文芸や美学のアカデミズムの流れを受けて学んだことを映していたのである。ただし、当時の「文学的自叙伝」（一九三四）では「私は東方の古典、とりわけ仏典を、世界最大の文学と信じてゐる。私は経典を宗教的教訓としてでなく、文学的幻想としても尊んでゐる」[74]と吐露するにとどまっており、禅宗への接近は、その後の進展によるものらしい。第二次世界大戦後、「日本的なるもの」の根底に中世的自然観、とりわけ道元の思想を据えて論じたのは、唐木順三『中世の文学』（筑摩書房、一九五四）、『日本人の心の歴史―季節美感の変遷を中心に』上下巻（同、一九七〇〜七二）などだった。

この風潮に対して、前衛画家として国際的に活躍していた岡本太郎は、鋭い非難を投げつけた。

「伝統」「伝統」と鬼の首でも取ったような気になっているこの言葉自体、トラディションの翻訳として明治後半に作られた新造語にすぎません。（中略）伝統という言葉が明治時代に作られたように、内容も明治官僚によって急ごしらえされた。圧倒的な西欧化に対抗するものとして、またその近代的体系に対応して。[75]

『日本の伝統』角川文庫版（一九六四）に編入された「伝統論の新しい展開」の一節である。岡本太郎は、その「伝統」を西欧の近代文明の流入に対する国粋主義の反動であり、それゆえに「日本主義も不自然なひずみをもって、陰性でしぶい裏側の文化をおしたてた」という。この「明治官僚」が、岡倉天心を指すことはまちがいない。岡本太郎は、「伝統」も“tradition”も、古い家系の血筋や古い因習を示す語であったものを、近代国民文化の組織化に際して、民族文化の「伝統」という観念が発明されたことを見破っていた。この見解は、のち、一九八〇年代にイギリスのケンブリッジ大学の歴史学者たちが唱え、日本でもひろがった「伝統の発明」（Invention of Tradition）論を先取りしていた。

ただし、岡倉天心が『茶の本』（*The book of tee*, 1906）など一連の日本文化論を英語で刊行したときには、すでに文化官僚の地位を失っていた。そして、それは日清、日露と立てつづけに戦争を行う日本に好戦的なイメージがつきまとうことを払拭しようと、東洋文化の精神性の高さを訴え、また生活芸術の観点をも訴える主張だった。道教の「気」（Spirits）を宇宙の生命（Universal Life）という観念で読み替えることによって成り立つ伝統的美意識であり、やがて生命主義の思潮が渦巻く先ぶれになった。

岡本太郎は、それに対して、縄文へさかのぼり、民族の奥深くに流れる清らかな生命を論じ、真の「民族の伝統」を「創造」しようと訴えたのだが、美を本源的な「生命」の現れと解釈する点においては同じであり、「渋い」趣味を礼讃することと「芸術は爆発だ」と叫ぶこととは表裏する関係にある。つまり生命原理主義は、二〇世紀を通じて、日本の前衛芸術と古典評価史とを貫いていたことになる。

そして、一九七〇年代には、再び江戸ブームが訪れた。吉川弘文館の『日本随筆大成』は一九七五年から翌七六年にかけて再刊、一九七九年には『続』一二巻別巻一二、別冊一が刊行され、一九九〇年代には、それらをあわせて再編集し、新装版としてデジタル版が刊行された。そのデジタル版に付されているキャッチ・コピーを引いておく。

ここに収める『随筆』とは、現代のエッセイ等とは違い、もっと幅広く内容豊富な、見聞・述懐・紀行・考証など、江戸人の自由な筆にまかせて書かれた多種多様な奇事異聞の集大成である。小説よりも面白く、歴史・国文・民俗・風俗の資料の宝庫でもある。

そして、昭和戦前期に「随筆」や「随筆文学」の用法が拡散した経緯を知っていれば、かつてかなり読まれた吉田精一『随筆入門—鑑賞と書き方』（河出書房新社、一九六一、新潮文庫、一九六五）をはじめ、今日にいたる百科事典や文学事典のそれらの項の解説類、また研究書類がどれほど随意な定義と解説を繰りひろげようと、驚くことも頭を悩ますこともないはずである。

では、『枕草子』『方丈記』『徒然草』が「日本の三大随筆」と呼ばれはじめたのは、いつのことか。これについては追いきれなかったので、最低限の手がかりだけをあげておく。一九四四年に社団法人、日本文学報告会編で『標準日本文学史』なる書物が大東亜出版株式会社から出ている。「大東亜戦争」に踏み切ったところから、いよいよ新しい時代に入ったという意気込みで、国文学者たちが編んだもの。編者筆頭は久松潜一。その第二章「中古文学」の三節「散文」は「物語」「日記」「随筆」に分かれる。この「日記」が池田亀鑑の発明した「日記文学」を意味することはいうまでもない。そして、その「随筆」で、「草子」の説明抜きに『枕草子』を「随筆文学の鼻祖」とし、『徒然草』以下に影響をおよぼしたとしている。[76] この本自体が広く読まれたわけではないだろうが、戦後の高校の日本文学史の副読本や受験参考書類には「三大随筆」なる語が拾えることだろう。

二〇世紀の散文の特徴としては、そのほか、ルポルタージュと各ジャンルとのかかわりを欠かすことはできない。ルポルタージュは、ヨーロッパでは一九世紀半ばの新聞に現地報告記事が盛んになったことによるもので、戦争と革命の二〇世紀前半には、国際的に盛んになった。実地見聞の記録性にかけるルポルタージュは、ロシアの革命家、ウラジミール・レーニンがドキュメンタリー映画をボルシェビキ革命に用い、国際的に盛んになった。実地見聞の記録性にかけるルポルタージュは、著述一般を意味する広義の“literature”の一種にはちがいないが、芸術性の含意はない。それを革命芸術として推進したので、国際的に様ざま論議がなされた。記録性と芸術性の関係をめぐる議論は、ジャンルのみならず、メディアを横断する観点が必要になる。日本の場合、日清、日露の両戦争や欧州大戦（第一次世界大戦）、「プロレタリア文学」の隆盛期から日中戦争、第二次世界大戦における従軍記者による戦地や占領地区の報道についても同じであり、時々刻々変化する国際情勢と戦争政策の推移、検閲基準の変化の問題もからむ。第二次世界大戦の直後には、杉浦明平によって「記録文学」の提唱がなされた。「記録文学」は、表現性を二の次にしやすく、表現方法の歴史性の問題を捨象しがちであることについては、かつて論じた[77]。

回想記の類では、一九七〇年代後半ころから、「自分史」というジャンル名が定着し、とくに戦時期の体験を書き残すことが盛んになった。国際的に植民地時代や戦争期の「記憶」をインタヴューによって掘り起こすことが盛んになり、「記憶」が流行語のようになっている。が、本来は、個々人のバイアスを伴う「記憶」を歴史学者が、どのように扱うべきか、という問題である。情報化社会の進展とともに、「日記」や「随筆・エッセイ」も変貌しつつある。あなたの発信した電子データやＰＣ内の記録は、あなたの歿後、どうなるのか、どう対処すべきか、等々、様ざまな問題がひき起こされている。が、それらについては機会を改めて考えてゆくことにしたい。

註

（序章）

（1）鈴木貞美編「『青空』の青春―淀野隆三『日記』抄」、『昭和文学研究』第一二集（一九八六年一月）を参照されたい。
（2）川村湊「〈生命主義〉と中上健次」（『「生命」で読む二〇世紀日本文芸』、至文堂、一九九六）を参照。
（3）『日本古典文学大系20』岩波書店、一九五七、一〇九頁、一七〇頁、一一七頁。
（4）一九九七年のアメリカ・コロンビア大学での国際シンポジウムの報告書、ハルオ・シラネ、鈴木登美編『創造された古典―カノン形成・国民国家・日本文学』新曜社、一九九九、一〇八頁。
（5）池田亀鑑『日記・和歌文学』至文堂、一九六九、五六頁。
（6）久松潜一「日記文学の本質」（『国文学―解釈と教材の研究』一九六五年一一月号）を参照。
（7）宇野浩二『美女：小説』アルス、一九二〇、三五六頁。のち、改稿。『宇野浩二全集2』中央公論社、一九六八、三〇一頁。
（8）『志賀直哉全集3』岩波書店、一九九九、四頁。
（9）『永井荷風全集14』中央公論社、一九六三、二四八頁。
（10）『志賀直哉全集6』岩波書店、一九七四、二二一頁。
（11）弓削達『素顔のローマ人』新装版「生活の世界歴史4」河出書房新社、一九八〇、八二頁。七二頁。
（12）鈴木貞美『「文藝春秋」の戦争―戦前期リベラリズムの帰趨』筑摩選書、二〇一六（以下、『「文藝春秋」の戦争』）、第一章二節を参照されたい。
（13）三上参次・高津鍬三郎合著『日本文学史』上巻、金港堂、一八九〇、「緒言」九頁。
（14）芳賀矢一『国文学十講』冨山房、一八九九、二六頁。

（15）北澤憲昭『眼の神殿―「美術」受容史ノート』ブリュッケ、二〇一〇、及び鈴木貞美『「日本文学」の成立』第二章を参照されたい。以下、『成立』と略称する。

（16）鈴木貞美『日本の「文学」概念』作品社、一九九八（以下『概念』）、序章第Ⅱ節を参照されたい。

（17）鈴木貞美『入門　日本近現代文芸史』平凡社新書（二〇一三、以下『入門』）第四章二節、及び『日本文学の論じ方―体系的研究法』世界思想社、二〇一四、第三章を参照されたい。

（18）中村幸彦『近世儒者の文学観』、岩波講座「日本文学史」第七巻「近世」、岩波書店、一九五八、三五頁。

（19）『概念』第Ⅲ章2節を参照されたい。

（第一章）

（1）玉井幸助『日記文学概論』国書刊行会、復刻版、一九八三、九～一〇頁。

（2）倉本一宏「『日本書紀』壬申記の再構築」、あたらしい古代史の会編『王権と信仰の古代史』吉川弘文館、二〇〇五年、一二三～一四四頁、同『壬申の乱』、戦争の日本史2、同前、二〇〇七年、五～六頁参照。

（3）鈴木貞美「東アジアにおける「文」の概念をめぐる覚書」『日本における「文」と「ブンガク」』勉誠出版、二〇一三を参照されたい。

（4）『成立』第九章「歴史の歴史」を参照されたい。

（5）玉井幸助『日記文学概論』前掲書、二四〇頁。

（6）『新日本古典文学大系32』岩波書店、一九九七、四二頁。

（7）『日本古典全書　今鏡』、板橋倫行校註、朝日新聞社、一九五〇、二七二頁。

（8）『増補史料大成　台記1』臨川書店、一九六五、二一五頁。

（9）『近藤正斎全集』第三、国書刊行会、一九〇五、一〇八～一〇九頁。

（10）近藤好和「『日記』という文献」倉本一宏編『日記・古記録の世界』思文閣出版、二〇一五、四一頁を参照。重引。

(11)北京の清華大学人文科学院教授、王中忱氏(中国文学・日本文学)の教示による。
(12)玉井幸助『日記文学概論』前掲書、二四四頁。
(13)三橋正「古記録文化の形成と展開―平安貴族の日記に見る具注暦記・別記の書き分けと統合」『日本研究50』二〇一四年九月、一八〜一九頁を参照。
(14)同前、二一頁を参照。
(15)三橋正「『小右記』と『左経記』の記載方法と保存形態」、倉本一宏編『日記・古記録の世界』前掲書を参照。
(16)『歴博』第一三一号(二〇〇五)[特集]日記と歴史学「中世の日記」を参照。
(17)鈴木貞美『近代の超克―その戦前、戦中、戦後』作品社、二〇一五、第三章一節を参照されたい。以下『超克』。
(18)日本古典全書『宇津保物語』三、朝日新聞社、一九五一、二一六頁。
(19)玉井幸助『日記文学概論』前掲書、二四二頁。
(20)『日本古典全書　宇津保物語』三、前掲書、二三二頁。
(21)築島裕『平安時代語新論』東京大学出版会、一九六九、第二編第二章第四節「日記随筆」二〇六〜二〇九頁を参照。
(22)玉井幸助『日記文学概論』前掲書、四二九〜四三一頁を参照。
(23)『日本古典文学大系19』、岩波書店、一九五八、四七二頁。
(24)『日本古典文学大系20』、岩波書店、一九五七、一〇九頁。
(25)同前、一七五頁。
(26)玉井幸助『日記文学概論』前掲書、二四五頁。
(27)『新日本古典文学大系51』岩波書店、一九九〇、一二八頁。
(28)『新日本古典文学大系51』前掲書、一五〇頁。

(29)同前、三九五頁。
(30)同前、四一九頁。
(31)同前、四二一頁。
(32)日野達夫『本居宣長集』新潮日本古典集成、一九八三、三五一頁頭注一、及び片桐洋一『中世古今集注釈書3』下巻、赤尾照文堂、一九八一、資料編八一一〜八一二頁を参照。
(33)『概念』一〇一〜一〇二頁を参照されたい。
(34)鈴木貞美『生命観の探究——重層する危機のなかで』作品社、二〇〇七、第七章一節を参照されたい。以下、『探究』。
(35)『新日本古典文学大系51』前掲書、四二四頁。
(36)同前、四二七頁。
(37)玉井幸助「古人の歩んだ東海道」『日本古典全書　海道記・東関紀行・十六夜日記』朝日新聞社、一九五一、二二一〜二二三頁を参照。
(38)『折口信夫全集1』中央公論社、一九九五、一〇頁。
(39)『日本古典文学全集　松尾芭蕉集』小学館、一九七二、三一一頁。
(40)『日本古典文学大系45』岩波書店、一九六二、五三頁。
(41)能勢朝次『三冊子評釈』名著刊行会、一九七〇、一二二頁。
(42)『日本古典文学大系45』前掲書、二一八頁。
(43)『新日本古典文学大系65』岩波書店、一九九一、二八九頁。
(44)鈴木貞美「旅愁—抒情の一九〇〇年代から一九三〇年代へ」小峯和明・王成共編『東アジアにおける旅の表象—異文化交流の文学史』アジア遊学一八二、勉誠出版、二〇一五を参照されたい。
(45)橘南渓『東西遊記1』平凡社東洋文庫、一九七四、序。

（第二章）

（1）梅原郁「解説」『夢渓筆談2』東洋文庫362、平凡社、一九七九を参照。
（2）『日本古典文学体系71』岩波書店、一九六五、二三三～二三四頁。
（3）高橋文治「〈肆筆〉の文学―陸亀蒙の散文をめぐって」荒木浩編『中世の随筆―成立と展開と文体』竹林舎、二〇一四、三七～四〇頁。
（4）大西陽子「『容斎随筆』に見る表現形式―読者との係わりの中で」『お茶の水女子大学中国文学会報』第六号、一九八七を参照。
（5）『探究』第四章九節4を参照されたい。
（6）久保田淳「東斎随筆」、『今物語・隆房集・東斎随筆』三弥生書店、一九七九を参照。
（7）『新潮日本古典集成　宇治拾遺物語』新潮社、一一一頁。
（8）大島建彦「解説」、同前を参照。
（9）横山重「守武随筆解題」、同篇『きのふはけふの物語　附　守武随筆』古典文庫、一九五四を参照。
（10）堀まどか『二重国籍詩人、野口米次郎』名古屋大学出版会、二〇一二、第五章を参照。
（11）『新潮日本古典集成　源氏物語』新潮社、一九七七、二七六頁。
（12）『古典文学大系2』岩波書店、一九五八、四〇～四一頁。
（13）五味文彦『鴨長明伝』山川出版社、二〇一三、五七頁。
（14）『新潮日本古典集成　無名草子』新潮社、一九七六、一〇四頁。
（15）『新編日本古典文学全集87』小学館、二〇〇一、四四五頁。
（16）同前一〇九頁。一〇五頁。
（17）『新潮日本古典集成　無名草子』前掲書、一一〇頁。
（18）『日本古典文学大系8』岩波書店、一九五八、三三五頁、九五頁。
（19）『漢詩大系1　詩経上』集英社、一九六六、一四頁。

(20)『概念』一一四〜一一五頁を参照されたい。
(21)『新釈漢文大系64』明治書院、一九七四、一六〜一七頁。
(22)土田杏村「国文学の哲学的研究」第二巻『文学の発生』第一書房、一九二八、三三〇頁。
(23)『新釈漢文大系65』前掲書、六二八頁。
(24)『日本古典文学大系65』前掲書、二八頁。
(25)『日本古典文学全集50』小学館、一九七五、九〇頁。
(26)『日本古典文学全集50』前掲書、二七五頁。
(27)久保田淳「解説」『無名抄』角川ソフィア文庫、二〇一三、二八四頁。
(28)『無名抄』角川ソフィア文庫、前掲書、一六頁。
(29)同前、六九、一〇七頁。
(30)同前、三一〜三三頁。
(31)『発心集』下、角川ソフィア文庫、二〇一四、四五頁。
(32)同前、一〇二頁。
(33)三木紀人「解説　長明小伝」『新潮日本古典集成　方丈記　発心集』新潮社、一九七六、三八九頁重引。
(34)鈴木貞美「『芸術』概念の形成、象徴美学の誕生」第五節、岩井茂樹・鈴木貞美共編『わび・さび・幽玄――「日本的なるもの」への道程』水声社、二〇〇六（以下『わび・さび・幽玄』）、及び『入門』第二章七節を参照されたい。
(35)『日本古典文学大系65』前掲書、一四八頁。
(36)『新編日本古典文学全集87』前掲書、二六四〜二六五頁。
(37)『無名抄』角川ソフィア文庫、前掲書、二六頁。
(38)『源家長日記』古典文庫、一九五九、一一〇〜一一三頁。
(39)『新訂　方丈記』岩波文庫、一九八九、一四九〜一五〇頁。

(40) 詳しくは、鈴木貞美『鴨長明—自由のこころ』ちくま新書、二〇一六を参照されたい。
(41) 『新訂 方丈記』岩波文庫、前掲書、二四～二六頁。
(42) 同前、三六頁。
(43) 『新釈漢文大系98』明治書院、二〇〇四、三一八～三八五頁。
(44) 『新日本古典文学大系27』岩波書店、一九九二、漢文三三四頁、読み下し文八四頁。
(45) 同前、三三五(八七)頁、同(八八)頁、三三六(八九)頁。
(46) 『新釈漢文大系98』明治書院、二〇〇七、三頁。
(47) 同前、一三頁。
(48) 『新訂 方丈記』岩波文庫、前掲書、一四～一七頁。
(49) 『新訂 方丈記』岩波文庫、前掲書、一七頁。
(50) 『新日本古典文学大系39』前掲書、佐竹広、久保田淳校注、三頁。
(51) 『新訂 方丈記』岩波文庫、前掲書、九頁。
(52) 『新潮日本古典集成 方丈記 発心集』新潮社、一九七六、九三頁。
(53) 五味文彦『鴨長明伝』前掲書、一〇一～一〇二頁。
(54) 『新訂 方丈記』岩波文庫、前掲書、二九頁。
(55) 『新釈漢文大系98』前掲書、二六頁。
(56) 同前、一一五頁。
(57) 『新潮日本古典集成 方丈記 発心集』前掲書、三七頁。
(58) 『新訂 方丈記』岩波文庫、前掲書、四〇頁。
(59) 『新日本古典文学大系27』前掲書、二九三頁。
(60) 堀田善衛『方丈記私記』筑摩書房、一九七一、二四〇頁。
(61) 鈴木貞美『日本人の生命観—神、恋、倫理』中公新書、五三頁を参照されたい。

(62)『無名抄』角川ソフィア文庫、前掲書、一一三〜一一四頁。
(63)『新版　発心集』上、角川ソフィア文庫、二〇一三、一〇六〜一〇七頁。
(64)同前、四五頁。
(65)『日本古典文学大系30』岩波書店、一九八七、八九頁。
(66)『日本古典文学大系100』岩波書店、一九六六、三六〜四〇、五六、六七、七三頁。
(67)同前、一八九、一七一、一六四、一七二、二〇一、二〇六、二〇八頁。
(68)同前、三七一頁。
(69)『上田秋成全集』第九巻、中央公論社、一九九二、一四八頁。
(70)同前、一五九頁。
(71)中村幸彦「通俗物雑談―近世翻訳小説について」及び「漢籍―和刻、翻訳、注釈、翻案」『中村幸彦著述集』第七巻(一九八四)を参照。
(72)『探究』第四章一一節1を参照されたい。
(73)『荻生徂徠全集3』みすず書房、一九七七、五一六頁。
(74)国際日本文化研究センターシンポジウム「日蘭関係史をよみとく―蘭学を中心に」(二〇一二年一二月八〜九日)における上野晶子(北九州市立自然史・歴史博物館学芸員)の報告に教示を受けた。
(75)『探究』一一節6を参照されたい。
(76)『古事類苑』神宮司庁、一九一四、文学部四十、四四八〜四四九頁。
(77)岩井茂樹「『幽玄』と象徴―『新古今和歌集』の評価をめぐって」『わび・さび・幽玄』三一八頁を参照。

(第三章)
(1)三上参次・高津鍬三郎『日本文学史』上巻、金港堂、一八九〇、「緒言」一一〜一二頁。
(2)同前、三〜四頁。

(3) 同前、二九八頁。
(4) 同前、三一九頁。
(5) 芳賀矢一『国文学史十講』冨山房、一八九九、一一四～一一七頁。
(6)『概念』第Ⅲ章3節を参照されたい。
(7) 芳賀矢一『国文学史十講』前掲書、一二三頁。
(8) 同前、一三四～一三五頁。
(9) 同前、一二六頁。
(10)『攷証今昔物語集』上巻、冨山房、一九一四、一頁。
(11) 鈴木貞美「『民謡』の収集をめぐって—概念史研究の立場から」鈴木貞美・劉建輝共編『近代東アジアにおける鍵概念—民族、国家、民族主義』国際日本文化研究センター、二〇一一を参照されたい。
(12) 藤岡作太郎『国文学史講話』東京開成館、一九〇八、一〇九頁。
(13) 同前、四五頁。
(14) 同前、一一五頁。
(15) 同前、一二六頁、一七〇頁、一七一頁。一八九頁。
(16)『文学に現はれたる我が国民思想の研究1』岩波文庫、一九七七、九四頁。
(17)『探究』第一章一節を参照されたい。
(18)『神代史の新しい研究』二松堂書店、一九一三、二二一～二二三頁。
(19)『文学に現はれたる我が国民思想の研究1』前掲書、七頁。
(20)『文学に現はれたる我が国民思想の研究2』岩波文庫、一九七七、二四五頁。
(21) 同前、二八〇～二八一頁。
(22) 同前、二三五頁。
(23)『超克』二四五～二四八頁を参照されたい。

(24)『文学に現はれたる我が国民思想の研究3』岩波文庫、一九七七、一四九〜一五〇頁。
(25) 鈴木貞美「日々の暮らしを庶民が書くこと—『ホト、ギス』の募集日記をめぐって」佐藤バーバラ編『日常生活の誕生—戦間期日本の文化変容』、柏書房、二〇〇七を参照されたい。
(26) 鈴木貞美『日本語の「常識」を問う』平凡社新書、二〇一一、第四章五、六節を参照されたい。
(27)『概念』第X章2節1を参照されたい。
(28) 鈴木貞美「『言文一致』と『写生』再論—『た』の性格」(『国語と国文学』二〇〇五年七月)を参照されたい。
(29)『明治文学全集28』筑摩書房、一九六六、二〇三頁。
(30) 国木田独歩『武蔵野』民友社、一九〇一、復刻版、日本近代文学館、一九八二、一一〜一三頁。
(31) 同前、二九頁。
(32) 同前、三三一頁。
(33) 同前、二六〇頁。
(34) 森林太郎、大村西崖編『審美綱領』春陽堂、一八九九、七頁。
(35)『鴎外全集21』一九七三、岩波書店、五四〜五五頁。
(36)『超克』第一章2節を参照されたい。
(37) 徳冨蘆花『自然と人生』民友社、一九〇〇、復刻版、日本近代文学館、一九八四、六七〜六八頁。
(38) 同前、七三〜七四頁。
(39) 同前、九一頁。
(40) 同前、四〇五頁。
(41)『探究』第五章四節及び『成立』第三章を参照されたい。
(42)『ヘーゲル全集18』竹内敏雄訳、岩波書店、一九六〇、三五七頁。
(43)『超克』第一章一節を参照されたい。

（44）『鷗外全集』岩波書店、一九七三、一二一〜一二三頁。
（45）『超克』二七三〜二七四頁を参照されたい。
（46）『成立』第三章一〜四節を参照されたい。
（47）これらの西欧の美学・芸術論とその受容については『成立』第八章、鈴木貞美「郷土色と一人称ナラティヴ—抒情の一九〇〇年代から一九三〇年代」Rhetoric and Region ; Local Determination of Literary Expressin, PAJLS, vol.14, ed. by Richard Torrance, Autumn 2013, pp.3–13、及び『超克』第三章四節などを参照されたい。
（48）藤岡作太郎『国文学史講話』前掲書、五六〜五七頁。
（49）『超克』第二章二節8を参照されたい。
（50）『小説公論』一九六三年九月号、一二八〜一二九頁。石川肇氏よりコピーの提供を受けた。
（51）『高村光太郎全集』筑摩書房、一九五七、二三〜二六頁。
（52）北沢憲昭『岸田劉生と大正アヴァンギャルド』前掲書、四五頁を参照。
（53）『探究』第七章四節を参照されたい。
（54）*The Impressionism. Thames and Hudson, Dictionary of Art and Artists*, Consulting Editor Herbert Read, Revised, Expanded and Updated Edition, Thames and Hudson Ldt, 1994, P.183
（55）鈴木貞美「萩原守衛と大正生命主義」、新宿区歴史博物館協働企画展『新宿中村屋に咲いた文化芸術』図録、一九一一を参照されたい。
（56）*The symbolist movement in literature*, 1899, introduction p.9
（57）安倍知二「解説」『世界文学全集Ⅱ-9メルヴィル』河出書房新社、一九六三、五六八頁。
（58）『早稲田文学』一九一二年二月号、一五〜一九頁。
（59）『永井荷風全集14』前掲書、二六五頁。
（60）本間久雄『日記文の書き方』止善堂書店、一九一八、一五、二四、二七〜二八頁。

(61)同前、一五四頁。六二頁脚注。
(62)同前、一九八頁脚注。
(63)『白秋全集20』岩波書店、一九八五、二八頁。『探究』第八章二節を参照されたい。
(64)『小林秀雄全集1』新潮社、二〇〇二、一六三頁。
(65)『成立』第五章を参照されたい。
(66)上越教育大学プロジェクト研究「戦前・戦中・戦後の高田における知の系譜と教育界―市川市旧蔵書を素材にして」報告書中のリストに記載があり、畦上直樹氏よりpdfファイルの提供を受けた。
(67)和田英松『本朝書籍目録考証』明治書院、一九三六、六一六頁。
(68)『三木露風全集』第一巻、日本図書センター、一九九四、一二八〜一二九頁。
(69)『斎藤茂吉全集9』岩波書店、一九七三、八〇四頁。
(70)俳論集『我が小き泉より』交蘭社、一九二四、三八頁。
(71)『萩原朔太郎全集8』筑摩書房、一九七六、二六頁。
(72)鈴木貞美「『芸術』概念の形成、象徴美学の誕生」前掲、第五節を参照されたい。
(73)『超克』第三章四節及び『『文藝春秋』の戦争』第五章を参照されたい。
(74)『川端康成全集33』新潮社、一九九九、八七頁。
(75)『岡本太郎著作集5』講談社、一九八〇、一七七頁。
(76)日本文学報国会編『標準日本文学史』大東亜出版株式会社、一九四四、一〇五頁、一〇九頁。
(77)検閲基準の変化については、さしあたり鈴木貞美『日本語の「常識」を問う』平凡社新書(二〇一一)第四章、「記録文学」については『入門　日本近現代文芸史』平凡社新書、二〇一三、三五九〜三六一頁、「ドキュメンタリージャンル論のために」『昭和文学研究』四四集、二〇〇二年三月を参照されたい。

あとがき

本書は、「『日記』及び『日記文学』概念史大概」と「『随筆』とは何か―概念編制史からのアプローチ」を素稿にしている。それぞれ、倉本一宏編『日記・古記録の世界』（思文閣出版、二〇一五）、荒木浩編『中世の随筆―成立・展開と文体』（竹林舎、二〇一四）に寄せたもの。「日記」も「随筆」も、前近代のうちに、一ジャンルとして概念化されていなかったことは承知していたが、今日、それらをどのように扱えばよいか、手探りを重ねて行きついたふたつの論考だった。このふたつがなければ、本書はありえなかった。が、「日記」と「随筆」とをあわせ考えることによって、どのような展望が開けるか、予想もできなかった。それもたしかである。

「日本文学」という概念の成立からして、漢詩文を指す伝統的「文学」概念と技芸全般をいう伝統的「芸術」概念とのふたつが、いかに近代的に組み替えられたかをあわせ考え、さらに二〇世紀への転換期に、国際的に近代的「芸術」概念が大きく変容してゆく動きを考慮して、ようやく一応の見解に至りついたものである。狭義の「文学」概念の下位に置かれている詩、小説、戯曲などの諸ジャンルについても、相互の関係（編制・体系）の変化を追うことが不可欠であることを痛いほど感じながらの作業だった。着手してから、優に四半世紀を要している。それらについては必要な限りで本書に折りたたんで述べておいたが、ディテールを詰める作業はまだまだつづくだろう。

概念の歴史的変遷を追う作業は、単独の概念を追うのでは成り立たないことは重々承知していても、さしあたりは、ひとつずつを追うところからはじめるしかないのが実際である。また、本書では、先の両書に寄せられた専門家諸氏の見解を参照し、ともに不明確だったところを大幅に補綴しえた。それも含め、わたしが前近代のジャンル概念史に踏み込むことに誘なってくれた倉本一宏、荒木浩の両氏に、まず、感謝の意を表しておきたい。

「随筆」については、とりわけ『中世の随筆』に寄せられた高橋文治氏の論考「〈肆筆〉の文学―陸亀蒙の散文をめぐって」が、「随筆」の原義とでもいうべきものとして、「随意の文章」と「随意の撰述」とを指摘しておられることに示唆を受けた。随意のいろいろを考え、批評文のかたちをも探り、また、今日、「説話文学」と呼ばれているものにも考察を試みることになった。

「説話」の概念については、かつて一九八〇年代後期に、民俗学の専門家、大島建彦氏から私見を尋ねられた折、思わず「『徒然草』も大差ないですね」と愚考を口走り、氏が怪訝な顔をなさったことを思い出した。本書では、氏の考えを参照し、『今昔物語集』と『宇治拾遺物語』とでは編纂意図が異なること、また『記』『紀』『風土記』の神話伝承類とをあわせ、積年の課題に一応の解決をつけたつもりでいる。

日本語の文体に和漢混交文の創始という画期を拓いた『方丈記』についても、長いあいだの懸案だった。最近の五味文彦氏の『鴨長明伝』(山川出版社、二〇一三)の助けを借り、鴨長明の世界にも、踏み込むことができた。より詳しくは『鴨長明―自由のこころ』(ちくま新書、二〇一六)を参照していただきたい。それに伴い、『徒然草』の形態の文章史上の意味も、ややはっきりしてきたと思う。

　感ずることのあまりに新鮮にすぎるとき
　それをがいねん化することは
　きちがひにならないための
　生物体の一つの自衛作用だけれども
　いつまでもまもつてばかりゐてはいけない

宮沢賢治『春と修羅』中「青森挽歌」の一節である。「いつまでもまもつてばかりゐてはいけない」のは、純無垢の瞬時の感覚の再構成にかけた詩人だけではなかろう。古典の文章に「あまりに新鮮にすぎる」感動を受ける人びとに、この一節を贈りたい。

　この宮沢賢治の態度を中原中也は「概念に容喙（ようかい）しない」と鋭く感受していたが、わたしは、といえば、『日本の「文学」概念』（一九九八）に着手した一九九〇年代以来、頭のなかに刷り込まれた概念や分析図式、また評価基準を嘴（くちばし）で挟んで抜きとる作業を心がけてきた。そして、それらが、いつ、どのような価値観によってつくられたのか、の解明にも勤しんできた。が、本書を書き進めながら、日本の文章のジャンルとスタイルの通史と呼びうるものに到るには、大変な困難がつきまとうことを痛いほど思い知らされた。言い換えれば、まさに浅学ゆえに、一歩一歩、研究の進む歓びに浸ることが出来た。それが率直な実感である。

　とはいえ、前近代に関しては、魯迅の論文の名を借りるなら、所詮は「門外文談」である。せめて、海外諸文化との比較・交流など、古代から今日に至る人文科学の研究者諸氏に、わずかでも手かがりにしてもらえるよう、概略を辿ることに心を砕いたにとどまろう。専門の方々には粗雑にすぎるとそしられてもしかたない議論が多々あると思う。常にも増して、大方の御批正を仰ぎたい。

かかる暴挙に等しい企てを許容された畏友、倉本一宏氏、また刊行を引き受けてくださった臨川書店、担当してくださった西之原一貴氏、煩瑣なご苦労をおかけした藤井彩乃さんに深謝の意を表する次第である。

二〇一六年三月五日（啓蟄）

京都・西山のほとりにて

著　者　識

鈴木貞美（すずき　さだみ）

1947年、山口県に生まれる。

1985年、東京大学文学部仏語仏文科卒業。

東洋大学文学部助教授を経て、現在、国際日本文化研究センター・総合研究大学院大学名誉教授。博士（学術。総合研究大学院大学）。

主要著書に、『近代の超克――その戦前・戦中・戦後』（作品社、2015年）、『「日本文学」の成立』（作品社、2009年）、『生命観の探究――重層する危機のなかで』（作品社、2007年）などがある。

日記で読む日本史 19
「日記」と「随筆」
ジャンル概念の日本史

二〇一六年四月三十日　初版発行

著者　鈴木貞美
発行者　片岡敦
印刷製本　亜細亜印刷株式会社
606-8204 京都市左京区田中下柳町八番地
発行所　株式会社 臨川書店
電話（〇七五）七二一―七一一一
郵便振替　〇一〇七〇―二―八〇〇

落丁本・乱丁本はお取替えいたします
定価はカバーに表示してあります

ISBN 978-4-653-04359-1　C0395
〔ISBN 978-4-653-04340-9　C0321　セット〕

人名・書名索引（外国）

ア行

カ行

サ行

タ行

ナ行

ハ行

マ行

ヤ行

ラ行

ワ行

人名・書名索引（日本）

あ行

か行

さ行

た行

な行

は行

ま行

や行